PONS

Reisewörterbuch
SPANISCH

PONS GmbH, Stuttgart

PONS Reisewörterbuch
SPANISCH

Bearbeitet von: Sonia Aliaga López

Bildquellen
Die Quellenangaben zu den einzelnen Abbildungen erfolgen von links oben nach rechts unten bzw. von oben nach unten.
1: fotolia, Paul Hampton; fotolia, Rolf-Dieter Korthaus; H. Geißel, Stuttgart.
11: Corel, Unterschleißheim; DuMont Bildarchiv; iStock, Irina Ovchinnikova.
17: Fotosearch, Photo Disk; Stock disc; Fotosearch, Photo Disk. **21:** H. Geißel, Stuttgart. **29:** DuMont Bildarchiv; DuMont Bildarchiv / Dirk Renckhoff; DuMont Bildarchiv. **38/39:** Wolpert Fotodesign, Stuttgart. **47:** MEV; fotolia, Paul Hampton; Kessler Medien. **56:** Fordwerke AG. **58:** Cycleurope Industries S.A., Romilly sur Seine. **69:** Avenue Images, image 100; iStockphoto, Uli Hamacher; Avenue Images, image 100. **73:** Bundesverband Selbsthilfe Körperbehinderter, Krautheim; Hotel Weisseespitze, Kaunertal; Wendt-Wolter (BSK). **77:** R. Kämpf, Esslingen. **87:** iStockphoto, Floortje; DuMont Bildarchiv / Arthur F. Selbach; iStockphoto, bluenemo. **97-103:** Wolpert Fotodesign, Stuttgart. **113:** H. Geißel, Stuttgart.
121: Kessler Medien; ShutterStock.com, Galina Barskaya; Kessler Medien.
133: DuMont Bildarchiv. **139:** DuMont Bildarchiv / Holger Leue. **144:** Wolpert Fotodesign, Stuttgart. **161:** Creativ Collection Verlag. **173**: MEV; Stock disc; MEV.
Umschlag: Corel RF, Unterschleißheim; fotolia, Rolf-Dieter Korthaus; iStockphoto, Ricardo De Mattos; fotolia, Paul Hampton:

Warenzeichen, Marken und gewerbliche Schutzrechte
Wörter, die unseres Wissens eingetragene Warenzeichen oder Marken oder sonstige gewerbliche Schutzrechte darstellen, sind als solche - soweit bekannt - gekennzeichnet. Die jeweiligen Berechtigten sind und bleiben Eigentümer dieser Rechte.
Es ist jedoch zu beachten, dass weder das Vorhandensein noch das Fehlen derartiger Kennzeichnungen die Rechtslage hinsichtlich dieser gewerblichen Schutzrechte berührt.

1. Auflage 2009 (1,02 - 2010)

Onlinewörterbuch: www.pons.eu
Shop: www.pons.de
E-Mail: info@pons.de

Projektleitung: Christiane Mackenzie, Stuttgart
Redaktion: Barbara Pflüger, Stuttgart
Umschlaggestaltung: Tanja Haller, Petra Hazer, Stuttgart
Logoentwurf: Erwin Poell, Heidelberg
Logoüberarbeitung: Sabine Redlin, Ludwigsburg
Layout und Satz: Fotosatz Kaufmann, Stuttgart
Druck: L.E.G.O. S.p.A., in Lavis (TN)
Printed in Italy

ISBN 978-3-12-518635-4

Aussprache

- Alle Vokale sind offen und halblang und müssen deutlich ausgesprochen werden.
- a, e und o bilden zusammen mit i, y oder u einen Diphthong: f**u**ego Feuer; ho**y** heute.

b,p	[b,p]	weicher als im Deutschen	bien; pie
b,v	[b]	beide werden identisch ausgesprochen; weich, zwischen den Lippen	buen vino
c	[k]	wie deutsches **k** (ohne Hauch): vor **a**, **o**, **u** und vor Konsonanten	creo; casa cura
	[θ]	stimmloser Lispellaut (stärker als englisch **th**): vor **e**, **i**	cenicero gracias
ch	[tʃ]	stimmloses deutsches **dsch**	muchacho
d,t	[d,t]	viel weicher als im Deutschen	día; toro
g	[g]	wie deutsches **g**: vor **a**, **o**, **u** und vor Konsonanten	guardia gorra
	[x]	wie deutsches **ch** bei **Bach**: vor **e**, **i**	gitano gente
gue, gui	[g]	das **u** ist immer stumm; wie deutsches **g**	seguir guitarra
h		immer stumm	hora
j	[x]	immer wie deutsches **ch** bei *Ba***ch**	jardín; naranja
ll	[ʎ]	wie hartes deutsches **j** zwischen Vokalen	llevo; guerrilla
ñ	[ɲ]	wie **gn** bei Champa**gn**er	niño
que, qui	[k]	das **u** ist immer stumm; wie deutsches **k**	porque quiero
rr	[rr]	stark gerolltes Zungen-**r**	perro
r	[rr]	stark gerolltes Zungen-**r**: am Anfang und am Ende eines Wortes	rosa dolor
	[rr]	auch wie **rr** vor oder nach Konsonanten	muerte; madre
	[r]	leichtes Zungen-**r**: zwischen zwei Vokalen eines Wortes	caro pera
s	[s]	immer stimmlos, wie deutsches **ss**	casa; sala
y	[i]	wird wie **i** ausgesprochen	rojo y azul
z	[θ]	immer wie **c** vor **e**, **i**: (stärker als englisches **th**)	Zaragoza jerez

Betonung und Akzent

- Auf der letzten Silbe betonte Wörter, die auf Vokal, auf **n** oder auf **s** enden, bedürfen des graphischen Akzents: *café, después*.
- Auf der vorletzten Silbe betonte Wörter, die auf Konsonant (außer **n**, **s**) enden, bedürfen des graphischen Akzents: *fácil, huésped*.
- Auf der drittletzten Silbe betonte Wörter haben immer graphischen Akzent: *música, médico, artístico*.
- Frage- und Ausrufewörter haben immer Akzent: *quién, cómo, qué bonito*.
- Einige einsilbige Wörter haben – zur Unterscheidung von anderen mit der gleichen Schreibweise – immer Akzent: *mí, tú, él, sí, sé, más*.
- **í** bzw. **ú** bei Trennung des Doppellauts: *día, púa, país*.
- Substantive mit der Endung **o** sind männlich; Substantive mit der Endung **a** sind weiblich. Nur bei Abweichungen von dieser Regel wie z. B. *cura m* (Priester) und bei anderen Endungen wird das Geschlecht der Substantive angegeben.

Das spanische Alphabet

A	a	[a]	J	j	[ˈxɔta]	R	r	[ˈɛrre]
B	b	[be]	K	k	[ka]	S	s	[ˈese]
C	c	[θe]	L	l	[ele]	T	t	[te]
CH	ch	[tʃe]	LL	ll	[ˈeʎe]	U	u	[u]
D	d	[de]	M	m	ˈeme]	V	v	[ˈube]
E	e	[e]	N	n	[ˈene]	W	w	[ˈubeˈdɔble]
F	f	[ˈefe]	O	o	[o]	X	x	[ˈekis]
G	g	[xe]	P	p	[pe]	Y	y	[igrjega]
H	h	[ˈatʃe]	Q	q	[ku]	Z	z	[ˈθeta]
I	i	[i]						

Allgemeine Abkürzungen

a. C.	antes de Cristo	vor Christus
afmo.	afectísimo	hochachtungsvoll
Av.	Avenida	Allee
AVE	Tren de Alta Velocidad Española	Hochgeschwindigkeitszug
c.	calle	Straße
Cía.	Compañía	Gesellschaft
CV	caballo de vapor	PS
D.	Don	Herr
Dª	Doña	Frau

d. C.	después de Cristo	n. Chr.
dcha.	derecha	rechts
EE. UU.	Estados Unidos	USA
etc.	etcétera	usw.
gral.	general	allg.
id.	ídem	desgleichen
izda.	izquierda	links
Lle.	llegada	Ankunft
ONU	Organización de las Naciones Unidas	UNO
OTAN	Organización del Tratado del Atlántico Norte	NATO
p., pág.	página	Seite
P. D.	posdata	P.S.
p. ej.	por ejemplo	z. B.
pl.	plaza	Platz
q.e.p.d.	que en paz descanse	Ruhe in Frieden
R.A.C.E.	Real Automóvil Club de España	Automobilclub Spaniens
RENFE	Red Nacional de los Ferrocarriles Españoles	Spanische Staatsbahnen
S. A.	Sociedad Anónima	Aktiengesellschaft
Sal.	salida	Abfahrt, Abflug
S. L.	Sociedad (de responsabilidad) limitada	GmbH
sr., Sr.	señor	Herr
sra., Sra.	señora	Frau
Sras.	señoras	Damen
Sres.	señores	Herren
srta., Srta.	señorita	Frau
TVE	Televisión Española	Span. Fernsehgesellschaft
UE	Unión Europea	EU
V.° B.°	visto bueno	gesehen und gebilligt
Vd., Ud.	usted	Sie *(Einzahl)*
Vda.	viuda	Witwe
Vds., Uds.	ustedes	Sie *(Mehrzahl)*

Abkürzungen im Reisewörterbuch

adj	Adjektiv, Eigenschaftswort	adjetivo
adv	Adverb, Umstandswort	adverbio
alg	jemand	alguien
Am	lateinamerikanisch	latinoamericanismo
conj	Konjunktion, Bindewort	conjunción
dat	Dativ	dativo
el	Elektrotechnik, Elektrizität	electricidad

etw	etwas	una cosa
f	Femininum, weiblich	femenino
fam	Umgangssprache, familiär	familiar, coloquial
fig	bildlich, übertragen	sentido figurado
jdm	jemandem	alguien
jdn	jemanden	alguien
m	Maskulinum, männlich	masculino
n	Neutrum, sächlich	neutro
pers prn	Personalpronomen, persönliches Fürwort	pronombre personal
pl	Plural, Mehrzahl	plural
pop	volkstümlich, populär	popular
poss prn	Possesivpronomen, besitzanzeigendes Fürwort	pronombre posesivo
prp	Präposition, Verhältniswort	preposición
rel	Religion	religión
sing	Singular, Einzahl	singular
tele	Telefon	teléfono
u/c	etwas	una cosa
v	Verb, Zeitwort	verbo

Sprachen in Spanien
Weltweit sprechen mehr als 450 Millionen Menschen Spanisch als Muttersprache. Zudem ist Spanisch (nach Englisch) die Nummer zwei der am meisten erlernten Sprachen. Und damit ist Spanisch die am weitesten verbreitete romanische Sprache.
In Spanien gibt es neben dem Spanischen noch weitere offizielle Amtssprachen: Katalanisch, Baskisch und Galicisch. Sie werden in den entsprechenden autonomen Gemeinschaften gesprochen. Eine Variante des Katalanischen wird zudem auf den Balearen und in der Region um Valencia gesprochen. Das Baskische ist eine eigenwillige Sprache, die nur wenige Ähnlichkeiten mit den indoeuropäischen Sprachen aufweist. Die galicische Sprache kann auf eine lange literarische, insbesondere lyrische Tradition verweisen.

Andere Länder, andere Sitten

Interkulturelle Tipps

Begrüßung

In Spanien begrüßen sich Männer mit Handschlag. In einem zwangslosen Rahmen auch lediglich mit einem Nicken oder unter Bekannten indem man dem anderen zur Begrüßung auf die Schulter klopft oder an den Oberarm fasst. Frauen gibt man nur in einem eher formellen Rahmen die Hand. Zwischen Mann und Frau sowie unter Frauen werden zwei Küsschen, jeweils eins auf die Wange - in eher angedeuteter - Form ausgetauscht. Wird man im Freundeskreis einer Person vorgestellt, so ist das Küsschengeben auch angebracht, wenn man dieser Person zum ersten Mal gegenübersteht.
Bis etwa 13 Uhr grüßt man mit **„Buenos días."** Spätestens ab dem Mittagessen geht man zu **„Buenas tardes"** über Dabei bleibt man bis etwa 21 Uhr. Ab 21 Uhr, spätestens aber nach dem Abendessen, sagt man **„Buenas noches."**. Oder man begrüßt sich einfach mit **„¡Hola!"** („Hallo!") oder **„¿Qué tal?"** („Wie geht's?"). Das ist weniger förmlich und in Spanien als Begrüßung sehr gebräuchlich.

Verabschiedung

Auch bei der Verabschiedung geht es in Spanien eher locker zu - sehr gebräuchlich ist **„¡Hasta luego!"** („Tschüss!"/"Bis später!") und **„¡Nos vemos!"** („Bis bald!"). Oder Sie verabschieden sich mit **„Adios!** - damit liegen Sie in allen Situationen richtig

Anrede

In Spanien duzt man sich realtiv schnell. Das gilt besonders für junge Leute. Wenn man ältere Leute höflich ansprechen möchte, benutzt man **„usted"**.
Wundern Sie sich nicht, wenn Sie in Geschäften, Kneipen oder auf der Straße als **„guapa"** (Hübsche), **„guapo"** (Hübscher) oder **„reina"** (Königin) angesprochen werden. Normalerweise ist das keine „Anmache", sondern es ist nur freundlich gemeint.

Frühstück

Im Allgemeinen frühstückt man in Spanien sehr wenig. Am späten Vormittag trinkt man einen **café con leche** (Milchkaffee), **(café) cortado** (Kaffee mit Milch) oder **café solo** in einer **bar** oder einer **cafetería**. Dazu gibt es eine **pasta** (süßes Stückchen) oder ein **croissant**. Wer es deftig mag und etwas mehr Hunger mitbringt, kann sich auch schon zum Frühstück ein **bocadillo** (belegtes Baguette) bestellen. In einer **churrería** und der einen oder anderen **cafetería** kann man auch **chocolate con churros** frühstücken - dann bekommt man frisch frittiertes Spritzgebäck mit dickflüssiger heißer Schokolade serviert.

Im Restaurant

In fast allen spanischen Restaurants bekommt man mittags ein Tagesmenü: **plato del día** oder **menú del día**. Es ist meistens recht preiswert und besteht aus drei Gängen: primer plato (Vorspeise), **segundo plato** (Hauptgericht) und **postre** (Nachtisch). Oft können Sie zwischen mehreren Gerichten auswählen. Brot und ein Getränk sind im Preis inbegriffen. Wollen Sie nur eine Kleinigkeit essen, empfiehlt sich eine **cafetería** oder eine **bar**. Dort werden mit den **platos combinados** die unterschiedlichsten Tellergerichte angeboten.
Beachten Sie, dass es nicht üblich ist, sich an bereits besetzte Tische zu setzen, selbst wenn es die einzigen noch freien Plätze im Lokal sind; das gilt vor allem in Restaurants.
In Spanien ist es auch nicht üblich, getrennt zu bezahlen. Geht man mit Freunden ins Restaurant, legt man üblicherweise zusammen und teilt sich die Kosten für das gesamte Essen. Trinkgeld ist keine Pflicht, wird in Restaurants aber als üblich empfunden. Die Höhe des Trinkgelds bleibt Ihnen überlassen. Möchten Sie ein Trinkgeld geben, legen Sie es einfach auf den Unterteller, auf dem Sie **la cuenta** (die Rechnung) erhalten haben. Nun können Sie das Lokal verlassen, ohne noch einmal auf die Bedienung zu warten.

Essenszeiten

Man isst zwischen 14 und 15 Uhr zu Mittag, das Abendessen nimmt man zwischen 21.30 Uhr und 22.30 Uhr ein. Vor 21 Uhr brauchen Sie es im Restaurant erst gar nicht zu versuchen - es wird noch nicht serviert.

Abend- und Nachtveranstaltungen

Das Nachtleben beginnt in Spanien sehr spät. Mit Freunden geht man zunächst etwas essen oder trinken, anschließend geht es in die Bars oder Diskos. Diskotheken und Clubs füllen sich erst nach Mitternacht und haben bis weit in den Morgen geöffnet. Wer immer noch nicht genug hat, geht zum krönenden Abschluss **churros con chocolate** (siehe „Frühstück") frühstücken.
Spanien ist generell ein sehr kinderfreundliches Land. Kinder gehören in Spanien einfach dazu und feiern auch bei festlichen Anlässen (Stadtfesten, Hochzeiten, Geburtstagen) bis spät in die Nacht mit.

Öffnungszeiten

Schon bei den Essenszeiten zeigt es sich, dass in Spanien die Uhren anders gehen als im übrigen Europa. Das merkt man auch an den Öffnungszeiten der Geschäfte: Die meisten öffnen um 9 Uhr und machen um 14 Uhr Mittagspause. Nach Mittagessen und **siesta** kann man frühestens ab 17 Uhr wieder einkaufen, dafür aber bis 20 Uhr.
Die Öffnungszeiten gelten auch am Samstag.

Große Kaufhäuser und Supermärkte haben durchgehend und oft auch nach 20 Uhr geöffnet.

Telefon

In Spanien meldet man sich meist nicht mit dem Namen, sondern mit **"¿Diga?"**, **"¿Dígame?"** oder auch nur einem kurzen **"¿Sí?"**. Die meisten Telefonzellen funktionieren sowohl mit Münzgeld als auch mit **tarjetas telefónicas**. Diese Telefonkarten der spanischen Telefongesellschaft (**Telefónica**) gibt es in Kiosken, Tabakwarenläden (**estancos**) und Telefonbüros (**locutorios**) - dort ist das Telefonieren im Übrigen besonders günstig.

Straßenverkehr

Für die Nutzung der Autobahn (**autopista**) fällt in Spanien eine relativ hohe Straßengebühr (**peaje**) an. Die Zahlstellen und gebührenpflichtigen Autobahnabschnitte sind entsprechend gekennzeichnet. Am **peaje manual** können Sie beim Kassierpersonal bezahlen. Am **peaje automático** sollten Sie für die Zahlung am Automaten den passenden Betrag bereithalten. Schnellstraßen (**autovías**) und Landstraßen (**carreteras nacionales**) sind kostenlos.

Glücksspiele und Blindenlotterie

Die Spanier sind begeisterte Lotteriespieler. Das höchstdotierte Lotteriespiel der staatlichen Lotteriegesellschaft ist die Weihnachtslotterie, bei der der Hauptgewinn tatsächlich bis zu mehrere Millionen betragen kann. Neben der staatlichen Lotteriegesellschaft organisiert auch die ONCE (Organización Nacional de Ciegos Españoles) - der spanische Blindenverband - Lotteriespiele. Die Lose werden in den vielen kleinen Lotteriekiosken der ONCE oder von Blinden und Schwerbehinderten an Straßenecken und in Lokalen verkauft. Diese Wohltätigkeitslotterie funktioniert sehr erfolgreich: Die Organisation hat für die Blinden zahlreiche Sozialeinrichtungen geschaffen und die Losverkäufer erhalten ein monatliches Festgehalt.

Die Presse

Die spanische Zeitungslandschaft prägen die großen überregionalen Tageszeitungen: **El País, El Mundo** sowie die Zeitungen **ABC** und **La Vanguardia**. Außerdem existieren eine Reihe kostenlos verteilter Zeitungen. Trotz geringerer journalistischer Qualität, gewinnen solche Gratiszeitungen zunehmend an Leserschaft. Derzeit am auflagenstärksten ist die Madrider Gratiszeitung **20 minutos**. In Spanien existiert zudem ein großer Markt an Sportzeitungen (die größte ist **Marca**), und vor allem die Regenbogenpresse (**prensa amarilla** oder **prensa del corazón**) erfreut sich bei den Spaniern großer Beliebtheit.

Einer für alle?

In Spanien ist es absolut unüblich, in Restaurants u. ä. getrennt zu bezahlen. Ein solcher Wunsch würde beim Kellner auf Unverständnis stoßen. Die Kellner sind es gewohnt, die gesamte Rechnungssumme zu kassieren. Egal, ob einer allein die Rechnung übernimmt oder die Gruppe zusammenlegt bzw. später untereinander abrechnet.
Das Trinkgeld (**la propina**) wird auf dem Tellerchen mit der Rechnung zurückgelassen. Dem Kellner eine aufgerundete Summe im Sinne von „Stimmt so“ in die Hand zu drücken ist unüblich und wirkt distanzlos und plump.

Küsschen, Küsschen

Ein Küsschen links, ein Küsschen rechts - aber bitte nur als angedeutete Geste! Ein aufdringlicher Schmatzer wird als unangenehm empfunden. Männer begrüßen sich in Spanien - auch innerhalb der Familie und unter Freunden - nie mit Küsschen. Soll es besonders herzlich sein, umarmen sich Männer zur Begrüßung.

Mehr als nur Coca und Cola

Bestellen Sie in Spanien immer „una Coca Cola“ oder „una Pepsi (Cola)“. „Cola“ allein hat im Spanischen andere Bedeutungen. Eine davon entspricht dem deutschen Wort „Schwanz“ - mitsamt vulgärem Gebrauch. Auch „Coca“ entspricht keineswegs dem bei uns gebräuchlichen „Coke“, sondern ist vielmehr die spanische Bezeichnung für „Kokain“ - bleiben Sie also den Markennamen treu!

Ist dieser Stuhl noch frei?

Setzen Sie sich in Spanien nie an einen bereits besetzten Tisch. Das ist absolut unüblich. In Restaurants wartet man ab, bis einem der Kellner einen Platz zuweist. Die Spanier fragen nicht, „Ist der Stuhl (noch) frei?“, sondern danach, ob ein Stuhl besetzt ist - **„¿Está ocupada?“**-, um diesen gegebenenfalls mit an den eigenen Tisch zu nehmen. Sollten Sie zu diesem Zweck fragend auf einen Stuhl zeigen, bedenken Sie bitte, dass ein „Si.“, „No.“, Nicken oder Kopfschütteln anzeigt, ob der Stuhl besetzt ist. Bei Zustimmung also den Stuhl bitte nicht mitnehmen!

Vorsicht Zeigefinger!

Seien Sie vorsichtig, wenn Sie warnend den Zeigefinger erheben oder diesen im Sinne von „eins“/“einmal“ einsetzen, um etwas zu ordern oder auf eine Frage zu antworten. Der ausgestreckte Zeigefinger - mit geballter Faust und dem Gesprächspartner entgegengestreckten Handrücken - entspricht in Spanien unserem „Stinkefinger".

Das ist nicht „o.k."

Schön, wenn alles in bester Ordnung ist! Damit das auch so bleibt, bringen Sie bitte Ihre Zufriedenheit nicht mit unserem Okay-Zeichen, dem aus Zeigefinger und Daumen gebildete Ring, zum Ausdruck. Dieses Fingerzeichen hat in Spanien eine vulgäre Bedeutung.

Geschäftsessen in Spanien

Geschäftsessen werden in der spanischen Arbeitswelt als Gelegenheit gesehen, sich kennen zu lernen und Vertrauen aufzubauen. Spanier wollen eine persönliche Basis schaffen, bevor man zum geschäftlichen Teil übergeht. Dabei wird die Persönlichkeit meist höher bewertet als fachliche Qualifikationen oder Kompetenzen. Wundern Sie sich also nicht über Fragen nach Ihrem Hintergrund, Ihrer Ausbildung oder Ihren Interessen. Auch gilt es als höflich, sich nach der Familie zu erkundigen. Reden Sie erst nach dem Essen übers Geschäft, zum Beispiel bei einer Tasse Kaffee.
In Spanien wird weder getrennt bezahlt noch über Zurückzahlen gesprochen - das ist unüblich und wirkt peinlich. Werden Sie eingeladen, laden Sie den Geschäftspartner, Vorgesetzten oder Kollegen einfach von sich aus zu einem späteren Zeitpunkt ein.

Nicht nur Spanisch

In Spanien spricht man nicht nur Spanisch. Einige Autonome Gemeinschaften haben zudem ihre eigene Sprache: Baskisch, Galicisch, Katalanisch. Man tritt kräftig ins Fettnäpfchen, wenn man diese Sprachen als spanischen Dialekt bezeichnet. Die Bewohner dieser Sprachräume sind stolz auf ihre eigene Sprache und sehen sich primär als Basken, Katalanen und Galicier.

Eine Frage der Ehre

Denken Sie daran, dass es in Spanien beim Aufbau persönlicher Beziehungen eine wichtige Rolle spielt, „nicht das Gesicht zu verlieren". Die Spanier regieren empfindsam bis empfindlich, wenn sie sich in ihrer persönlichen Ehre angegriffen fühlen. Wenn Sie Kritik üben oder persönliche Wünsche vorbringen möchten, seien Sie bitte nicht allzu direkt und benutzen Sie einen freundlicheren Ton als vielleicht im Deutschen üblich.

Reisevorbereitungen

> WWW.MARCOPOLO.DE
Ihr Reise- und Freizeit-Portal im Internet!

- Aktuelle multimediale Informationen, Insider-Tipps und Angebote zu Zielen weltweit ... und für Ihre Stadt zu Hause!
- Interaktive Karten mit eingezeichneten Sehenswürdigkeiten, Hotels, Restaurants etc.
- Inspirierende Bilder, Videos, Reportagen
- Praktische Services wie Routenplaner, Währungsrechner etc.
- Bewertungen, Tipps und Beiträge von Reisenden in der lebhaften MARCO POLO Community

Reinklicken und Wegträumen!
www.marcopolo.de

Hotelbuchung per E-Mail

Sehr geehrte Damen und Herren,
am 24. und 25. Juni benötige ich für zwei Nächte ein Einzel-/Doppel-/Zweibettzimmer. Bitte teilen Sie mir mit, ob Sie ein Zimmer frei haben und was es pro Nacht (einschließlich Abendessen) kostet.
Mit freundlichen Grüßen

Apreciados señores:
Quisiera reservar una habitación sencilla/doble/con dos camas para las noches del 24 y 25 de junio. Hagan el favor de comunicarme si tienen habitaciones libres para esas fechas y el precio por noche (más cena).
Atentamente,

Dear Sir or Madam,
I would like to book a single/double/twin-bedded room for 2 nights on the 24 and 25 June. Please let me know if you have any vacancies and the total cost per night (plus dinner).
Yours faithfully,

Autovermietung per E-Mail

Sehr geehrte Damen und Herren,
für den Zeitraum vom 20.-25. Juli möchte ich von Barajas (Madrid) einen Kleinwagen/Mittelklassewagen/eine 7-sitzige Großraumlimousine mieten. Ich fliege von Barcelona ab und möchte deshalb dort den Leihwagen abgeben. Bitte teilen Sie mir Ihre Tarife mit und welche Unterlagen ich benötige.
Mit freundlichen Grüßen

Apreciados señores:
Quisiera alquilar un coche pequeño/de tamaño medio/de siete plazas del 20 al 25 de julio en el aeropuerto de Barajas (Madrid) y devolverlo en Barcelona, ya que el vuelo de regreso lo hago desde allí. Les estaría

agradecido si me informaran de las tarifas y de los documentos que es necesario presentar.
Atentamente,

Dear Sir/Madam,
I would like to hire a small/mid-range/luxury saloon car/7-seater people carrier from July 20-25 from Barajas (Madrid) I depart from Barcelona so wish to leave the car there. Please inform me of your rates and what documents I shall require.
Yours faithfully,

Allgemeine Fragen

Ich habe vor, meinen Urlaub in ... zu verbringen. Können Sie mir bitte Informationen über Unterkünfte in der Gegend geben?
Tengo la intención de pasar las vacaciones en... ¿Sería tan amable de darme información sobre dónde podría encontrar alojamiento en la zona?

Welche Gegend empfiehlt sich für Ferien auf einem Boot?
¿Qué región es recomendable para pasar las vacaciones en un barco?

An welche Art von Unterkunft haben Sie gedacht?
¿En qué tipo de alojamiento había pensado?
Ein Hotel.
Un hotel.
Eine Pension.
Una pensión.
Ein Fremdenzimmer.
Un hostal.
Eine Ferienwohnung.
Un apartamento.

Fragen zur Unterkunft

Hotel - Pension - Privatzimmer

Ich suche ein Hotel, jedoch nicht zu teuer - etwas in der mittleren Preislage.
Busco un hotel, pero que no sea muy caro, de tipo medio.

Ich suche ein Hotel mit Hallenbad/Golfplatz/Tennisplätzen.
Busco un hotel con piscina interior/campo de golf/pistas de tenis.

Können Sie mir ein schönes Fremdenzimmer mit Frühstück empfehlen?
¿Me podría recomendar un hostal con desayuno que esté bien?

Sind dort Hunde erlaubt?
¿Admiten perros?

Ist es möglich, ein weiteres Bett in einem der Zimmer aufzustellen?
¿Se puede poner otra cama en la habitación?

Wie viel kostet das pro Woche?
¿Cuánto cuesta a la semana?

Ferienhäuser/Ferienwohnungen

Ich suche eine Ferienwohnung oder einen Bungalow.
Busco un apartamento o un bungalow.

Können Sie mir einen kinderfreundlichen Ferienbauernhof empfehlen?
¿Dónde podría encontrar una granja que tuviera actividades para niños?

Gibt es ...?
¿Tiene... ?
  ein Kinderbett
  una cama para niños
  einen Hochstuhl
  una trona
  einen Fernseher
  televisor
  ein Telefon
  teléfono
  eine Waschmaschine
  lavadora
  eine Spülmaschine
  lavavajillas
  eine Mikrowelle
  microondas

Sind die Stromkosten im Preis eingeschlossen?
¿Va la luz incluida en el precio?

Werden Bettwäsche und Handtücher gestellt?
¿Hay ropa de cama y toallas?

Wie viel muss ich anzahlen und wann ist die Anzahlung fällig?
¿Qué paga y señal hay que hacer y cuándo?

Wo und wann kann ich die Schlüssel abholen?
¿Dónde y cuándo puedo recoger la llave?

Camping

Ich suche einen kleinen Campingplatz an der Südküste. Können Sie mir irgend etwas empfehlen?
Estoy buscando un cámping en la costa sur. ¿Cuál me recomendaría?

Allgemeines

Das Wichtigste in Kürze

➢ **auch vordere Umschlaginnenseite**

Ja.
Sí.

Nein.
No.

Bitte.
Por favor.; *(als Antwort auf „Danke!")* De nada.

Danke!
¡Gracias!

Vielen Dank!
¡Muchas gracias!

Danke, gleichfalls!
!Gracias, igualmente¡

Bitte!/Gern geschehen!
¡Por favor!/¡No hay de qué!

Nichts zu danken!
¡No hay de qué!

Wie bitte?
¿Cómo dice/dices?

Selbstverständlich!
¡Desde luego!

Einverstanden!
¡De acuerdo!

Okay!
¡De acuerdo!

In Ordnung!
¡Está bien!

Entschuldigung!/Verzeihung!
¡Perdón!

Einen Augenblick, bitte!
¡Un momento, por favor!

Das reicht jetzt!
¡Basta (ya)!

Hilfe!
¡Ayuda!, ¡Socorro!

Wer?
¿Quién?

Was?
¿Qué?

Welcher?/Welche?/Welches?
¿Cuál?

Wem?
¿A quién?

Wen?
¿A quién?

Wo?
¿Dónde?

Wo ist ...?/Wo sind ...?
¿Dónde está...?/¿Dónde están...?

Warum?/Weshalb?
¿Por qué?

Wozu?
¿Para qué?

Wie viel?
¿Cuánto?

Wie lange?
¿Cuánto tiempo?

Wann?/Um wie viel Uhr?
¿Cuándo?/¿A qué hora?

Ich hätte gern ...
Quisiera..., Me gustaría...

Gibt es ...?
¿Hay...?

Zahlen - Maße - Gewichte

➢ **hintere Umschlaginnenseite**

Zeitangaben

Die Uhrzeit

Wie viel Uhr ist es bitte?
¿Qué hora es?

Es ist (genau/ungefähr) ...
Son (exactamente/aproximadamente)...
3 Uhr.
las tres.

5 nach 3.
las tres y cinco.
3 Uhr 10.
las tres y diez.
Viertel nach 3.
las tres y cuarto.
halb 4.
las tres y media.
Viertel vor 4.
las cuatro menos cuarto.
5 vor 4.
las cuatro menos cinco.

Es ist 12 Uhr Mittag./Es ist Mitternacht.
Son las doce del mediodía./Es medianoche.

Um wie viel Uhr?/Wann?
¿A qué hora?/¿Cuándo?

Um 1 Uhr.
A la una.

Um 2 Uhr.
A las dos.

Gegen 4 Uhr.
Alrededor de las cuatro.

In einer Stunde.
Dentro de una hora.

In zwei Stunden.
Dentro de dos horas.

Nicht vor 9 Uhr morgens.
No antes de las nueve de la mañana.

Nach 8 Uhr abends.
Después de las ocho de la tarde.

Zwischen 3 und 4.
Entre las tres y las cuatro.

Wie lange?
¿Cuánto tiempo?

Zwei Stunden (lang).
(Durante) Dos horas.

Von 10 bis 11.
Desde las diez hasta las once.

Bis 5 Uhr.
Hasta las cinco.

Seit wann?
¿Desde cuándo?

Seit 8 Uhr morgens.
Desde las ocho de la mañana.

Seit einer halben Stunde.
Desde hace media hora.

Seit acht Tagen.
Desde hace ocho días.

ab und zu	de vez en cuando
abends	por la tarde
am Sonntag	el domingo
am Wochenende	el fin de semana
bald	pronto
diese Woche	esta semana
gegen Mittag	hacia mediodía
gestern	ayer
heute	hoy
heute Abend	esta tarde
heute Morgen	esta mañana
in 14 Tagen/zwei Wochen	dentro de quince días/dos semanas
innerhalb einer Woche	en una semana
jeden Tag	todos los días, cada día
jetzt	ahora
kürzlich	hace poco, *Am* recién
letzten Montag	el lunes pasado
manchmal	a veces, algunas veces
mittags	a mediodía
morgen	mañana
morgen Abend	mañana por la tarde
morgen früh	mañana por la mañana
morgens	por la mañana
nachmittags	por la tarde
nächstes Jahr	el año que viene
nachts	por la noche
stündlich	cada hora
täglich	a diario, todos los días
tagsüber	durante el día
übermorgen	pasado mañana
um diese Zeit	a esta hora
vor zehn Minuten	hace diez minutos
vorgestern	anteayer
vormittags	por la mañana

Die Wochentage

Montag	lunes
Dienstag	martes
Mittwoch	miércoles
Donnerstag	jueves
Freitag	viernes
Samstag	sábado
Sonntag	domingo

Die Monate

Januar	enero
Februar	febrero
März	marzo
April	abril
Mai	mayo
Juni	junio
Juli	julio
August	agosto
September	septiembre
Oktober	octubre
November	noviembre
Dezember	diciembre

Die Jahreszeiten

Frühling	primavera
Sommer	verano
Herbst	otoño
Winter	invierno

Feiertage

Neujahr	Año Nuevo
Dreikönigstag	el Día de Reyes
Karneval	el Carnaval
Aschermittwoch	el Miércoles de Ceniza
19. März (Josefstag)	(el Día de) San José
Gründonnerstag	el Jueves Santo
Karfreitag	el Viernes Santo
Ostern	Pascua (de Resurrección)
Ostermontag	el Lunes de Pascua
1. Mai	el Día del Trabajo
Christi Himmelfahrt	(el Día de) la Ascensión
Pfingsten	Pentecostés
Fronleichnam	(el Día del) Corpus (Christi)
24. Juni (Johannistag)	(el Día de) San Juán

Maria Himmelfahrt (15. Aug.)	(el Día de) la Asunción
12. Oktober	el Día de la Hispanidad
Allerheiligen (1. November)	(el Día de) Todos los Santos
Allerseelen (2. November)	el Día de los Difuntos
6. Dezember (Verfassungstag)	el Día de la Constitución
8. Dezember (Mariä Empfängsnis)	(el Día de) la Inmaculada,
Heiliger Abend	Nochebuena
Weihnachten	la Navidad
Silvesterabend	Nochevieja

Datum

Können Sie mir bitte sagen, den Wievielten wir heute haben?
¿Qué día/fecha es hoy?/¿A cuántos estamos?

Heute ist der 4. August.
Hoy es el 4 de agosto.

Wetter

Was für ein herrliches/schreckliches Wetter!
¡Hace un tiempo espléndido/horroroso!

Es ist sehr kalt/heiß/schwül.
Hace mucho frío/calor/bochorno.

Es ist neblig/windig.
Hay niebla/viento.

Es bleibt schön/schlecht.
Seguirá el buen/mal tiempo.

Es wird wärmer/kälter.
Va a hacer más calor/frío.

Es wird regnen/schneien.
Va a llover/nevar.

Die Straßen sind glatt.
Hay hielo en las carreteras.

Die Sicht beträgt nur 20 m/weniger als 50 m.
La visibilidad es de 20 metros/de menos de 50 metros.

Schneeketten sind erforderlich.
Es necesario el uso de cadenas.

bewölkt	nublado
Blitz	rayo
Bö	ráfaga, racha

Donner	trueno
Ebbe	marea baja
Eis	hielo
Flaute	calma chicha
Flut	marea alta
Frost	helada
Glatteis	hielo
heiß	cálido, caluroso
Hitze	el calor
Hitzewelle	ola de calor
kalt	frío
Luft	el aire
nass	húmedo
Nebel	niebla
Regen	lluvia
Regenschauer	chubasco
regnerisch	lluvioso
Schnee	la nieve
schwül	bochornoso, sofocante
Sonne	el sol
sonnig	soleado
Temperatur	temperatura
warm	caliente, cálido
wechselhaft	inestable
Wetterbericht	el boletín meteorológico
Wettervorhersage	la predicción del tiempo
Wind	viento
Windstärke	fuerza del viento
Wolke	la nube

Farben

beige	beige, beis
blau	azul
braun	marrón
einfarbig	de un solo color
farbig	de colores, multicolor
gelb	amarillo
goldfarben	dorado
grau	gris
grün	verde
orange	naranja
rot	rojo
schwarz	negro
silberfarben	plateado
türkis	turquesa
violett	violeta
weiß	blanco

Zwischenmenschliches

Begrüßung und Verabschiedung

Küsschen, Küsschen
Ein Küsschen links, ein Küsschen rechts - aber bitte nur als angedeutete Geste! Männer begrüßen sich in Spanien - auch innerhalb der Familie und unter Freunden - nie mit Küsschen. Soll es besonders herzlich sein, umarmen sich Männer zur Begrüßung.

Die Begrüßung

Guten Morgen!
¡Buenos días! *(ungefähr bis 14 Uhr)*

Guten Tag!/Guten Abend!
¡Buenas tardes! *(ungefähr bis 21 Uhr)*/
¡Buenas noches! *(nach ungefähr 21 Uhr)*

Guten Abend!
¡Buenas tardes!

Hallo!/Grüß dich!
¡Hola!/¿Qué tal?

Wie ist Ihr Name, bitte?
¿Cómo se llama usted, por favor?

Wie heißt du?
¿Cómo te llamas?

In Spanien duzt man sich schneller als in Deutschland. Das gilt besonders für junge Leute.

Ich heiße ...
Me llamo...

Spanier haben immer zwei Nachnamen: der erste ist vom Vater, der zweite von der Mutter. Heiraten Frauen, nehmen sie üblicherweise nicht den Namen ihres Mannes an, sondern behalten beide Geburtsnamen.

Wie geht es Ihnen?
¿Qué tal está usted?

Wie geht's?
¿Qué tal?, ¿Cómo estás?

Danke. Und Ihnen/dir?
Bien, gracias. ¿Y usted/tú?

Die Frage „Wie geht es dir?" (**¿Cómo estás?"**) ist eine rein rhetorische Frage und wird normalerweise nur mit „Gut." (**„Bien."**) oder „Sehr gut!" (**„¡Muy bien!"**) beantwortet. Nur unter sehr guten Freunden oder nach wiederholter Nachfrage darf man offen über gesundheitliche und persönliche Probleme sprechen.

Sich vorstellen

Darf ich bekannt machen? Das ist ...
Le/Te presento...
  Frau X.
  a la señora X.
  Herr X.
  al señor X.
  mein Mann.
  a mi marido.
  meine Frau.
  a mi esposa/mujer.
  mein Sohn.
  a mi hijo.
  meine Tochter.
  a mi hija.
  mein Freund/meine Freundin.
  a mi amigo/a mi amiga.

Darf ich Ihnen meine Visitenkarte geben?
¿Puedo darle mi tarjeta (de visita)?

Das Verabschieden

Auf Wiedersehen!
¡Adiós!/¡Hasta la vista!

Bis bald!
¡Hasta pronto!

Bis später!
¡Hasta luego!

Bis morgen!
¡Hasta mañana!

Mach's gut!
¡Que vaya bien!

Bis bald!
¡Hasta pronto!

Gute Nacht!
¡Buenas noches!

Tschüss!
¡Adiós!/¡Hasta luego!

Gute Reise!
¡Buen viaje!

Höflichkeit

Bitte und Dank

Bitte.
Por favor. *(als Antwort auf „Danke!")* De nada.

Ja, bitte.
Sí, por favor.

Nein, danke!
No, muchas gracias.

Höflichkeitsformen wie „danke" oder „bitte" werden in Spanien deutlich seltener verwendet als bei uns - das gilt vor allem innerhalb der Familie und unter guten Bekannten.

Gestatten Sie?
¿Permite?

Entschuldigen Sie bitte die Störung.
Perdone la molestia.

Entschuldigen Sie bitte, dürfte ich Sie etwas fragen?
Perdone, ¿le podría hacer una pregunta?

Können Sie mir bitte helfen?
¿Puede (usted) ayudarme(, por favor)?

Darf/Dürfte ich Sie um einen Gefallen bitten?
¿Puedo/podría pedirle un favor?

Würden Sie bitte so freundlich sein und ...?
¿Sería tan amable de...?

Vielen/Tausend Dank, Sie haben mir sehr geholfen.
Muchas/muchísimas gracias, me ha ayudado mucho.

Das war sehr lieb von Ihnen.
Ha sido muy amable de su parte.

Können Sie mir bitte sagen, ...
¿Me puede decir...?

Können Sie mir bitte ... empfehlen?
¿Me puede recomendar... ?

Danke!
¡Gracias!

Danke, sehr gern!
¡Gracias, con mucho gusto!

Das ist nett (von Ihnen), danke!
Gracias, es muy amable de su parte.

Bitte sehr!/Gern geschehen!
De nada./No hay de qué.

Entschuldigung

Entschuldigung!
¡Perdón!

Das tut mir sehr leid!
¡Lo siento en el alma!

Gesundheit! *(nach Niesen)*
¡Jesús!

Gute Besserung!
¡Que se mejore!/¡Que te mejores!

Meinungen und Gefühle

Zustimmung und Gesprächsfortführung

Gut.
Bien.

Richtig.
Correcto.

Einverstanden!/Abgemacht!
¡De acuerdo!/¡Hecho!

Geht in Ordnung!
¡Está bien!

Okay!/o.k.!/O.K.!
¡De acuerdo!

Genau.
Exacto.

Ach!
¡Ah!

Ach, so!
¿Ah, sí?

Wirklich?
¿No me digas?

Interessant!
¡Vaya, vaya!

Wie schön!
¡Qué bien!

Ich verstehe.
Ya entiendo.

So ist es eben.
Así son las cosas.

Ganz Ihrer Meinung.
Totalmente de acuerdo contigo.

Das stimmt.
Es verdad.

Das finde ich (sehr) gut.
Me parece (muy) bien.

Mit Vergnügen!
¡Con mucho gusto!

Ablehnung

Ich will nicht.
No quiero.

Dazu habe ich keine Lust.
No me apetece.

Ich habe keine Zeit.
No tengo tiempo.

Damit bin ich nicht einverstanden.
No estoy de acuerdo con esto.

Das kommt nicht in Frage!
¡Nada de eso!

Auf gar keinen Fall!
¡De ninguna manera!

Ohne mich!
¡Conmigo no contéis/cuentes!

Das gefällt mir gar nicht.
No me gusta nada de nada.

Vorlieben

Das gefällt mir (nicht).
(No) me gusta.

Ich möchte lieber ...
Prefiero...

Am liebsten wäre mir ...
Lo mejor sería...

Darüber würde ich gerne mehr erfahren.
Me gustaría tener más información sobre eso.

Nichtwissen ausdrücken

Das weiß ich nicht.
No lo sé.

Keine Ahnung.
Ni idea.

Unentschlossenheit

Das ist mir egal.
Me da lo mismo.

Ich weiß noch nicht.
No sé todavía.

Vielleicht.
Quizás.

Wahrscheinlich.
Probablemente.

Freude - Begeisterung

Großartig!
¡Magnífico!

Prima!
¡Fantástico!

Toll!
¡Estupendo!

Super!
¡Fenomenal!

Wahnsinn!
¡Genial!

Zufriedenheit

Ich bin voll und ganz zufrieden.
Estoy supercontento/supercontenta.

Ich kann mich nicht beklagen.
No puedo quejarme.

Das hat hervorragend geklappt.
Ha salido a las mil maravillas.

Langeweile

Wie langweilig!/So etwas von langweilig!
¡Vaya aburrimiento!/¡Un aburrimiento que no veas!

... ist total öde.
... es un rollo.

Erstaunen - Überraschung

Ach so!
¡Ah!

Wirklich?
¿De veras?

Das ist ja nicht zu fassen!
¡Es increíble!

Unglaublich!
¡Increíble!

Erleichterung

Ein Glück, dass ...!
¡Vaya una suerte que... !

Gott sei Dank!
¡Gracias a Dios!

Endlich!
¡Por fin!/¡Finalmente!

Gelassenheit

Nur keine Panik/Aufregung!
¡(Sobre todo,) calma!

Machen Sie sich keine Sorgen.
No se preocupe.

Ärger

Das ist aber ärgerlich!
¡Qué fastidio!

So ein Mist!
¡Maldita sea!

Jetzt reicht's!
¡Ya basta!

... geht mir auf den Geist/Wecker/Keks.
... no lo soporto.

Eine Unverschämtheit ist das!/So eine Frechheit!
¡Vaya cara más dura!/¡Vaya impertinencia!

Das darf doch wohl nicht wahr sein!
¡Será posible!

Zurechtweisung

Was fällt Ihnen ein!
¡Pero usted qué se ha creído!

Kommen Sie mir bloß nicht zu nahe!
¡Ni se le ocurra acercárseme!

Das kommt gar nicht in Frage.
¡Ni pensarlo!

Bedauern - Enttäuschung

Oh je!
¡Vaya...!

Es tut mir (sehr) leid.
Lo siento (mucho).

Es tut mir richtig leid für ...
Siento mucho lo de...

Schade!
¡Qué pena!/¡Qué lástima!

Komm her! (aus der Nähe)

Komm her! (aus der Ferne)

Weiß nicht!/Mir egal!

Angeber!/Angeberin!

Nicht mit mir!

Es wimmelte von Leuten.

Du kannst mich mal!

Das Essen war ausgezeichnet!

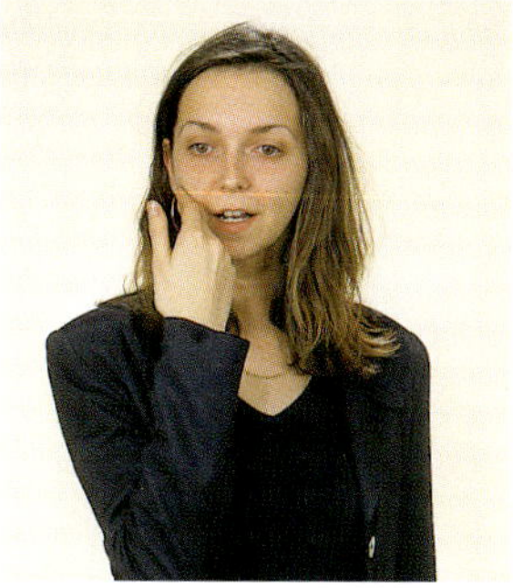

So eine unverschämte Person!

Toi, toi, toi!

Komplimente

Bescheidenheit ist eine Zier
Macht man Ihnen in Spanien ein Kompliment darüber, dass Sie etwas Hübsches tragen, antworten Sie nicht mit „Danke!". Benutzen Sie stattdessen eine Bescheidenheitsfloskel: **„Ya está muy viejo."** („Das ist schon alt.") oder **„Lo compré de oferta."** („Das war ein Sonderangebot.")

Wie schön!
¡Qué bonito!

Das ist wunderbar!
¡Esto es fantástico!

Das ist sehr nett von Ihnen/dir!
¡Muy amable de su/tu parte!

Ich finde Sie sehr sympathisch.
Le/La encuentro muy simpático/simpática.

Ich finde Sie sehr nett.
Le/La encuentro muy amable.

Das Essen war ausgezeichnet!
¡La comida estaba estupenda!

Wir haben selten so gut gegessen wie bei Ihnen.
!Pocas veces hemos comido tan bien como aquí!

Es ist wirklich traumhaft hier!
¡Este es un lugar maravilloso!

Sie sprechen sehr gut Spanisch/Deutsch.
Habla muy bien el español/alemán.

Das sieht gut aus!
¡No está mal!

Wir haben uns bei Ihnen sehr wohl gefühlt.
Hemos estado muy bien con ustedes.

angenehm	agradable
ausgezeichnet	excelente
beeindruckend	impresionante
freundlich	amable
gemütlich	cómodo, agradable
herrlich	fantástico
hübsch	*(für Personen)* guapo; *(für Gegenstände)* bonito
lecker	bueno, rico, sabroso
liebenswürdig	amable
schön	bonito

Smalltalk

Wie fast überall auf der Welt sind die drei großen Gesprächsthemen der Spanier: Wetter, Fußball und Familie.

Angaben zur Person

Wie alt sind Sie/bist du?
¿Qué edad tiene usted/tienes?

Ich bin 39.
Tengo treinta y nueve años.

Was machen Sie/machst du beruflich?
¿Qué profesión tiene usted/tienes?

Ich bin ...
Soy...

Ich bin arbeitslos.
Estoy en el paro.

Ich bin Freiberufler.
Trabajo por mi cuenta.

Ich arbeite bei ...
Trabajo en...

Ich bin Rentner/in.
Estoy jubilado/jubilada.

Ich gehe noch zur Schule.
Todavía voy al colegio.

Ich bin Student/in.
Soy estudiante.

Herkunft und Aufenthalt

Woher kommen Sie/kommst du?
¿De dónde es usted/eres?

Ich komme aus Stuttgart.
Soy de Stuttgart.

Sind Sie/Bist du schon lange hier?
¿Lleva usted/Llevas ya mucho tiempo aquí?

Ich bin seit ... hier.
Estoy aquí desde...

Wie lange bleiben Sie/bleibst du?
¿Cuánto tiempo se queda/te quedas?

Sind Sie/Bist du zum ersten Mal hier?
¿Es la primera vez que está usted/estás aquí?

Wie finden Sie es?
¿Qué le parece?

Familie

Sind Sie verheiratet?
¿Está usted casado/casada?

Haben Sie Kinder?
¿Tiene hijos?

Ja, aber sie sind schon erwachsen.
Sí, pero ya son mayores.

Wie alt sind Ihre Kinder?
¿Cuántos años tienen sus hijos?

Meine Tochter ist 8 (Jahre alt) und mein Sohn ist 5 (Jahre alt).
Mi hija tiene 8 (años) y mi hijo 5.

Hobbys

➢ **auch Aktiv- und Kreativurlaub**

Haben Sie/Hast du ein Hobby?
¿Tiene/tienes algún hobby?

Ich verbringe viel Zeit mit meinen Kindern.
Dedico mucho tiempo a mis hijos.

Ich lese sehr gern.
Me gusta mucho leer.

Ich surfe viel im Internet.
Paso mucho tiempo en Internet.

Ich arbeite gern im Garten.
Me gusta trabajar en el jardín.

Ich male ein wenig.
Pinto un poco.

Ich sammle Antiquitäten/Briefmarken.
Colecciono antigüedades/sellos.

Wofür interessieren Sie sich so?
Y sus intereses, ¿cuáles son?

Ich interessiere mich für ...
Me interesa...

Ich bin bei ... aktiv.
Participo en...

... ist eine meiner Lieblingsbeschäftigungen.
... es una de mis ocupaciones preferidas.

entspannen	descansar
im Garten arbeiten	trabajar en el jardín
faulenzen	no hacer nada
heimwerken	hacer bricolaje
kochen	cocinar
lesen	leer
malen	pintar
Musik hören	escuchar música
musizieren	tocar un instrumento
reisen	viajar
Sprachen lernen	aprender idiomas
töpfern	hacer cerámica
Sport treiben	hacer deporte
zeichnen	dibujar

Fitness

➢ **auch Aktivurlaub**

Wie halten Sie sich fit?
¿Cómo se mantiene usted en forma?

Ich jogge./Ich schwimme./Ich fahre Rad.
Corro./Nado./Voy en bicicleta.

Ich spiele einmal in der Woche Tennis/Volleyball.
Una vez por semana juego al tenis/al voleibol.

Ich gehe ziemlich regelmäßig ins Fitnesscenter.
Voy con bastante frecuencia al gimnasio.

Welchen Sport treiben Sie?
¿Qué deporte practica usted?

Ich spiele ...
Juego a...

Ich bin ein Fan von ...
Soy aficionado/ aficionada a...

Ich gehe gern ...
Me gusta ir a...

Kann ich mitspielen?
¿Puedo jugar yo también?

Verabredung

Haben Sie/Hast du morgen Abend schon etwas vor?
¿Tiene (usted)/Tienes algún plan para mañana por la noche?

Wollen wir zusammen hingehen?
¿Quiere (usted)/Quieres que vayamos juntos?

Wollen wir heute Abend etwas gemeinsam unternehmen?
¿Quiere usted/Quieres que hagamos algo juntos esta noche?

Darf ich Sie/dich morgen Abend zum Essen einladen?
Me gustaría invitarle/invitarla/invitarte mañana a cenar.

Wann treffen wir uns?
¿A qué hora nos encontraremos?

Treffen wir uns um 9 Uhr vor .../im ...
Podemos encontrarnos a las nueve delante de.../en...

Ich hole Sie/dich ab.
Le/La/Te recogeré.

Kann ich Sie/dich wieder sehen?
Me agradaría volver a verle/verla/verte.

Das war wirklich ein netter Abend!
¡Ha sido una velada estupenda!

Flirt

Schmeicheleien
Die auch heute noch verbreiteten Schmeicheleien - **„piropos"** - der spanischen Männerwelt sind nicht als Anzüglichkeit zu verstehen. Das **„piropear"** ist eher als ein nicht weiter ernst zu nehmender Zeitvertreib der spanischen Machos zu betrachten, die versuchen sich in einer Art Wettstreit um die phantasievollste Umschreibung weiblicher Wesen zu übertrumpfen
Wundern Sie sich auch nicht, wenn Sie in Geschäften, Kneipen oder auf dem Markt mit „guapo" oder **„guapa"** („Hübsche(r)"), **„cariño"** („Liebling"), **„reina"**(„Königin"), **„mi niña"**, **„hija"** („Tochter") oder ähnlichen Floskeln angesprochen werden. Auch das ist normalerweise keine „Anmache", sondern es sind freundlich gemeinte Anreden, die in Spanien üblich sind.

Du hast wunderschöne Augen.
Tienes unos ojos preciosos.

Mir gefällt, wie du lachst.
Me gusta como sonríes.

Du gefällst mir.
Me gustas.

Ich mag dich.
Me gustas.

Ich finde dich ganz toll!
¡Te encuentro fantástico/fantástica!

Ich liebe dich!
Te quiero.

Hast du einen festen Freund/eine feste Freundin?
¿Tienes novio/novia?

Lebst du mit jemandem zusammen?
¿Vives con alguien?

Bist du verheiratet?
¿Estás casado/casada?

Ich bin geschieden./Wir leben getrennt.
Estoy separado/separada./No vivimos juntos.

Kommst du mit zu mir?
¿Vamos a mi casa?

Ich möchte mit dir schlafen.
Quero dormir contigo.

Aber nur mit Kondom.
Pero sólo con condón.

Hast du Kondome?
¿Tienes condones?

Wo kann ich welche kaufen?
¿Dónde se compran?

Nein, das geht mir zu schnell.
No, me parece demasiado precipitado.

Wir können kuscheln.
Podemos darnos unos besos.

Bitte geh jetzt!
Ahora vete, por favor.

Lassen Sie mich bitte in Ruhe!
¡Por favor, déjeme en paz!

Hören Sie sofort damit auf!
¡Haga el favor de parar de una vez!

Verständigungsschwierigkeiten

Wie bitte?
¿Cómo dice/dices?

Ich verstehe Sie nicht.
No le/la entiendo.

Könnten Sie das bitte wiederholen?
¿Puede repetir, por favor?

Könnten Sie bitte etwas langsamer sprechen?
Por favor, hable un poco más despacio.

Ja, ich verstehe.
Entiendo.

Sprechen Sie/Sprichst du ...
¿Habla usted/Hablas...
Deutsch?
alemán?
Spanisch?
español?
Englisch?
inglés?
Französisch?
francés?

Ich spreche nur wenig ...
Hablo sólo un poco de...

Könnten Sie es mir bitte aufschreiben?
¿Me lo podría apuntar, por favor?

Unterwegs

Operation Urlaub
Die in Spanien verwendeten Begriffe **Operación Salida** (*Operation Hinreise*) und **Operación Retorno** (*Operation Rückreise*) klingen nicht nur nach Ausnahmezustand, sie beschreiben diesen auch äußerst treffend. Am 1., 15. und 30. August ist ganz Spanien auf dem Weg in den oder der Rückfahrt aus dem Urlaub. Planen Sie also an diesen Tagen besser keine Reise! Auch Ostern und das erste Mai-Wochenende sind traditionell von völlig überfüllten Straßen und einem Anstieg schwerer Verkehrsunfälle gekennzeichnet.

Fragen nach dem Weg

Ortsangaben

links	a la izquierda
rechts	a la derecha
geradeaus	todo seguido
vor	delante de
hinter	detrás de
neben	junto a
gegenüber	frente a, enfrente de
hier	aquí
dort	allí
nah	cerca
weit	lejos
nach	después de
Ampel	semáforo, disco
Straße	la calle
Straßenecke	la esquina
Kreuzung	el cruce
Kurve	curva

Wegbeschreibung

Entschulden Sie bitte, wie komme ich nach ...?
Perdón, ¿cómo se va a...?

Immer geradeaus bis ...
Todo seguido hasta...

Dann bei der Ampel links/rechts abbiegen.
Luego en el semáforo tuerza a la izquierda/derecha.

Folgen Sie den Schildern.
Siga los letreros.

Ist das weit von hier?
¿Queda muy lejos de aquí?

Es ist ganz in der Nähe.
Está muy cerca de aquí.

Bitte, ist das die Straße nach ...?
Perdón, ¿es ésta la carretera de...?

Bitte, wo ist ...?
Perdón, ¿dónde está...?

Tut mir leid, das weiß ich nicht.
Lo siento, pero no lo sé.

Ich bin nicht von hier.
No soy de aquí.

Gehen Sie geradeaus/nach links/nach rechts.
Todo seguido (*Am* derecho)./Tuerza (*Am* Doble) a la izquierda/derecha.

Erste/Zweite Straße links/rechts.
La primera/segunda calle a la izquierda/a la derecha.

Überqueren Sie ...
Atraviese...
die Brücke.
el puente.
den Platz.
la plaza.
die Straße.
la calle.

Nehmen Sie am besten den Bus Nr. ...
Lo mejor es que tome el autobús número...

An der Grenze

Passkontrolle

Ihren Pass, bitte!
Su pasaporte, por favor.

Haben Sie ein Visum?
¿Tiene usted un visado?

Kann ich das Visum hier bekommen?
¿Puedo obtener un visado aquí mismo?

Spanien gehört zu den Ländern, die das Schengener Abkommen unterzeichnet haben. Deutsche werden bei der Einreise nicht mehr kontrolliert, den Personalausweis sollte man dennoch immer dabei haben.

Zollkontrolle

Haben Sie etwas zu verzollen?
¿Tiene (usted) algo que declarar?

Fahren Sie bitte rechts/links heran!
Aparque aquí a la derecha/a la izquierda, por favor.

Öffnen Sie bitte den Kofferraum/diesen Koffer!
¿Quiere abrir el maletero/esta maleta, por favor?

Muss ich das verzollen?
¿Hay que pagar derechos de aduana por esto?

Personalien

Familienname	apellido
Familienstand	estado civil
geschieden	divorciado
ledig	soltero
verheiratet	casado
verwitwet	viudo
Geburtsdatum	fecha de nacimiento
Geburtsname	el nombre de soltera
Geburtsort	el lugar de nacimiento
Staatsangehörigkeit	la nacionalidad
Vorname	el nombre (de pila)
Wohnort	domicilio

Grenze

Ausreise	salida, partida
Einreise	entrada
EU-Bürger	ciudadano de la Unión Europea
Führerschein	permiso/carnet de conducir
Grenzübergang	frontera
grüne Versicherungskarte	carta verde (del seguro)
gültig	válido
internationaler Impfpass	certificado internacional de vacunación
Nationalitätskennzeichen	placa de nacionalidad
Nummernschild	(placa de) matrícula
Passkontrolle	el control de pasaporte
Personalausweis	el carnet/documento de identidad
Reisepass	el pasaporte
Visum	visado
Zoll	aduana
zollfrei	exento de derechos de aduana
Zollgebühren	los derechos de aduana
zollpflichtig	sujeto a derechos de aduana

Auto und Motorrad

Für die Nutzung der Autobahn **(autopista)** fällt in Spanien eine relativ hohe Straßengebühr **(peaje)** an. Gebührenpflichtige Autobahnabschnitte sind entsprechend gekennzeichnet. Schnellstraßen *(autovías)* und Landstraßen **(carreteras nacionales)** sind kostenlos.

Reisewege, Vorschriften ...

Autobahn	autopista
Autobahngebühren	el peaje
Bußgeld	multa
Hauptstraße	la calle principal
Landstraße	carretera
Nebenstraße	la calle lateral
Promillegrenze	el índice de alcoholemia
Radarkontrolle	el control de radar
Rastplatz	área de reposo
Raststätte	área de servicio
Schnellstraße	autovía
Stau	atasco
Straßenbenutzungsgebühr	el peaje
trampen	hacer autostop
Tramper	el/la autostopista
Wegweiser	el indicador de camino

Hinweise und Informationen

accidente en cadena	Auffahrunfall
aduana	Zoll
alta tensión	Hochspannung
aparcamiento	Parkplatz
atención	Achtung
bajada peligrosa	Starkes Gefälle
calzada en mal estado	Schlechte Fahrbahn
callejón sin salida	Sackgasse
cambio de pista	Fahrbahn wechseln
cerrado al tráfico	Gesperrt für alle Fahrzeuge
circulación doble	Gegenverkehr
circunvalación	Umgehungsstraße
conducir por la derecha	Rechts fahren
congestión del tráfico	Verkehrsstau
cruce	Kreuzung
curva peligrosa	Gefährliche Kurve
choque	Zusammenstoß
dejar libre la salida	Ausfahrt frei halten

desembocadura de una calle	Straßeneinmündung
desviación	Umleitung
dirección única	Einbahnstraße
disco de estacionamiento limitado	Parkscheibe
disminuir la marcha	Langsamer fahren
embotellamiento	Verkehrsstau
escuela	Schule
estacionamiento	Parkplatz
fin de la prohibición de estacionar	Ende des Parkverbots
garaje-aparcamiento	Parkhaus
gravilla	Rollsplit
hospital	Krankenhaus
limitación de peso	Gewichtsgrenze
límite de velocidad	Geschwindigkeitsbegrenzung
niños	Schulkinder
obras	Straßenarbeiten, Baustelle
paso a nivel sin barrera	Unbeschrankter Bahnübergang
paso de peatones/de cebra	Zebrastreifen
paso subterráneo	Fußgängerunterführung
peligro	Gefahr
pista de bicicletas	Radweg
precaución	Vorsicht
principiante	Anfänger
prohibido adelantar	Überholen verboten
prohibido aparcar	Parken verboten
prohibido detenerse	Halten verboten
prohibido el tráfico	Gesperrt für alle Fahrzeuge
prohibido girar a la derecha	Rechtsabbiegen verboten
prohibida la entrada	Keine Einfahrt
prohibido virar	Wenden verboten
puente	Brücke
respetar la precedencia	Vorfahrt beachten
salida	Ausfahrt
salida de la autopista	Autobahnausfahrt
semáforo	Verkehrsampel
tomar la fila de la izquierda	Links einordnen
tráfico giratorio	Kreisverkehr
trayecto resbaladizo	Rutschgefahr
túnel	Tunnel
vado permanente	Halteverbot vor Ausfahrten
zona azul	Kurzparkzone
zona de peatones	Fußgängerzone

An der Tankstelle

➢ auch **Werkstatt**

Wo ist bitte die nächste Tankstelle?
¿Dónde está la estación de servicio más cercana, por favor?

Ich möchte ... Liter ...
Quisiera... litros de...
Normalbenzin.
gasolina normal.
Super.
súper.
Diesel.
diesel/gasóleo.
Gemisch.
mezcla.
bleifrei./mit ... Oktan.
sin plomo./de... octanos.

Super bitte, für 30 Euro.
Póngame 30 euros de súper, por favor.

Voll tanken, bitte.
Lleno, por favor.

Prüfen Sie bitte ...
¿Quiere comprobar...
den Ölstand.
el nivel del aceite?
den Reifendruck.
la presión de las ruedas?

Ich hätte gern eine Straßenkarte dieser Gegend.
Quisiera un mapa de carreteras de esta zona, por favor.

Parken

Entschuldigen Sie bitte, gibt es hier in der Nähe eine Parkmöglichkeit?
Perdón, ¿hay algún sitio para aparcar por aquí cerca?

Kann ich den Wagen hier abstellen?
¿Puedo dejar el coche aquí?

Ist der Parkplatz bewacht?
¿Es un aparcamiento vigilado?

Wie hoch ist die Parkgebühr pro Stunde?
¿Cuál es el precio del aparcamiento por hora?

Ist das Parkhaus die ganze Nacht geöffnet?
¿Está el aparcamiento abierto toda la noche?

Eine Panne

Ich habe eine Panne.
Tengo una avería.

Wo ist hier in der Nähe eine Werkstatt?
¿Hay algún taller por aquí cerca?

Würden Sie bitte den Pannendienst anrufen?
¿Puede (usted) por favor llamar al servicio de asistencia técnica en carretera?

Würden Sie mir bitte einen Mechaniker/einen Abschleppwagen schicken?
¿Puede (usted) enviarme un mecánico/un coche-grúa?

Könnten Sie mir mit Benzin aushelfen?
¿Podría (usted) darme un poco de gasolina, por favor?

Könnten Sie mir beim Reifenwechsel helfen?
¿Podría (usted) ayudarme a cambiar la rueda?

Würden Sie mich bis zur nächsten Werkstatt mitnehmen?
¿Puede (usted) llevarme hasta el taller más próximo?

Abschleppdienst	servicio de remolque
abschleppen	remolcar
Abschleppseil	el cable de remolque
Abschleppwagen	grúa, el coche-grúa
Benzinkanister	el bidón de gasolina
Ersatzrad	rueda de repuesto
Notrufsäule	el poste de socorro
Panne	avería
Pannendienst	asistencia técnica en carretera
Platten	rueda pinchada
Starthilfekabel	el cable eléctrico de encendido
Wagenheber	gato
Warnblinkanlage	el sistema de alarma intermitente
Warndreieck	la señal de situación de peligro
Werkzeug	las herramientas

In der Werkstatt

Der Motor springt nicht an.
Mi coche no arranca.

Mit dem Motor stimmt was nicht.
El motor no funciona bien.

... ist/sind defekt.
... está estropeado/estropeada.

Der Wagen verliert Öl.
El coche pierde aceite.

Können Sie mal nachsehen?
¿Puede usted mirar, por favor?

Machen Sie bitte nur die nötigsten Reparaturen.
Haga sólo las reparaciones estrictamente necesarias.

Wann ist der Wagen/das Motorrad fertig?
¿Cuándo estará arreglado el coche/arreglada la moto?

Was wird es ungefähr kosten?
¿Cuánto costará más o menos?

Abblendlicht	la luz de cruce
Alarmanlage	(dispositivo de) alarma
Anlasser	el motor de arranque
Auspuff	tubo (*Am* caño) de escape
Automatik(getriebe)	cambio automático
Benzinpumpe	bomba de gasolina
Blinklicht	el intermitente
Bremse	freno
Bremsflüssigkeit	líquido de frenos
Bremslichter	las luces de frenado
Delle	golpe, abollón
Defekt	avería, defecto
Erdgas-/Elektrotankstelle	estación de gas (natural)/ punto de recarga de electricidad
Fernlicht	la luz de carretera
Frostschutzmittel	el anticongelante
Gang	marcha, la velocidad
erster Gang	primera (marcha)
Leerlauf	punto muerto
Rückwärtsgang	marcha atrás
Gaspedal	el pedal del gas
Getriebe	caja de cambio
Handbremse	freno de mano
Hupe	bocina, el claxon
Kofferraum	maletero
Kratzer	arañazo
Kühler	el radiador
Kühlwasser	(el) agua del radiador
Kupplung	el embrague
Kurzschluss	cortocircuito
Lichtmaschine	la dínamo

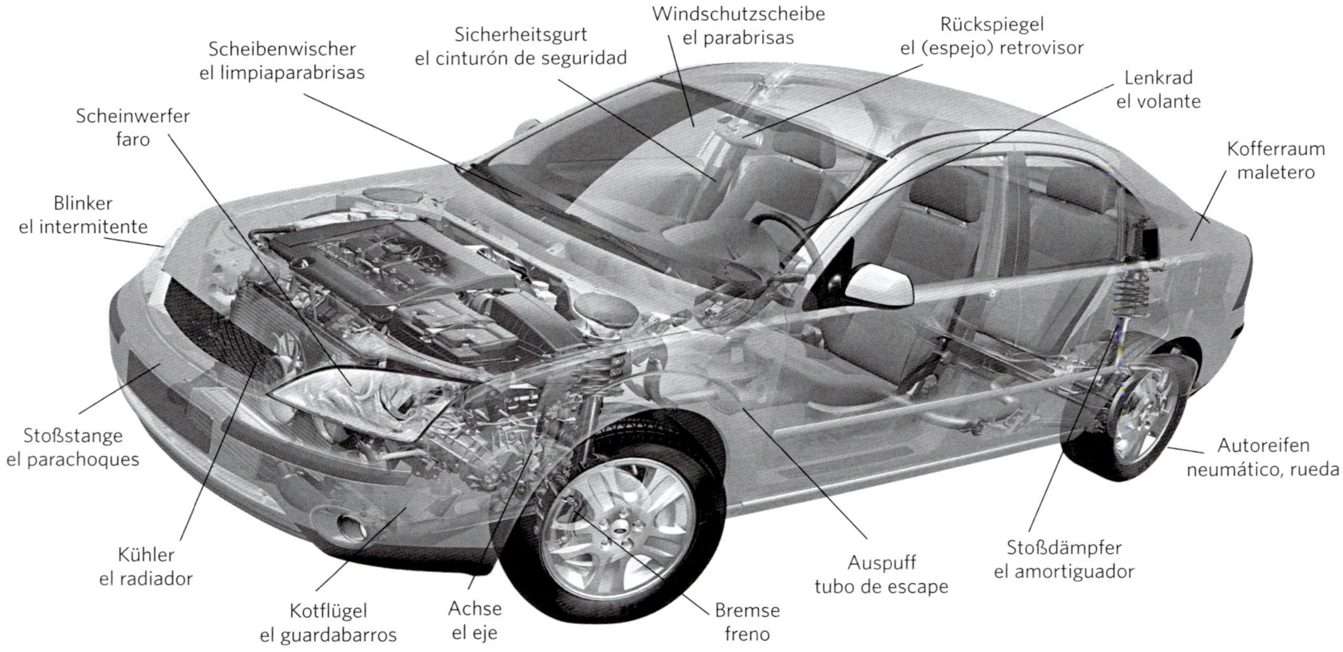
Scheibenwischer
el limpiaparabrisas
Sicherheitsgurt
el cinturón de seguridad
Windschutzscheibe
el parabrisas
Rückspiegel
el (espejo) retrovisor
Lenkrad
el volante
Scheinwerfer
faro
Kofferraum
maletero
Blinker
el intermitente
Stoßstange
el parachoques
Autoreifen
neumático, rueda
Kühler
el radiador
Auspuff
tubo de escape
Stoßdämpfer
el amortiguador
Kotflügel
el guardabarros
Achse
el eje
Bremse
freno

Luftfilter	filtro de aire
Motor	el motor
Motorhaube	capó, capota
Öl	el aceite
Ölwechsel	cambio de aceite
Rad	rueda
Reifen	neumático, rueda
Rücklicht	las luces traseras
Rückspiegel	el (espejo) retrovisor
Scheibenwischer	el limpiaparabrisas
Scheinwerfer	faro
Schraube	tornillo
Sicherheitsgurt	el cinturón de seguridad
Standlicht	la luz de posición/de estacionamiento
Stoßstange	el parachoques
Tachometer	velocímetro, cuentakilómetros
Tank	depósito
Verbandskasten	el botiquín (de urgencias)
Warndreieck	triángulo de emergencia
elektronische Wegfahrsperre	el inmovilizador antirobo
Werkstatt	el taller
Windschutzscheibe	el parabrisas
Winterreifen	neumáticos de invierno
Zündkerze	bujía
Zündung	encendido

Verkehrsunfall

Ein Unfall ist passiert!
Ha habido un accidente.

Rufen Sie bitte schnell ...
Llame enseguida...
einen Krankenwagen!
a una ambulancia.
die Polizei!
a la policía.
die Feuerwehr!
a los bomberos.

Haben Sie Verbandszeug?
¿Tiene usted botiquín de urgencia?

Sie haben ...
Usted...
die Vorfahrt nicht beachtet.
no ha respetado la preferencia.
nicht geblinkt.
no ha puesto el intermitente.

Sie sind ...
Usted...
zu schnell gefahren.
iba demasiado deprisa.
bei Rot über die Kreuzung.
ha pasado con el semáforo en rojo.

Können Sie als Zeuge aussagen?
¿Podría declarar como testigo?

Geben Sie mir bitte Ihren Namen und Ihre Anschrift.
¿Puede (usted) darme su nombre y dirección?

Vielen Dank für Ihre Hilfe!
Muchas gracias por su ayuda.

Auto-, Motorrad- und Fahrradvermietung

Ich möchte für zwei Tage/eine Woche ... mieten.
Quisiera alquilar por dos días/una semana...
einen (Gelände-)Wagen
un coche (todo terreno).
ein Motorrad
una moto.
ein Fahrrad
una bicicleta.

Bitte ein Fahrzeug mit Navigationssystem.
Un coche con GPS, por favor.

Wie hoch ist die Tages-/Wochenpauschale?
¿Qué tarifa se paga por día/semana?

Ist das einschließlich unbegrenzter Kilometerzahl?
¿Está incluido el kilometraje ilimitado?

Wie viel verlangen Sie pro gefahrenem Kilometer?
¿Cuánto se paga por cada kilómetro de recorrido?

Ist das Fahrzeug vollkaskoversichert?
¿Está el vehículo asegurado a todo riesgo?

Ist es möglich, das Fahrzeug in ... abzugeben?
¿Es posible entregar el vehículo en...?

Ich möchte auch einen Schutzhelm leihen.
¿Se pueden alquilar cascos?

Führerschein	permiso/carnet de conducir
hinterlegen	depositar
Kindersitz	silla de niño
Kaution	fianza
Nierengurt	riñonera
Papiere	los documentos
Schiebedach	techo corredizo
Sturzhelm	casco
Teilkasko	seguro contra riesgos parciales
grüne Versicherungskarte	carta verde (del seguro)
Vollkasko	seguro a todo riesgo
Wochenendpauschale	tarifa de fin de semana
Zündschlüssel	la llave de encendido

Flugzeug

Einen Flug buchen

Könnten Sie mir bitte sagen, wann die nächste Maschine nach ... fliegt?
¿A qué hora sale el próximo avión para...?

Sind noch Plätze frei?
¿Hay todavía plazas libres?

Ich möchte einen einfachen Flug nach ... buchen.
Quisiera reservar un vuelo de ida a...

Ich möchte einen Hin- und Rückflug nach ... buchen.
Quisiera reservar un vuelo de ida y vuelta a...

Was kostet bitte der Flug Touristenklasse/1. Klasse?
¿Cuánto cuesta, por favor, el vuelo en clase turista/en primera clase?

Raucher oder Nichtraucher?
¿Asiento de fumador o de no fumador?

Ich möchte bitte ...
Quisiera estar por favor...
einen Fensterplatz.
al lado de la ventanilla.
einen Platz am Gang.
al lado del pasillo.

Ich möchte diesen Flug stornieren.
Quisiera anular este vuelo.

Ich möchte diesen Flug umbuchen.
Quisiera cambiar el vuelo.

Am Flughafen

Wo ist Terminal...?
¿Dónde está la terminal

Wo ist bitte der *(Name der Fluggesellschaft)*...-Schalter?
¿Perdón, dónde está la facturación/el mostrador de la compañía...?

Gibt es für den Flug einen Vorabend-/Telefon-/Internet-Checkin?
¿Se ofrece un servicio de facturación la noche anterior/por teléfono/por internet para este vuelo?

Könnte ich bitte Ihren Flugschein sehen?
¿Me permite ver su billete?

Kann ich das als Handgepäck mitnehmen?
¿Puedo llevar esto como equipaje de mano?

Wann landet die Maschine aus ...?
¿Cuándo aterriza el avión de ...

An Bord

Könnten Sie mir bitte ein Glas Wasser bringen?
¿Me puede traer un vaso de agua, por favor?

Könnte ich bitte noch ein Kissen/eine Decke haben?
¿Me puede traer otro cojín/otra manta, por favor?

Würde es Ihnen etwas ausmachen, mit mir den Platz zu tauschen?
¿Le importaría cambiarme el sitio?

Ankunft

➢ **auch Fundbüro**

Mein Gepäck ist verloren gegangen.
Mi equipaje se ha perdido.

Mein Koffer ist beschädigt worden.
Mi maleta se ha estropeado.

Wo fährt der Bus in Richtung ... ab?
¿De dónde sale el autobús hacia...?

➢ **auch Eisenbahn**

Abflug	el despegue
Ankunft	llegada
Ankunftszeit	hora de llegada
Anschluss	el empalme
Auslandsflug	vuelo internacional
Bordkarte	tarjeta de embarque
einchecken	facturar
Flug	vuelo
Fluggesellschaft	compañía aérea
Flughafen	aeropuerto
Flughafenbus	el autobús del aeropuerto
Flughafengebühr	los derechos de aeropuerto
Flugsteig	puerta
Gepäck	el equipaje
Gepäckabfertigung	la facturación de equipajes
Gepäckausgabe	entrega de equipaje
Gepäckwagen	carro (portaequipajes)
Inlandsflug	vuelo nacional
Landung	el aterrizaje
Notausgang	salida de emergencia
Notlandung	el aterrizaje forzoso
Notrutsche	el tobogán de emergencia
Passagier	pasajero
Pilot/in	el/la piloto
planmäßiger Abflug	salida regular
Schwimmweste	chaleco salvavidas
Sicherheitsgebühr	tasa de seguridad
Sicherheitskontrolle	el control de seguridad
Steward/Stewardess	el/la auxiliar de vuelo; *(weiblich auch)* la azafata
stornieren	anular
Terminal	la terminal
Übergewicht	exceso de peso
umbuchen	cambiar el vuelo
Verspätung	retraso
zollfreier Laden	venta libre de impuestos
Zwischenlandung	escala, transbordo

Bahnfahrt

Mit Bus und Bahn ans Ziel
Fahrten mit Bus und Bahn sind in Spanien wesentlich günstiger als bei uns.
Fahrkarten und Platzreservierungen im Bahnfernverkehr kauft man im Voraus an den dafür eingerichteten Bahnhofsschaltern mit der Aufschrift **largo recorrido**. Um Gedränge zu vermeiden, zieht man an großen Bahnhöfen zunächst eine Nummer. Wird diese angezeigt, ist man an der Reihe. Fahrkarten im Nahverkehr müssen ebenfalls am Schalter oder Automat erworben werden. Sie sind vor Fahrtantritt am Zugang zu den Gleisen zu entwerten.
Günstig und schnell kommen Sie auch mit Überlandbussen ans Ziel. Je nach Strecke und Busgesellschaft kann man die Fahrkarten nicht im Bus kaufen, sondern muss diese vor der Fahrt am Busbahnhof **(estación de autobuses)** erwerben.

Fahrkarten kaufen

Zwei Karten nach ..., einfach bitte.
Dos billetes para... , ida solo por favor.

2. Klasse/1. Klasse
2.a clase/1.a clase

Nichtraucher/Raucher
No fumador/Fumador

Bitte eine Rückfahrkarte nach ...
Por favor, un billete de vuelta para...

Gibt es eine Ermäßigung für Kinder/Studenten/Senioren?
¿Hacen ustedes descuento para niños/estudiantes/jubilados?

Ich möchte gern zwei Nichtraucherplätze reservieren:
Quisiera reservar dos plazas de no fumadores:
für den EC nach ...
para el EC a...
am ... um ...Uhr
el (día)... a la(s)...
im Liegewagen
en litera
im Schlafwagen
coche-cama
im Speisewagen
coche-restaurante

Gibt es einen Autoreisezug nach ...?
¿Hay un tren con transporte de vehículos/Hay un AutoExpreso para...?

Um wie viel Uhr habe ich in ... Anschluss nach ...
¿A qué hora sale en... el tren que va a...?

Wie oft muss ich da umsteigen?
¿Cuántos transbordos tengo que hacer?

(Wo) Muss ich umsteigen?
¿(Dónde) Tengo que hacer transbordo?

Im Bahnhofsgebäude

Ich möchte diesen Koffer als Reisegepäck aufgeben.
Quisiera facturar esta maleta.

Wo kann ich mein Fahrrad aufgeben?
¿Dónde puedo facturar mi bicicleta?

Entschuldigen Sie bitte, von welchem Gleis fährt der Zug nach ... ab?
¿De qué andén sale el tren para...?

Der Zug Nr. ... aus ... hat voraussichtlich 10 Minuten Verspätung.
El tren número..., procedente de..., llegará con unos diez minutos de retraso.

Im Zug

Ist dieser Platz noch frei?
¿Está libre este asiento?

Darf ich bitte das Fenster aufmachen/schließen?
¿Le importa si abro/cierro la ventanilla?

Entschuldigen Sie, ich glaube, das ist mein Platz. Hier ist meine Platzreservierung.
Perdón, creo que se ha sentado en mi sitio. Esta plaza la tengo reservada.

Hinweise und Informationen

Agua no potable	Kein Trinkwasser
Andén	Bahnsteig
Caballeros	Herren
Coche-cama	Schlafwagen
Coche-literas	Liegewagen
Coche restaurante	Speisewagen
Consigna	Aufbewahrung
Consigna automática	Schließfächer
Despacho de billetes	Fahrkartenschalter
Freno de alarma	Notbremse
Fumadores	Raucher
Horario	Fahrplan
Información	Auskunft

Jefe de estación	Stationsvorsteher
Lavabo	Waschraum
Libre	Frei
Llegada	Ankunft
No fumadores	Nichtraucher
Ocupado	Besetzt
Paso a los andenes	Zu den Bahnsteigen
Paso subterráneo	Unterführung
Refrescos	Erfrischungen
Sala de espera	Wartesaal
Salida	Abfahrt; Ausgang
Señoras	Damen
Servicio sanitario	Sanitätsstelle
Vía	Gleis
W.C./Lavabos	Toiletten

➢ **auch Flugzeug**

Abfahrt	salida, partida
Abteil	departamento, compartimiento
Ankunft	llegada
Aufenthalt	parada
aussteigen	bajar
Autoreisezug	el autotrén
Bahnhof	la estación
Begleitperson	acompañante
Bistrowagen	bar/cafetería
einsteigen	subir
Ermäßigung	descuento
Fahrkarte	el billete
Fahrkartenkontrolle	el control de billetes
Fahrkartenschalter	ventanilla (*Am* boletería)
Fahrplan	horario
Fahrpreis	precio del billete
Fensterplatz	asiento junto a la ventanilla
Gang	pasillo
Gepäck	el equipaje
Gepäckaufbewahrung	consigna (de equipajes)
Gepäckschalter	ventanilla de equipajes
Gleis	el andén
Großraumwagen	el vagón abierto
Hauptbahnhof	la estación central
Interrail	el interrail
Kinderfahrkarte	el billete infantil
Minibar	el minibar
Nichtraucherabteil	departamento, compartimiento de no fumadores
Platzkarte	reserva de asiento
Platzreservierung	reserva de asiento

Raucherabteil	departamento (*Am* compartimiento) de fumadores
Reservierung	reserva
Rollstuhlfahrer/in	persona con silla de ruedas
Rückfahrkarte	el billete de ida y vuelta
Schaffner/in	revisor
Schließfach	consigna automática
Schwerbehinderte(r)	persona discapacitada
Speisewagen	el coche restaurante
Wagennummer	número del vagón
Wartesaal	sala de espera
Zug	el tren
Zugbegleiter/in	el revisor/la revisora
Zugbegleitpersonal	personal del tren
Zugchef/in	el revisor-jefe/la revisora-jefe
Zuschlag	suplemento

Schifffahrt

Auskunft

Könnten Sie mir bitte sagen, wann das nächste Schiff/die nächste Fähre nach ... abfährt?
¿Podría decirme cuándo sale el próximo barco/el próximo transbordador para...?

Wie lange dauert die Überfahrt?
¿Cuánto dura la travesía?

Wann legen wir in ... an?
¿Cuándo atracamos en...?

Wie lange haben wir in ... Aufenthalt?
¿Cuánto tiempo nos detenemos en...?

Ich möchte bitte ...
Quisiera...
eine Schiffskarte nach ...
un pasaje para...
1. Klasse
de primera clase
Touristenklasse
de clase turista
eine Einzelkabine
un camarote individual
eine Zweibettkabine
un camarote doble

Ich möchte eine Karte für die Rundfahrt um ... Uhr.
Quisiera un pasaje/billete para la excursión de las...

An Bord

Ich suche Kabine Nr. ...
Busco la cabina no. ...

Wo ist bitte der Speisesaal/der Aufenthaltsraum?
¿Dónde está el comedor/el salón, por favor?

Ich fühle mich nicht wohl.
No me siento bien.

Könnten Sie bitte den Schiffsarzt rufen?
¿Me haría el favor de llamar al médico de bordo?

Könnten Sie mir bitte ein Mittel gegen Seekrankheit geben?
¿Puede usted darme un remedio para el mareo?

anlegen in	atracar en, hacer escala en
Buchung	reserva
Dampfer	el barco de vapor
Deck	cubierta
Fähre	el transbordador
Autofähre	el transbordador de automóviles
Fahrkarte	el billete
Festland	tierra firme
Hafen	puerto
Kabine	cabina
Kai	el muelle
Kapitän	el capitán
Kreuzfahrt	crucero
Küste	costa
Landausflug	la excursión
Luftkissenboot	el aerodeslizador
Rettungsboot	el bote salvavidas
Rettungsring	el salvavidas
Rundfahrt	la excursión
Schwimmweste	chaleco salvavidas
Seegang	el oleaje
seekrank sein	estar mareado
Tragflügelboot	el hidroala, el hidrofoil

Nahverkehrsmittel

Bitte, wo ist die nächste ...
Por favor, ¿dónde está la próxima...

Bushaltestelle?
parada del autobús?

Straßenbahnhaltestelle?
parada del tranvía?

U-Bahnstation?
parada/estación del metro?

Welche Linie fährt nach ...?
¿Cuál es la línea que va a..., por favor?

Wann fährt die erste/letzte U-Bahn nach ...?
¿Cuándo sale el primer/último metro para...?

Entschuldigen Sie, ist das der Bus nach ...?
Perdone, ¿es éste el autobús para...?

Wie viele Haltestellen sind es bis zu ...?
¿Cuántas paradas hay hasta...?

Entschuldigen Sie, wo muss ich aussteigen/umsteigen?
Perdone, ¿dónde tengo que bajar/cambiar?

Könnten Sie mir bitte Bescheid geben, wenn ich aussteigen muss?
Haga el favor de avisarme cuando tenga que bajar.

Bitte, einen Fahrschein nach ...
Un billete a..., por favor.

Der Fahrkartenautomat ist kaputt/defekt.
El expendedor de billetes está estropeado/defectuoso.

Der Automat nimmt keine Geldscheine an.
El expendedor de billetes sólo acepta monedas.

Abfahrt	salida
Bus	el autobús
Busbahnhof	la estación de autobuses
einsteigen	subir
Endstation	la estación final
entwerten	sellar
Fahrkartenautomat	máquina (expendedora) de billetes
Fahrplan	horario
Fahrpreis	precio del billete
Fahrschein	el billete
Fahrscheinentwerter	máquina canceladora de billetes
Haltestelle	parada
Kontrolleur	el revisor
Mehrfahrtenkarte	el billete multiviaje
Nahverkehrszug	el tren de cercanías
Richtung	la dirección
Schaffner	el revisor/la revisora
Stadtbus	el autobús (urbano)
Straßenbahn	el tranvía
Tageskarte	el abono diario, el billete válido para un día
U-Bahn	metro
Überlandbus	el coche de línea, el autobús inter-urbano

Wochenkarte	el billete/abono semanal
Zahnradbahn	el ferrocarril de cremallera

Taxi

Hallo! Bitte ein Taxi an die Adresse ... für jetzt gleich/für (morgen) ... Uhr.
¡Hola! Por favor, mándeme un taxi a ... para ahora mismo/para (mañana a las ...

Entschuldigen Sie bitte, wo ist denn der nächste Taxistand?
Perdón, ¿dónde está la parada de taxis más cercana?

Zum Bahnhof, bitte.
A la estación, por favor.

Zum ... Hotel, bitte.
Al hotel..., por favor.

In die ...-Straße, bitte.
A la calle..., por favor.

Nach ..., bitte.
A..., por favor.

Wie viel kostet es nach ...?
¿Cuánto cuesta hasta...?

Das ist zu viel.
Me parece demasiado.

Könnten Sie bitte hier halten?
Pare aquí, por favor.

Könnten Sie mir bitte eine Quittung ausstellen?
¿Me puede dar una factura, por favor?

Das ist für Sie.
Para usted.

Das Wechselgeld ist für Sie!
Quédese con el cambio.

anhalten	parar
anschnallen	ponerse el cinturón
Hausnummer	número de la casa
Kilometerpreis	precio por kilómetro
Pauschalpreis	precio global/total
Quittung	recibo
Sicherheitsgurt	cinturón de seguridad
Taxifahrer/in	el/la taxista
Taxistand	parada de taxis
Trinkgeld	propina

Reisen mit Kindern

Kinder willkommen

Generell ist Spanien ein sehr kinderfreundliches Land. Auch bei festlichen Anlässen (Stadtfest, Hochzeit, Geburtstag ...) feiern Kinder bis spät in die Nacht mit.

Auch wenn es vielerorts an speziellen Einrichtungen für Kinder (Babyfon, Kindersitz für Fahrräder usw.) mangelt, so ist man doch sehr darum bemüht, den Aufenthalt für die Kinder so angenehm und bequem wie möglich zu gestalten.

Nützliche Fragen

Könnten Sie mir bitte sagen, ob es hier einen Kinderspielplatz gibt?
¿Hay aquí un parque infantil?

Gibt es hier eine Kinderbetreuung?
¿Hay aquí alguien que se ocupe de los niños?

Ab welchem Alter?
¿A partir de qué edad?

Kennen Sie jemanden, der bei uns babysitten kann?
¿Conoce usted a alguien que pueda ocuparse de nuestros niños?

Haben Sie ein Babyfon?
¿Tiene usted un interfono de bebés?

Gibt es auch Veranstaltungen für Kinder?
¿Hay actividades para los niños?

Bekommen Kinder eine Ermäßigung?
¿Se hacen descuentos a los niños?

Entschuldigen Sie bitte, wo finde ich das nächste Spielwarengeschäft?
Perdone, ¿dónde está la tienda de juguetes más cercana?

Könnten Sie mir bitte sagen, wo ich Windeln bekommen kann?
¿Sabría dónde puedo encontrar pañales?

Unterwegs

Wir reisen mit Kind. Können wir einen Platz ganz vorn bekommen?
Viajamos con un niño. ¿Podríamos sentarnos en una de las primeras filas?

Haben Sie einen Kindersicherheitsgurt?
¿Tiene usted cinturón de seguridad para niños?

Haben Sie vielleicht Stifte und Papier/ein Malbuch für unser Kind?
¿No tendría usted colores y papel/un cuaderno de colorear para nuestro hijo/nuestra hija?

Verleihen Sie Kinderautositze?
¿Alquilan sillas de niños para el coche?

Im Restaurant

Könnten Sie bitte noch einen Kinderstuhl bringen?
¿Podría traernos una silla de niño, por favor?

Gibt es auch Kinderportionen?
¿Hacen raciones para niños?

Könnten Sie mir bitte das Fläschchen warm machen?
¿Me podría calentar el biberón, por favor?

Gibt es hier einen Wickelraum?
¿Hay alguna habitación donde pueda cambiar al niño?

Könnten Sie mir bitte sagen, wo ich hier stillen kann?
¿Dónde puedo dar el pecho al niño?

Babyfon	interfono de bebés
Babyschale *(fürs Auto)*	silla (de bebé) para el coche
Babysitter	la/el canguro
Fläschchenwärmer	el calienta-biberones
Junge	niño
Kinderbecken/Planschbecken	piscina infantil
Kinderbetreuung	guardería infantil
Kinderbett	cuna
Kinderermäßigung	descuento para niños
Kinderkleidung	ropa para niños
Kindernahrung/Kinderbrei	comida para bebés/papilla
Kindersitz *(fürs Auto)*	silla (de niños) para el coche
Kindersitz *(fürs Fahrrad)*	silla (de niños) para la bicicleta
Kindersitzkissen *(fürs Auto)*	el cojín de niños para el coche
Kinderspielplatz	el parque de recreo infantil
Mädchen	niña
Malbuch	cuaderno de colorear
Miniclub	el miniclub
Mückenschutz	el repelente de mosquitos
Sandburg	castillo de arena
Sandkasten	el cajón de arena
Sauger/Schnuller	el chupete
Saugflasche	el biberón
Schildmütze	gorra
Schwimmflügel	los flotadores de brazos, manguitos
Schwimmkurs	curso de natación
Schwimmring	el flotador
Sonnenschutz	crema para el sol
Spielkamerad	amiguito
Spielsachen	los juguetes
Trinkflasche	el biberón
Vergnügungspark	el parque de atracciones

Wickeltisch	el cambiador, la mesa para cambiar los pañales
Windeln	los pañales

Gesundheit

Könnten Sie mir bitte sagen, ob es hier einen Kinderarzt gibt?
¿Sabe (usted) si haz un pediatra aquí?

Mein Kind hat ...
El niño/La niña (Mi hijo/Mi hija) tiene...

Mein Kind ist allergisch gegen ...
El niño/La niña (Mi hijo/Mi hija) es alérgico a...

Es hat erbrochen.
Ha vomitado.

Es hat Durchfall.
Tiene diarrea

Mein Kind ist gestochen worden.
El niño (Mi hijo) tiene picaduras.

Allergie	alergia
Ausschlag	la erupción
Elektrolytlösung	la solución electrolítica
Erkältung	el resfriado
Fieber	la fiebre
Heilnahrung	los alimentos curativos
Impfpass	el carnet de vacunación
Insektenstich	la picadura de insecto
Kinderkrankenhaus	clínica infantil
Kinderkrankheit	la enfermedad infantil
Masern	el sarampión
Mittelohrentzündung	la otitis media
Mumps	las paperas
Pilz	los hongos
Röteln	rubeola
Scharlach	escarlatina
Schnupfen	resfriado de nariz
Windpocken	varicela

Unterwegs mit Handicap

Behinderungen und Hindernisse
Vor allem in den Städten hat sich in Spanien die Situation für Behinderte verbessert: Die Bürgersteige an Zebrastreifen wurden abgeflacht, viele Busse haben Rampen und der Zugang zu öffentlichen Gebäuden wurde erleichtert. Auch neue bzw. modernisierte Hotels und Restaurants haben sich mit speziellen Einrichtungen auf Behinderte eingestellt.
Fachkundige Auskünfte zum barrierefreien Reisen bietet auch der deutsche *Bundesverband Selbsthilfe Körperbehinderter e.V.* kostenlos an. (E-Mail: **Reiseservice@bsk-ev.org**; Internet: **www.bsk-ev.org**).

Ich bin ...
Soy...
  körperbehindert.
  minusválido/minusválida.
  sehbehindert.
  invidente.

Ich kann nicht gut gehen. Ich hinke.
No puedo andar bien. Soy cojo/coja.

Ich habe Multiple Sklerose.
Tengo esclerosis múltiple.

Unterwegs

Kann ich einen eigenen faltbaren Rollstuhl im Flugzeug mitnehmen?
¿Puedo llevar mi propia silla de ruedas plegable en el avión?

Wird ein Rollstuhl am Abflug-/Zielflughafen bereitgestellt?
¿Habrá a disposición alguna silla de ruedas a la salida/llegada?

Könnte ich einen Sitz am Gang haben?
¿Podría tener un asiento en el pasillo?

Gibt es eine Behindertentoilette/einen Behindertenwaschraum?
¿Hay WC/lavabo para minusválidos?

Könnte mir jemand beim Umsteigen behilflich sein?
¿Podría ayudarme alguien en el transbordo?

Ist der Einstieg in die Wagen ebenerdig?
¿Es plano el acceso a los coches?

Gibt es Niederflurbusse?
¿Hay autobuses con rampas para minusválidos?

Sind die Bahnsteige über Rampen für Rollstuhlfahrer zugänglich?
¿Hay rampas que permitan acceder a los andenes con sillas de ruedas?

Gibt es für Körperbehinderte Leihwagen mit Handgas?
¿Se pueden alquilar coches para minusválidos con acelerador manual?

Vermieten Sie rollstuhlgerechte Wohnmobile?
¿Alquilan ustedes autocaravanas adaptadas a usuarios con sillas de ruedas?

Unterkunft

Können Sie mir bitte Informationen senden, welche Hotels in ... für Rollstuhlfahrer geeignet sind?
¿Podría usted enviarme informaciones sobre hoteles en... que estén preparados para personas con sillas de ruedas?

Könnten Sie mir bitte sagen, welche Hotels und Campingplätze behindertengerechte Einrichtungen haben?
¿Sabría decirme, por favor, qué hoteles y campings disponen de instalaciones adecuadas para minusválidos?

Museen, Sehenswürdigkeiten, Theater ...

Ist die Ausstellung für Behinderte über Aufzüge erreichbar?
¿Los minusválidos pueden llegar a la exposición con ascensores?

Gibt es spezielle Führungen/Stadtführungen für Gehörlose?
¿Se preveen las visitas/visitas a la ciudad para sordos?

Gibt es Museumsführungen/Theateraufführungen für Taubstumme/ Blinde?
¿Se hacen visitas concertadas al museo/representaciones teatrales para sordomudos/ciegos?

ambulante Pflegestation	ambulatorio
Auffahrtrampe	rampa de acceso
barrierefrei	sin barreras
befahrbar	transitable
Begleitperson	el/la acompañante
Behindertenausweis	el carnet de minusválido
behindertengerecht	adecuado para minusválidos
Behindertenparkplatz	aparcamiento para minusválidos
Behindertentoilette	lavabo para minusválidos
Behindertenverband	la asociación de minusválidos
Betreuungsdienst	servicio de ayuda
blind/Blinde/r	ciego/ciega
Blindenhund	perro para ciegos
Breite	ancho
Duschsitz	ducha con asiento
ebenerdig	plano
Einstiegshilfe	ayuda para subir
Epilepsie	epilepsia
Fahrdienst	servicio de transporte
gehbehindert	con dificultades al andar

Gehhilfe	ayuda para andar
gehörlos	completamente sordo
geistig behindert	minusválido psíquico
Haltegurt	cinta de sujeción
Handbike	bicicleta impulsada con las manos
Handgas *(Auto)*	el acelerador manual
Handlauf	barandilla
Hebebühne	plataforma ascendente
Höhe	altura
hörgeschädigt	con sordera
Kopfhörer	el auricular
Körperbehinderung	la minusvalidez
Krücke	muleta
Lenkrad-Drehknopf *(Auto)*	el volante adaptado con botón de viraje
pflegebedürftig	necesitado de cuidados sanitarios
querschnittsgelähmt	parapléjico
Rampe	rampa
Rollstuhl	silla de ruedas
Rollstuhlfahrer	persona con silla de ruedas
rollstuhlgerecht	las facilidades para personas con sillas de ruedas
Rollstuhlkabine *(Schiff)*	cabina para personas con sillas de ruedas
Rollstuhllifter *(Auto)*	el elevador para el coche
Sanitäreinrichtungen	los servicios sanitarios
Schreibtelefon	teléfono táctil (escrito)
Schwerstbehinderte/r	inválido/inválida
sehbehindert/Sehbehinderte/r	el/la invidente
Sozialstation	dispensario
Steigung	subida, la pendiente
Stufe	peldaño
stumm	mudo/muda
Taststock	el bastón para ciegos
taub	sordo
taubstumm	sordomudo/sordomuda
Treppenstufe	los escalones/peldaños
automatische Tür	puerta automática
Türbreite	ancho de la puerta
automatischer Türöffner	portero electrónico
Türschwelle	el umbral
unterfahrbahr	transitable
Zeichensprache	el lenguaje por señas
Zugänglichkeit	la accesibilidad

Unterkunft

Wie man sich bettet ...

Als Reiseland verfügt Spanien über eine riesige Anzahl an Unterkünften. Dennoch sollten alle, die im Sommer ihre Ferien in Spanien verbringen möchte, lange im Voraus buchen.

Die Spanier nehmen ihren Urlaub zwischen Mitte Juni und Mitte September, Hauptsaison ist im Juli und August. Die Preise sind in diesen Monaten deutlich höher.

Wer seinen Urlaub nicht in den Touristenzentren verbringen will, für den gibt es reizvolle Alternativen. So erfreut sich der **Agroturismo** wachsender Beliebtheit. Hierbei handelt es sich um Bauernhöfe, die meistens in landschaftlich reizvoller Umgebung liegen und besonders für Kinder geeignet sind. Oft bieten die Vermieter ihren Gästen Produkte und Speisen aus eigener Landwirtschaft an.

Etwas Besonderes sind auch die **Paradores:** Luxushotels in außergewöhnlichen - oft historischen - Gebäuden und wunderschöner Umgebung.

An allen Küsten Spaniens gibt es Campingplätze in allen Kategorien; im Sommer sind sie meist ausgebucht. Und denken Sie daran: Wenn Spanier campen, suchen sie weniger die Ruhe, sondern vielmehr Spaß und Geselligkeit.

Auskunft

Können Sie mir bitte ... empfehlen?
Perdón, ¿Podría usted indicarme...

ein gutes Hotel
un buen hotel?
ein einfaches Hotel
un hotel barato?
eine Pension
una pensión?
ein Privatzimmer
una habitación particular?

Ist es in Strandnähe/zentral/ruhig gelegen?
¿Está cerca de la playa?/¿Está en un lugar central/tranquilo?

Gibt es hier einen Campingplatz?
¿Hay por aquí un camping?

Gibt es hier eine Jugendherberge?
¿Hay por aquí un albergue juvenil?

Hotel - Pension - Privatzimmer

An der Rezeption

Ich habe ein Zimmer reserviert. Mein Name ist ...
He reservado una habitación. Me llamo...

Wir haben reserviert.
Hemos reservado.

Haben Sie noch Zimmer frei ...
¿Tienen ustedes habitaciones libres...
... für eine Nacht?
... para una noche?
... für zwei Tage?
... para dos días?
... für eine Woche?
... para una semana?

Haben Sie Familienzimmer?
¿Tienen habitaciones para familias?

Nein, leider nicht.
Lo siento, no tenemos.

Ja, was für ein Zimmer wünschen Sie?
Sí. ¿Qué clase de habitación desea (usted)?

Ich hätte gern ...
Quisiera...
ein Einzelzimmer
una habitación individual
ein Doppelzimmer
una habitación doble
ein ruhiges Zimmer
una habitación tranquila
mit Dusche
con ducha
mit Bad
con baño
mit Balkon/Terrasse
con balcón/terraza
mit Blick aufs Meer
con vistas al mar
mit/ohne Klimaanlage
con/sin aire acondicionado
zum Innenhof gelegen
que dé al patio interior

Kann ich das Zimmer ansehen?
¿Puedo ver la habitación?

Dieses Zimmer gefällt mir nicht. Zeigen Sie mir bitte ein anderes.
Esta habitación no me gusta. ¿Puede enseñarme otra, por favor?

Dieses Zimmer nehme ich.
Tomaré esta habitación.

Können Sie noch ein drittes Bett/ein Kinderbett dazustellen?
¿Podrían poner otra cama/una cama para un niño?

Was kostet das Zimmer mit ..., bitte?
¿Cuánto cuesta la habitación con...
Frühstück
desayuno
Halbpension
media pensión
Vollpension
pensión completa

Würden Sie bitte den Anmeldeschein ausfüllen?
¿Puede rellenar el formulario de inscripción, por favor?

Darf ich Ihren Reisepass/Personalausweis sehen?
¿Puedo ver su pasaporte/carnet de identidad?

Könnten Sie bitte mein Gepäck auf das Zimmer bringen lassen?
¿Podría encargar que suban mis maletas a la habitación?

Wo kann ich den Wagen abstellen?
¿Dónde puedo aparcar el coche?

In unserer Garage.
En nuestro garaje.

Auf unserem Parkplatz.
En nuestro parking.

Fragen und Bitten

➢ **auch Frühstück**

Ab wann gibt es Frühstück?
¿A partir de qué hora se puede desayunar?

Wann sind die Essenszeiten?
¿A qué hora se sirven las comidas?

Wo ist der Speisesaal?
¿Dónde está el comedor?

Wo ist der Frühstücksraum?
¿Dónde se sirve el desayuno?

Könnten Sie mich bitte morgen früh um 7 Uhr wecken?
¿Me podrían despertar mañana a las 7?

Wecken Sie mich bitte morgen früh um ... Uhr.
¿Me puede despertar mañana a las..., por favor

Würden Sie mir bitte ... bringen?
¿Serían tan amables de traerme...
ein Badetuch
una toalla?
noch eine Decke
otra manta/otro edredón?

Würden Sie mir bitte morgen das Frühstück ins Zimmer bringen?
¿Me hará el favor de servirme mañana el desayuno en la habitación?

Wie funktioniert ...?
¿Cómo funciona...?

Zimmernummer 24, bitte.
Habitación 24, por favor

Ist Post für mich da?
¿Hay cartas para mí?

Wo kann ich ...
¿Dónde puedo...
ein Auto mieten?
alquilar un coche?
hier telefonieren?
llamar por teléfono?

Kann ich meine Wertsachen bei Ihnen in den Safe geben?
¿Puedo depositar mis objetos de valor en su caja de seguridad?

Kann ich mein Gepäck hier lassen?
¿Puedo dejar las maletas aquí?

Beanstandungen

Das Zimmer ist heute nicht geputzt worden.
Hoy no han limpiado la habitación.

Die Klimaanlage funktioniert nicht.
El aire acondicionado no funciona.

Der Wasserhahn tropft.
El grifo del agua gotea.

Es kommt kein (warmes) Wasser.
No sale agua (caliente).

Die Toilette/Das Waschbecken ist verstopft.
El wáter/El lavabo está atascado (*Am* tapado).

Abreise

Ich reise heute Abend/morgen um ... Uhr ab.
Me marcho esta tarde/mañana a las...

Bis wann muss ich das Zimmer räumen?
¿A qué hora tengo que dejar libre la habitación?

Könnten Sie bitte die Rechnung fertig machen?
Prepáreme la cuenta, por favor.

Nehmen Sie Kreditkarten?
¿Aceptan ustedes tarjetas de crédito?

Könnten Sie mir bitte ein Taxi rufen?
¿Puede pedirme un taxi, por favor?

Vielen Dank für alles! Auf Wiedersehen!
Muchas gracias por todo. Adiós.

Abendessen	cena
Abfalleimer	cubo de la basura
Anmeldung	*(Rezeption)* la recepción, *(Anmelden)* la inscripción
Aschenbecher	cenicero
Aufzug	el ascensor
Badetuch	toalla para el baño
Badewanne	bañera, baño
Badezimmer	cuarto de baño
Balkon	el balcón
Becher	vaso
Bett	cama
Bettdecke	colcha; *(aus Wolle)* manta
Bettwäsche	ropa de cama
Bidet	el bidé
Brausekopf	la roseta de la ducha
Briefpapier	el papel de cartas
Dusche	ducha
Duschvorhang/Schiebetür	cortina de la ducha/mampara corredera
Empfangshalle	el hall
Etage	piso
Fenster	ventana
Fernseher	el televisor
Fernsehraum	sala de televisión
Frühstück	desayuno
Frühstücksbüfett	el bufete (de) desayuno, el bufete para desayunar
Frühstücksraum	sala de desayuno
Garage	el garaje
Gedeck *(für das Frühstück)*	cubierto (para el desayuno)
Glas	vaso
Glühbirne	bombilla
Halbpension	media pensión
Handbrause	ducha de teléfono
Handtuch	toalla
Hauptsaison	temporada alta
Heizung	la calefacción
Kleiderbügel	percha
Kopfkissen	almohada
Lampe	lámpara

Lichtschalter	el interruptor, la llave de la luz
Matratze	el colchón
Mittagessen	comida, almuerzo
Nachsaison	temporada baja
Nachttisch	mesita de noche
Nachttischlampe	lámpara de mesita de noche
Notizblock	libreta
Parkplatz	el parking, aparcamiento
Portier	portero
Preisliste	lista de precios
reinigen	limpiar
reparieren	arreglar
Reservierung	reserva
Restaurant	el restaurante
Rezeption	la recepción
Safe	caja de caudales, caja fuerte
Schlüssel	la llave
Schrank	armario
Schuhputzzeug	material para limpiar zapatos
Sessel	el sillón
Speisesaal	el comedor
Spiegel	espejo
Steckdose	el enchufe, caja de enchufe
Stecker	clavija de enchufe
Stuhl	silla
Terrasse	terraza
Tisch	mesa
Toilette	servicio, baño
Toilettenpapier	el papel higiénico
Transferbus	el autobús/microbús del/al aeropuerto
Übernachtung	la pernoctación
Ventilator	el ventilador
Verlängerungswoche	semana de prórroga
Vollpension	la pensión completa
Vorsaison	temporada baja
Waschbecken	lavabo
Wäschewechsel	cambio de ropa
Wasser	(el) agua
kaltes Wasser	(el) agua fría
warmes Wasser	(el) agua caliente
Wasserhahn	grifo
Zimmer	la habitación
Zimmermädchen	camarera (del hotel)
Zimmertelefon	teléfono de la habitación
Zwischenstecker	el enchufe intermedio

Ferienhäuser und Ferienwohnungen

Ist der Strom-/Wasserverbrauch im Mietpreis enthalten?
¿Está incluido en el alquiler el precio de la electricidad/del agua?

Sind Haustiere erlaubt?
¿(Se) admiten animales domésticos?

Wo befinden sich die Mülltonnen?
¿Dónde están los cubos de la basura?

Müssen wir die Endreinigung selbst übernehmen?
¿Tenemos que encargarnos nosotros de la limpieza final?

➢ **auch Hotel - Pension - Privatzimmer**

Allgemeines

Anreisetag	el día de llegada
Apartment	apartamento
Bauernhof	granja
Bungalow	el bungalow
Endreinigung	limpieza final
Ferienanlage	la urbanización de vacaciones
Ferienhaus	casa de vacaciones
Hausbesitzer/in	dueño/dueña de la casa
Haustiere	los animales domésticos
Kochnische	el rincón-cocina
Miete	el alquiler
Müll	basura
Mülltrennung	la separación de basuras
Nebenkosten	los gastos adicionales
Schlafzimmer	dormitorio
Schlüsselübergabe	entrega de las llaves
Strom	la corriente, la electricidad
Strompauschale	tarifa global de electricidad
vermieten	alquilar
Wasserverbrauch	consumo de agua
Wohnzimmer	cuarto de estar
Zentralheizung	la calefacción central

Ausstattung

Backofen	horno
Bräter	el asador
Bügeleisen	plancha
Eierbecher	huevera
Etagenbett	las literas
Geschirr	vajilla
Geschirrtuch	paño de cocina

Geschirrspülmaschine	el lavaplatos, el lavavajillas
Glas/Gläser	vaso/los vasos
Herd	cocina
Elektroherd	cocina eléctrica
Gasherd	cocina de gas
Kaffeefilter	filtro de café
Kaffeelöffel	cucharilla (de café)
Kaffeemaschine	cafetera
Kehrschaufel	el recogedor
Küchensieb	el colador
Kühlschrank	nevera
Mixer	batidora, el batidor
Pfanne	la sartén
Putzmittel	el detergente, producto de limpieza
Reibe	el rallador
Rührlöffel	cuchara (mezcladora), el cucharón
Schlafcouch	el sofá-cama
Schneebesen	el batidor (manual)
Schneidebrett	tabla de cortar
Schöpfkelle	el chucharón
Schüssel/Schüsseln	la fuente/las fuentes
Staubsauger	aspiradora
Tasse/Tassen	taza/las tazas
Topf	olla, cazuela
Trockner	secadora
Waschmaschine	lavadora
Wasserkocher	hervidora
Wischmopp	fregona

Camping

Könnten Sie mir bitte sagen, ob es in der Nähe einen Campingplatz gibt?
¿Podría decirme si hay por aquí cerca un camping?

Haben Sie noch Platz für einen Wohnwagen/ein Zelt?
¿Tienen ustedes sitio para una caravana/una tienda?

Wie hoch ist die Gebühr pro Tag und Person?
¿Cuánto cuesta por día y por persona?

Wie hoch ist die Gebühr für ...
¿Cuánto se paga por...
das Auto?
un coche?
den Wohnwagen?
una caravana?
das Wohnmobil?
una autocaravana?
das Zelt?
una tienda de campaña?

Vermieten Sie stationäre Wohnwagen?
¿Alquilan ustedes caravanas estacionadas?

Wir bleiben ... Tage/Wochen.
Pensamos quedarnos... días/semanas.

Wo sind ...
¿Dónde están...
die Toiletten?
los servicios?
die Waschräume?
los lavabos?
die Duschen?
las duchas?

Gibt es hier Stromanschluss?
¿Hay aquí corriente eléctrica?

Wo kann ich Gasflaschen umtauschen?
¿Dónde puedo cambiar botellas de butano?

Camping	el camping
Campingausweis	el carnet de campista
Campingführer	guía de campings
Campingplatz	el camping
Gasflasche	bombona de gas
Gaskartusche	cartucho de gas
Gaskocher	horno de gas
Geschirrspülbecken	fregadero
Hering	el piquete
Kocher	hornillo, horno
Petroleumlampe	lámpara de petróleo
Propangas	el gas propano/butano
Schlafsack	saco de dormir
Steckdose	el enchufe, caja de enchufe
Stecker	clavija de enchufe
Strom	la corriente, la electricidad
Stromanschluss	toma de corriente
Trinkwasser	(el) agua potable
Voranmeldung	aviso previo
Waschraum	los lavabos
Wasser	(el) agua
Wasserkanister	el bidón
Wohnmobil	autocaravana
Wohnwagen	caravana
Zelt	tienda de campaña
zelten	acampar, hacer camping
Zeltschnur	cuerda de tienda de campaña
Zeltstange	palo de tienda de campaña

Gastronomie

Guten Appetit!
Spanien bietet eine köstliche und abwechslungsreiche Küche: hervorragende Meeresfrüchte, überraschende Fleischgerichte und vielfältiges Gemüse. Dazu gute und preiswerte Weine.
Jede Region hat ihre eigene Küche mit leckeren Spezialitäten, die Sie auf jeden Fall probieren sollten:

Andalusien:	*gazpacho andaluz* (Gemüsekaltschale)
Balearen:	*caldereta de pescado* (Fischtopf)
Baskenland:	*bacalao a la vasca* (Stockfisch in Tomatensoße)
	besugo al horno (gebackene Seebrasse)
Galicien:	Fisch, Meeresfrüchte, Austern
Katalonien:	*fabes a la catalana* (dicke Bohnen mit Minze und Paprikawurst in Weinsud)
Nordkastilien:	*cordero al horno* (Lammbraten)
	olla podrida (Eintopf aus Fleisch, Kichererbsen, Speck und Gemüse)
Valencia:	*paella valenciana* (Reispfanne mit Hühnerfleisch und Meeresfrüchten)

Bezeichnung spanischer Gaststätten
el café entspricht etwa dem deutschen Café, in vielen Fällen ist es aber in den letzten Jahren durch **cafeterías** ersetzt worden. Dort kann man Kaffee, Erfrischungen oder auch Alkohol trinken. Kuchen werden aber nicht immer angeboten.
el bar entspricht keineswegs dem deutschen Begriff. Man bekommt dort vom Kaffee bis zu alkoholischen Getränken alles und hat auch die Möglichkeit, einen kleinen Imbiss einzunehmen.
la cafetería ist ein Lokal, wo man an der Theke, an einem Tisch oder auf der Terrasse Getränke aller Art, die für Spanien typischen Vorspeisen *(tapas)* und kleine Mahlzeiten bestellen kann.
la taberna (volkstümlich **tasca**) ist ein kleineres Lokal, wo man hauptsächlich Wein, aber auch andere Getränke trinken und kaufen kann.
el (café-)restaurante ist ein größeres Lokal, in dem man etwas trinken und zu Mittag oder zu Abend essen kann.
el chiringuito ist ein während der Hauptsaison besuchtes Lokal (im Freien, fast immer am Strand), wo man Getränke und hauptsächlich Fischgerichte bekommt.
la hamburguesería ist ein Schnellrestaurant, wo vor allem Hamburger *(hamburguesas)*, Getränke, Pommes frites u. Ä. serviert werden.

Essen gehen

Wo gibt es hier ...
¿Dónde hay por aquí cerca...
ein gutes Restaurant?
un buen restaurante?
ein nicht zu teures Restaurant?
un restaurante no demasiado caro?
einen Schnellimbiss?
un restaurante (de servicio) rápido?

Wo kann man hier in der Nähe gut/preiswert essen?
¿Dónde se puede comer bien/por poco dinero por aquí cerca?

Im Restaurant

Reservieren Sie uns bitte für heute Abend einen Tisch für 4 Personen.
¿Puede reservarnos para esta noche una mesa para cuatro personas?

Ist dieser Tisch/Platz noch frei?
¿Está libre esta mesa/este asiento?

Einen Tisch für zwei/drei Personen, bitte.
Una mesa para dos/tres personas, por favor.

Wo sind bitte die Toiletten?
¿Dónde están los servicios, por favor?

Darf ich rauchen?
¿Puedo fumar?

Essenszeiten
Die Hauptmahlzeit ist in Spanien das Mittagessen, das zwischen 13 und 16 Uhr eingenommen wird. Während dieser Zeit haben die meisten Geschäfte geschlossen. Abends haben Restaurants in der Regel von 20 bis 24 Uhr geöffnet.
Üblich ist es, zwei Gänge zu bestellen. Zum Mittagsmenü (**"menú del día"** - zwei Gänge plus Brot und Dessert) bekommt man normalerweise ein Getränk - Wasser, Wein oder Bier - serviert; es ist im Preis inbegriffen.

Bestellung

Herr Ober/Bedienung, die Speisekarte/Getränkekarte, bitte!
¡Camarero, la carta/la carta de bebidas, por favor!

Was können Sie mir empfehlen?
¿Qué me recomienda usted?

Haben Sie vegetarische Gerichte/Diätkost?
¿Tienen (ustedes) comida vegetariana/comida de régimen?

Gibt es auch Kinderportionen?
¿Hacen ustedes también platos especiales para niños?

Haben Sie schon gewählt?
¿Ya han elegido?

Ich nehme ...
Voy a tomar...

Als Vorspeise/Hauptgericht/Nachtisch nehme ich ...
Voy a tomar de primer plato/de segundo plato/de postre...

Ich möchte keine Vorspeise, danke.
Yo no tomo primer plato, gracias.

Wir haben leider kein/e ... (mehr).
Lo lamento, pero ya no tenemos...

Dieses Gericht servieren wir nur auf Bestellung.
Esta comida hay que encargarla por anticipado.

Könnte ich statt ... ... haben?
¿Puede traerme... en lugar de...?

Ich vertrage kein/e ... Könnten Sie das Gericht ohne ... zubereiten?
... no me sienta bien. ¿Puede prepararme la comida sin...?

Wie möchten Sie Ihr Steak haben?
¿Como desea usted el filete?

gut durch
bien pasado
halb durch
poco pasado
englisch
a la inglesa

Was möchten Sie trinken?
¿Qué desea beber/tomar?

Bitte ein Glas ...
Un vaso de..., por favor.

Bitte eine Flasche/eine halbe Flasche ...
Una botella/Media botella de..., por favor.

Mit Eis, bitte.
Con hielo, por favor.

Guten Appetit!
¡Que aproveche!

Zum Wohl!
¡Salud!

Haben Sie noch einen Wunsch?
¿Desea usted algo más?

Bitte bringen Sie uns ...
Tráiganos..., por favor.

Könnten wir noch etwas Brot/Wasser/Wein bekommen?
¿Puede traernos un poco más de pan/agua/vino?

Beanstandungen

Hier fehlt ein/e ...
Aquí falta un.../una...

Haben Sie mein/e ... vergessen?
¿Se ha olvidado usted de mi...?

Das habe ich nicht bestellt.
Yo no he pedido esto.

Die Suppe ist kalt/versalzen.
La sopa está fría/salada.

Das Fleisch ist zäh/zu fett.
La carne está dura/tiene demasiada grasa.

Der Fisch ist nicht frisch.
El pescado no es fresco.

Nehmen Sie es bitte zurück.
Lléveselo, por favor.

Holen Sie bitte den Chef.
Llame al dueño, por favor.

Die Rechnung

Geht man mit Freunden gemeinsam ins Restaurant, teilt man sich üblicherweise die Kosten für das gesamte Essen.

Die Rechnung/Bezahlen, bitte!
¡La cuenta, por favor!

Bitte alles zusammen.
Todo junto, por favor.

Getrennte Rechnungen, bitte.
Cuentas separadas, por favor.

Ist die Bedienung inklusive?
¿Está el servicio incluido?

Die Rechnung scheint mir nicht zu stimmen.
Me parece que hay un error en la cuenta.

Das habe ich nicht gehabt. Ich hatte ...
Esto no me lo ha servido. Yo tenía...

„Hat es Ihnen geschmeckt?"
Diese Frage wird Ihnen im Restaurant nie gestellt – die Küche können Sie natürlich dennoch loben.

Das Essen war ausgezeichnet.
La comida estaba excelente.

Es stimmt so.
Está bien así.

Trinkgeld ist keine Pflicht, wird in Restaurants aber als üblich empfunden. Die Höhe des Trinkgelds ist jedem anheim gestellt. Möchten Sie Trinkgeld geben, legen Sie es einfach auf den Unterteller, auf dem Sie die Rechnung erhalten haben. Nun können Sie das Lokal verlassen, ohne noch einmal auf die Bedienung zu warten.

Cafés und Kneipen

Was möchten Sie trinken?
¿Qué desea tomar?

Ein Bier vom Fass, bitte.
Una caña/Una cerveza de barril, por favor.

Ein großes oder ein kleines Bier?
¿Una jarra o una caña?

Ein kleines Bier, bitte
Una caña, por favor.

Ein Glas Rotwein, bitte.
Un vino tinto, por favor.

Ich möchte einen Kaffee/Kaffee mit Milch, bitte.
Quisiera un café solo/un café con leche, por favor.

Das Gleiche noch einmal, bitte.
Otro, por favor.

Was haben Sie zu essen?
¿Qué tiene para comer?

Wir haben belegte Brötchen und Tapas.
Tenemos bocadillos y también tapas.

Diese Runde übernehme ich.
Esta ronda la pago yo.

Zum Wohl!/Prost!
¡Salud!/¡A tu salud!

Wir schließen gleich!
Vamos a cerrar.

tapas	Tapas *(Appetithäppchen)*
sangría	Sangria *(Rotweinbowle)*
moscatel	Muskatwein
una clara (cerveza con limonada)	Radler
chupito (de vino/aguardiente/licor)	Gläschen Wein/Schnaps/Likör
chocolate con churros	heiße Schokolade mit Churros *(frittiertem Spritzgebäck)*
granizado de limón/café	Eisgetränk mit Zitronen-/Kaffeegeschmack
café solo	Espresso
(café) cortado	Kaffee mit Milch
café con leche	Milchkaffee
café con hielo	Kaffee mit Eiswürfel
horchata de chufa	Mandelmilch
helado de turrón	Mandeleis
batido	Milchshake
té	schwarzer Tee
infusión	Kräutertee

➢ **auch Lebensmittel**

Abendessen	cena
alkoholfrei	sin alcohol
Aschenbecher	cenicero
Besteck	los cubiertos
Bestellung	pedido
Diabetiker	diabético/diabética
Dressing	aliño
Essig	el vinagre
Fass, vom Fass	el barril/de barril
fettarm	bajo en grasas
Fleck	mancha
Frühstück	desayuno
Gabel	el tenedor
Gang	plato
Gedeck	cubierto
Gericht	plato, comida
Getränk	bebida
Gewürz	especia, condimento
Glas	vaso
Wasserglas	vaso para agua
Weinglas	vaso para vino
Gräte	espina
hart	duro
Hauptspeise	comida principal
hausgemacht	casero
heiß	(muy) caliente
hungrig sein	tener hambre
kalorienarm	bajo en calorías
Karaffe	garrafa
Kellner/in	camarero/camarera
Ketschup	el ketchup
Kinderteller	plato infantil
Knochen	hueso
Koch/Köchin	cocinero/cocinera
Korkenzieher	el sacacorchos
lieblich (Wein)	dulce
Löffel	cuchara
Teelöffel	cucharilla
Majonäse	mayonesa
Menü	el menú
Messer	cuchillo
Mittagessen	comida, almuerzo
Nachtisch	el postre
Ober	camarero
Öl	el aceite
Pfannengericht	comida a la sartén

Pfeffer	pimienta
Pfefferstreuer	pimentero
Portion	la ración
Rost	parrilla
Salatbüfett	el bufete de ensaladas
Salz	la sal
Salzstreuer	salero
Scheibe	*(Brot)* rebanada; *(Fleisch)* tajada; *(Wurst)* rodaja
Schonkost	dieta
Schüssel	la fuente
Senf	mostaza
Serviette	servilleta
Soße	salsa
Speisekarte	carta
Spezialität	la especialidad
Strohhalm	pajita
Suppe	sopa
Suppenteller	plato de sopa
Süßstoff	sacarina
Tagesgericht	plato del día
Tagesmenü	el menú del día
Tasse	taza
Untertasse	plato pequeño
Teller	plato
Tischtuch	el mantel
Trinkgeld	propina
trocken (Wein)	seco
vegetarisch	vegetariano
Vorspeise	el primer plato, el entremés
Wasser	(el) agua
würzen	sazonar
Zahnstocher	palillo (de dientes)
Zucker	el azúcar

durchgebraten	bien asado
gebacken	frito
gebraten	asado
am Spieß	en el asador
vom Grill	a la parrilla
in der Pfanne	en la sartén
gedämpft	rehogado, al vapor
gedünstet	al vapor
gefüllt	relleno
gekocht	cocido
geräuchert	ahumado
geröstet	tostado
geschmort	estofado
überbacken	gratinado
gar	en su punto, bien cocido
mager	magro
roh	crudo
saftig	jugoso
sauer	agrio
scharf	picante
süß	dulce
weich	blando
zäh	duro
zart	tierno

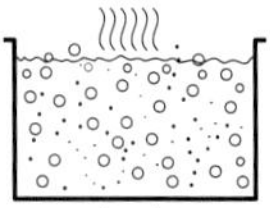
gekocht
herrido

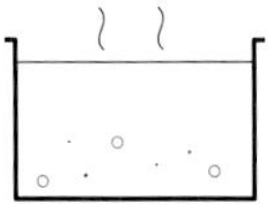
gegart
cocido

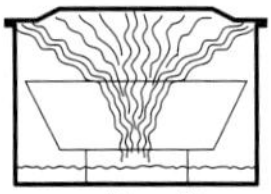
gedämpft
al vapor

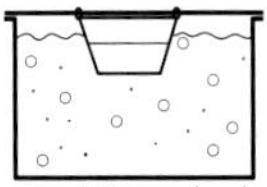
im Wasserbad
al baño María

gebraten
asado

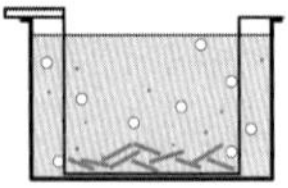
frittiert
freído

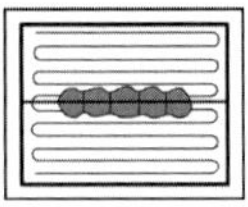
gegrillt
al grill

Ich hätte gern ...
Quisiera ...

Ingwer jengibre

Knoblauch
ajo

Zwiebel
cebolla

Dill
eneldo

Lorbeer
laurel

Rosmarin
romero

Majoran/Oregano
mejorana/orégano

Koriander
cilantro

Petersilie
perejil

Basilikum
albahaca

Muskatnuss nuez moscada

Chili
chile

Peperoni
guindilla verde

Schnittlauch
cebollino

Salbei
salvia

Kerbel
perifollo

Thymian
tomillo

Bohnenkraut
ajedrea de jardín

Liebstöckl
levística

Ich hätte gern ...
Quisiera ...

Ich hätte gern ...
Quisiera ...

ORANGINA

Menú — Speisekarte

Im Allgemeinen frühstückt man in Spanien sehr wenig. Am späteren Vormittag trinkt man einen Kaffee mit Milch oder einen Espresso in einer Bar oder Cafeteria, dazu gibt es ein süßes Stückchen **(pasta)**.

Desayuno — Frühstück

café solo	schwarzer Kaffee
café con leche	Kaffee mit Milch
café descafeinado	koffeinfreier Kaffee
té con leche/limón	Tee mit Milch/Zitrone
infusión (de manzanilla/menta/tila)	Kräutertee (Kamillen-/Pfefferminz-/Lindenblütentee)
cacao	Schokolade
zumo de fruta	Fruchtsaft
huevo pasado por agua	weich gekochtes Ei
huevos revueltos	Rühreier
huevos con bacon	Eier mit Speck
pan/panecillo/tostada	Brot/Brötchen/Toast
croissant	Croissant (Hörnchen)
mantequilla	Butter
queso	Käse
embutido	Wurst
jamón (serrano/(de) york	(roher/gekochter) Schinken
miel	Honig
mermelada	Marmelade
cereales	Müsli
yogur	Jogurt
fruta	Obst

Menú turistico — Touristenmenü

consomé	Kraftbrühe
gazpacho	Gemüsekaltschale
Bacalao al ajillo	Stockfisch mit Knoblauch
chuleta de ternera con patatas y guisantes	Kalbskotelett mit Kartoffeln und Erbsen
pechuga de pollo o merluza	Hühnerbrust oder Seehecht
ensalada	Salat

postre/helado/yogur/ tarta de chocolate	Nachtisch/Eis/Joghurt/ Schokoladentorte
postre (flan o fruta del tiempo) o café	Nachspeise (Karamellpudding oder Obst nach Jahreszeit) oder Kaffee
Fruta del tiempo	Obst nach Jahreszeit

Entrantes	**Vorspeisen**
aceitunas	Oliven
alcachofas	Artischocken
almejas	Venusmuscheln
boquerones	Sardellen
buñuelos de bacalao	Kabeljauklößchen
cangrejos	Krebse
caracoles	Schnecken
croquetas	Kroketten
chorizo	Paprikawurst
embutido	Wurst
ensaladilla rusa	Kartoffelsalat *(mit Gemüse, Thunfisch und Majonäse)*
fiambre	Aufschnitt
gambas	Garnelen
gambas al ajillo	Garnelen in Knoblauchsauce
gambas a la plancha	geröstete Garnelen
jamón serrano	roher Schinken
jamón (de) york	gekochter Schinken
mejillones	Miesmuscheln
salchichón	spanische Salami
salpicón de marisco	Meeresfrüchtesalat
sardinas	Sardinen

Sopas	**Suppen**
caldo	Bouillon
consomé	Kraftbrühe
crema de espárragos	Spargelsuppe
fabada asturiana	asturischer Bohneneintopf
sopa de ajo	Knoblauch-Brotsuppe
sopa de arroz	Reissuppe
sopa de fideos	Nudelsuppe
sopa de pescado	Fischsuppe
sopa juliana/jardinera/de verduras	Gemüsesuppe

Pescados y Mariscos	Fisch und Meeresfrüchte
anguila	Aal
angulas	Glasaal
arenque	Hering
atún	Thunfisch
bacalao	Kabeljau; *(aus getrocknetem Fisch)* Stockfisch
besugo	Seebrasse
bogavante	Hummer
bonito	Thunfisch
caballa	Makrele
calamares a la romana	panierte Tintenfischringe
calamares en su tinta	Tintenfisch in eigener Sauce
carpa	Karpfen
centollo	Seespinne
cigalas	Kronenhummer
corvina	Meerrabe
dorada	Goldbarsch
gambas	Garnelen
langosta	Languste
langostinos	Riesengarnelen
lenguado	Seezunge
lubina	See-, Wolfsbarsch
merluza	Seehecht
paella	Reispfanne *(mit Meeresfrüchten)*
parrillada de pescado	Fisch-Grillplatte
perca	Barsch
pescadilla	junger Seehecht
pescado a la marinera	Fisch (nach) Matrosenart *(in Tomaten-Weißweinsoße)*
pez espada	Schwertfisch
platija	Scholle
pulpo	Octopus
rape	Seeteufel
raya	Rochen
rodaballo	Steinbutt
salmón	Lachs
salmonete	Meerbarbe
trucha	Forelle
zarzuela de marisco(s)	Meeresfrüchtepfanne

Carnes y Aves	Fleisch und Geflügel
asado	Braten
bistec	Beefsteak
cabrito	Zicklein
callos	Kutteln
carne picada	Hackfleisch
carne de vaca	Rindfleisch
cerdo	Schwein
cocido	Eintopf *(mit Fleisch, Kichererbsen, Kartoffen und Gemüse)*
cochinillo	Spanferkel
conejo	Kaninchen
cordero	Lamm
cordero lechal	Milchlamm
chuleta (*Am* costeleta)	Kotelett
empanada	Pastete
escalope	Schnitzel
estofado	Schmorbraten
faisán	Fasan
filete	Filet, Lendenstück
guisado	Gulasch, Ragout
hígado	Leber
lengua	Zunge
liebre	Hase
lomo	Lende
paella	Reispfanne *(mit Meeresfrüchten)*
parrillada de carne	Grillplatte
pato	Ente
pavo	Truthahn, Pute
perdiz	Rebhuhn
pechuga de pollo	Hähnchenbrust
pichón	Taube
pollo	Hähnchen
riñones	Nieren
rosbif	Rostbeef
sesos	Hirn
solomillo	Filet, Lendenstück
ternera	Kalb

Ensalada y Verduras	Salat und Gemüse
acelgas	Mangold
alcachofas	Artischocken
berenjenas	Auberginen
cebollas	Zwiebeln
col de Bruselas	Rosenkohl
coliflor	Blumenkohl
ensalada variada/mixta	gemischter Salat
ensalada del tiempo	Salat der Saison
escarola	Endivie(nsalat)
espárragos	Spargel
garbanzos	Kichererbsen
guisantes	Erbsen
judías/ alubias blancas	weiße Bohnen
judías verdes	grüne Bohnen
lentejas	Linsen
lechuga	Kopfsalat
patatas	Kartoffeln
patatas fritas	Pommes frites
pepino	Gurke
pimiento	Paprikaschote
pisto (manchego)	geschmortes Gemüse
setas	Pilze
tomate	Tomate
zanahorias	Karotten

Platos de huevos	Eierspeisen
huevos al plato	Setzeier
huevos duros	hart gekochte Eier
huevos fritos	Spiegeleier
huevos pasados por agua	weich gekochte Eier
huevos revueltos	Rühreier
tortilla (a la) española	Kartoffelomelett
tortilla (a la) francesa	Eieromelett

Postres, queso y fruta	Nachspeisen, Käse und Obst
albaricoques	Aprikosen
arroz con leche	Milchreis
cerezas	Kirschen
ciruelas	Pflaumen

compota	Kompott
flan	Karamellpudding
fresas	Erdbeeren
higos	Feigen
macedonia de frutas	Obstsalat
mandarina	Mandarine
manzana	Apfel
melocotón	Pfirsich
melón	Melone
naranja	Apfelsine
natillas	Cremespeise
pera	Birne
piña	Ananas
plátano, banana	Banane
pomelo, toronja	Grapefruit, Pampelmuse
queso de cabra	Ziegenkäse
queso de Gruyère	Greyerzer(-Käse), Gruyère
queso manchego	Manchego(-Käse) *(Schafshartkäse)*
queso de oveja	Schafskäse
requesón	Quark
sandía	Wassermelone
tarta	Torte
uvas	Weintrauben

Helados	**Eis**
café con hielo	Kaffee mit Eiswürfeln
copa de helado	Eisbecher
copa de helado con frutas	Eisbecher mit Früchten
helado de chocolate	Schokoladeneis
helado de fresa	Erdbeereis
helado de limón	Zitroneneis
helado de vainilla	Vanilleeis
helado variado	gemischtes Eis
mantecado	Sahneeis
sorbete de limón	Zitronensorbet

Dulces	**Gebäck**
bombón	Praline
chocolate	Schokolade

churros	frittiertes Spritzgebäck
crema catalana	karamellisierter Vanillepudding
dulces	Süßigkeiten
galletas	Kekse
nata	Sahne
nata batida/montada	Schlagsahne
pastas/pasteles	Gebäck
pastelillos de crema	Cremeschnitten
profiteroles con chocolate	Windbeutelchen mit Schokoladensoße
tarta	Torte
tarta de crema	Buttercremetorte
tarta helada	Eistorte
tarta de frutas	Obstkuchen
tarta de manzana	Apfelkuchen
torta	Kuchen
turrón	Nougatkonfekt

Turrón wird traditionell aus Mandeln und Honig hergestellt. Heutzutage gibt es viele andere Sorten. Die meisten **turrones** stammen aus der Gegend von Valencia; hier kannte man sie bereits im 13. Jahrhundert.

Bebidas	Getränkekarte

Algunos vinos típicos españoles / Einige typische spanische Weine

Algunos vinos típicos españoles	Einige typische spanische Weine
Cariñena	herber Tischwein
Chacolí	herber Aperitif
Jerez (dulce/oloroso)	(süßer) Sherry
Málaga	sehr süßer Dessertwein
Manzanilla	herber Weißwein
Montilla	herber Aperitif
Moriles	herber Weißwein
Moscatel	Muskateller
Priorato	herber Rot- oder Weißwein *(aus Katalonien)*
Ribeiro	herber Rotwein *(Tischwein aus Galizien)*
Rioja	herber Rot- und Weißwein
Sangría	Rotweinbowle *(mit Früchten)*
Valdepeñas	herber Rot- und Weißwein *(aus der „Mancha")*

Otras bebidas alcohólicas	Weitere alkoholische Getränke
aguardiente	Schnaps
anís	Anislikör
caña de cerveza	Glas Bier vom Fass
cerveza de barril	Bier vom Fass
coñac	Kognak
Cuba Libre	Cola (mit) Rum
champán, cava	Sekt
ginebra	Gin
licor	Likör
sidra	Apfelwein

Sidra ist ein Schaumwein aus Äpfeln mit geringerem Alkoholgehalt (5-7%) und leicht säuerlichem Geschmack. Er wird besonders in Asturien (Nordspanien) getrunken.

Bebidas no alcohólicas	Alkoholfreie Getränke
agua mineral (con gas/sin gas)	Mineralwasser (mit/ohne Kohlensäure)
batido	Milchshake
cacao	Kakao
(café) americano	großer schwarzer Kaffee
café solo	Espresso
café con leche	Milchkaffee
(café) cortado	Kaffee mit Milch
(café) descafeinado	koffeinfreier Kaffee
gaseosa	süßer Sprudel
horchata	Mandelmilch
leche	Milch
limonada	Zitronenlimonade
naranjada	Orangeade
soda, (agua de) sifón	Soda
té	(schwarzer) Tee
(agua) tónica	Tonicwater
zumo de fruta	Fruchtsaft
zumo de limón, limón natural	Zitronensaft
zumo de naranja	Orangensaft

Besichtigungen und Ausflüge

Schau mal!

Einige Museen sind einfach ein „Muss" für den Kunstliebhaber!

In Madrid: Nationalmuseum *El Prado:* bedeutendste Sammlung spanischer Malerei des 16.–18. Jh. (El Greco, Velázquez, Goya u. a.), zeigt aber auch Werke ausländischer Maler von Weltruf (Rubens, Brughel, Tizian u.a.)

Kunstzentrum *Reina Sofía:* Museum für zeitgenössische Kunst mit Schwerpunkt spanische Malerei und Skulpturen des 20. Jhds. (Picasso, Gris, Dalí, Miró u. a.)

Thyssen-Bornemisza Museum: Privatsammlung mit Gemälden aus dem 14.–20. Jh. (Dürer, Renoir, Van Gogh, Mondrian, Juan Gris u. a.)

In Barcelona: *Palau Nacional:* katalanische Kunst von der Romanik bis zur heutigen Zeit, dazu Arbeiten von El Greco, Velázquez, Tintoretto u. a.

Stiftung Joan Miró: Sammlung Joan Mirós mit Gemälden, Grafiken, Skulpturen usw. aus allen seinen Schaffensphasen, ferner Arbeiten von Braque, Calder, Tàpies u. a.

In Figueras (bei Gerona): *Theatermuseum Dalí:* in seiner Heimatstadt wird ein großer Teil der Werke Dalís ausgestellt

In Bilbao: *Guggenheim Museum:* architektonisch außergewöhnliches Museum für moderne und zeitgenössische Kunst des 20. Jh. und Begegnungsstätte

Im Fremdenverkehrsamt

Ich möchte einen Stadtplan von ... haben.
Quisiera un mapa de...

Haben Sie einen Veranstaltungskalender für diese Woche?
¿Tienen ustedes un programa de espectáculos para esta semana?

Gibt es Stadtrundfahrten?
¿Hay visitas organizadas de la ciudad?

Was kostet denn die Rundfahrt, bitte?
¿Cuánto cuesta el billete, por favor?

Sehenswürdigkeiten - Museen

Öffnungszeiten, Führungen, Eintrittskarten

Können Sie mir bitte sagen, welche Sehenswürdigkeiten es hier gibt?
¿Qué cosas dignas de verse hay aquí?

Sie müssen unbedingt ... besichtigen/besuchen.
Tiene que visitar sin falta...

Wann ist das Museum geöffnet?
¿A qué horas está abierto el museo?

Wann beginnt die Führung?
¿A qué hora comienza la visita guiada?

Gibt es auch eine Führung in Deutsch?
El guía, ¿da también explicaciones en alemán?

Darf man hier fotografieren?
¿Se pueden tomar fotografías aquí?

Zwei Eintrittskarten, bitte!
Dos entradas, por favor.

Zwei Erwachsene und ein Kind.
Dos adultos y un niño.

Gibt es Ermäßigungen für ...
¿Se hacen descuentos para...
... Kinder?
... niños?
... Studenten?
... estudiantes?
... Senioren?
... jubilados?
... Gruppen?
... grupos?

Gibt es einen Katalog zur Ausstellung?
¿Hay un catálogo de la exposición?

Was? Wann? Wo?

Ist das ...?
¿Es éste el/ésta la...?

Wann wurde dieses Gebäude erbaut/restauriert?
¿Cuándo se construyó/restauró este edificio?

Von wem ist dieses Bild?
¿Quién ha pintado este cuadro?

Haben Sie das Bild als Poster/Postkarte/Dia?
¿Tiene usted este cuadro en póster/postal/diapositiva?

Allgemeines

Besichtigung	visita
Denkmalschutz	la protección de los monumentos
Fremdenführer/in	el/la guía turístico/turística
Führung	visita guiada
Funde	los objetos hallados
Fußgängerzone	zona peatonal
Gasse	callejuela
Geburtsstadt	la ciudad de nacimiento
Geschichte	historia
Haus	casa
Kaiser/in	el emperador/la emperatriz
König/in	el rey/la reina
Kunst	el arte
Markt	mercado
Museum	museo
Park	el parque
Pilgerfahrt	la peregrinación
Prinz/Prinzessin	el príncipe/la princesa
rekonstruieren	reconstruir
Religion	la religión
restaurieren	restaurar
Sehenswürdigkeiten	los lugares de interés; *(Denkmäler)* los monumentos,
Stadtrundfahrt	vuelta (en autobús) por la ciudad
Stadtteil	barrio
Stadtzentrum	centro
Straße	la calle
Überreste	los restos; *(Ruinen)* las ruinas
Volkskundemuseum	museo del folclore
Vorort	barrio periférico, suburbio
Wahrzeichen	el emblema, símbolo

Architektur

Abtei	abadía
Altar	el altar
Altstadt	la ciudad vieja
Amphitheater	amfiteatro
Archäologie	arqueología
Architekt/in	arquitecto/arquitecta
Architektur	arquitectura
Arkaden	arcada
Arena	plaza de toros
Ausgrabungen	las excavaciones
Bauwerk	edificio
Bogen	arco

Brücke	el puente
Brunnen	la fuente
Burg	castillo
Dach	tejado
Decke	techo
Denkmal	monumento
Dom	la catedral
Fassade	fachada
Fenster	ventana
Festung	fortaleza
Flügel	(el) ala
Friedhof	cementerio
Gebäude	edificio
Gedenkstätte	el lugar conmemorativo
Gewölbe	bóveda
Giebel	frontispicio
Grab	tumba
Grabmal	tumba, monumento fúnebre
Innenhof	patio interior
Inschrift	la inscripción
Kanzel	púlpito
Kapelle	capilla
Kathedrale	la catedral
Kirche	iglesia
Kirchturm	la torre, *(Glockenturm)* campanario
Kloster	monasterio, convento
Kreuzgang	claustro
Krypta	cripta
Kuppel	cúpula
Markthalle	mercado (cubierto)
Mauer	muro, la pared
Mausoleum	mausoleo
Obelisk	obelisco
Oper	ópera
Palast	palacio
Pavillon	el pabellón
Platz	plaza
Portal	el portal
Rathaus	ayuntamiento
Ruine	ruina
Säule	columna, el pilar
Schatzkammer	(cámara del) tesoro
Schloss	castillo
Springbrunnen	la fuente
Stadtmauern	las murallas (de la ciudad)
Tempel	templo
Theater	teatro

Tor	puerta, el portón
Triumphbogen	arco de triumfo
Turm	la torre
Universität	la universidad
Wallfahrtskirche	templo de peregrinación
wieder aufbauen	reconstruir

Bildende Künste

Akt	desnudo
Aquarell	acuarela
Ausstellung	la exposición
Bild	pintura, cuadro
Bildhauer/in	el escultor/la escultora
Bronze	el bronce
Exponat	objeto expuesto
Fotografie	fotografía
Galerie	galería
Gemälde	pintura, cuadro
Glasmalerei	pintura sobre cristal
Goldschmiedekunst	orfebrería
Grafik	grabado
Holzschnitt	grabado/talla en madera
Keramik	cerámica
Kopie	copia
Kreuz	la cruz
Kruzifix	crucifijo
Kunstgewerbe	las artes industriales, oficio artístico
Lithografie	litografía
Maler/in	el pintor/la pintora
Malerei	pintura
Modell	el/la modelo
Mosaik	mosaico
Original	el original
Plakat	el cartel
Plastik	escultura, las artes plásticas
Porträt	retrato
Porzellan	porcelana
Radierung	el aguafuerte
Schnitzerei	talla (en madera)
Siebdruck	serigrafía
Skulptur	escultura
Statue	estatua
Stillleben	naturaleza muerta, el bodegón
Terrakotta	terracota, barro cocido
Töpferei	alfarería
Torso	torso
Vase	florero, el jarrón
Zeichnung	dibujo

Stilrichtungen und Epochen

antik	antiguo
arabisch	árabe
Barock/barock	barroco
Blütezeit	apogeo
Bronzezeit	la edad del bronce
byzantinisch	bizantino
Christentum	cristianismo
Dynastie	dinastía
Epoche	época
Expressionismus	expresionismo
Gotik	gótico
griechisch	griego
heidnisch	pagano
Iberer/in	ibero/ibera
Impressionismus	impresionismo
Isabellastil	estilo isabelino
Jahrhundert	siglo
Judentum	judaísmo
Jugendstil	modernismo
Klassizismus	clasicismo
Kubismus	cubismo
lateinisch	latino
Manierismus	manierismo
Mittelalter	la Edad Media
modern	moderno
mozarabisch	mozárabe
Mudejarstil	estilo mudéjar
Renaissance	renacimiento, época renacentista
Rokoko	rococó
Romanik	románico
Romantik	romántico
Steinzeit	la edad de piedra
Stil	estilo
Surrealismus	surrealismo
vorgeschichtlich	prehistórico
westgotisch	visigótico
zeitgenössisch	contemporáno
Zisterzienser	cisterciense

Ausflüge

Wo fahren wir los?
¿De dónde salimos?

Wann treffen wir uns?
¿Cuándo quedamos?

Kommen wir am/an ... vorbei?
¿Pasamos por...?

Besichtigen wir auch ...?
¿Visitamos también...?

Wann fahren wir zurück?
¿Cuándo regresamos?

Ausflug	la excursión
Aussichtspunkt	el mirador
Bergdorf	pueblo de montaña
Bergspitze	pico
Botanischer Garten	el jardín botánico
Deich	el dique
Fischerhafen	puerto de pescadores
Fischerort	el lugar de pesca
Freilichtmuseum	museo al aire libre
Freizeitpark	el parque de atracciones
Gebirge	cordillera
Grotte	gruta
Hinterland	zona interior, el interior del país
Höhle	cueva
Inselrundfahrt	visita (guiada) de la isla
Klippe	escollo
Landschaft	el paisaje
Lava	lava
Markt	mercado
Nationalpark	el parque nacional
Naturschutzgebiet	reserva natural/ecológica
Pass	puerto (de montaña)
Rundfahrt	salida
Schlucht	desfiladero, barranco
See	*(Binnensee)* lago; *(Meer)* el mar
Sternwarte	observatorio astronómico
Tagesausflug	la excursión de un día
Tal	el valle
Tropfsteinhöhle	cueva de estalactitas y estalagmitas
Umgebung	los alrededores
Vogelschutzgebiet	reserva ornitológica
Vulkan	el volcán
Wald	el bosque
Waldbrand	incendio forestal
Wallfahrtsort	el lugar de peregrinación
Wasserfall	catarata, cascada
Wildpark	reserva de animales
Zoo	el zoo, el parque zoológico

Bade-, Aktiv- und Kreativurlaub

Strände für jeden Geschmack
Spanien ist ein Badeparadies. Es gibt Strände für jeden Geschmack: Die großen Wellen des Atlantiks, die wilde Küste (Costa Brava) Nordkataloniens, die milden Temperaturen des Mittelmeers und die vulkanischen Strände der Kanarischen Inseln.
An den leicht zugänglichen Orten sind die Strände meist sehr voll. Wer aber ein Stück weiter geht, findet einen ruhigen Ort zum Entspannen. FKK-Strände sind in Spanien selten.
Wer im Urlaub nicht nur faulenzen will, dem ist besonders zu empfehlen: Segeln vor Mallorca, Surfen vor Tarifa, Tauchen vor den Illes Medes und vor Menorca, Skifahren in den Pyrenäen und in der Sierra Nevada, Kreativurlaub in den Alpujarras, Golf und Reiten in Andalusien, Extremsportarten in den Pyrenäen und Wandern in den zahlreichen Nationalparks.

Badeurlaub

Entschuldigen Sie bitte, gibt es hier ein ...
Perdone, por favor, ¿hay aquí...
 Schwimmbad?
 una piscina?
 Freibad?
 una piscina al aire libre?
 Hallenbad?
 una piscina cubierta?

Eine Eintrittskarte, bitte!
Por favor, una entrada (*Am* un boleto).

Können Sie mir bitte sagen, wo die ... sind?
¿Me podría decir dónde están...
 Duschen
 las duchas?
 Umkleidekabinen
 los vestidores?

¡Sólo para nadadores!	Nur für Schwimmer!
¡Prohibido saltar al agua!	Hineinspringen verboten!
¡Prohibido bañarse!	Baden verboten!

Ist der Strand ...
La playa,
 sandig?
 ¿es de arena?
 steinig?
 ¿es pedregosa?

Gibt es hier Quallen/Seeigel?
¿Hay aquí medusas/erizos de mar?

Ist die Strömung stark?
¿Es fuerte la corriente?

Können Sie mir sagen, ob es für Kinder gefährlich ist?
¿Es peligroso para los niños?

Wann ist Ebbe/Flut?
¿A qué hora es la marea baja/alta?

Ich möchte ... mieten.
Quisiera alquilar...
einen Liegestuhl
una tumbona.
einen Sonnenschirm
una sombrilla.
ein Boot
una barca.
ein Paar Wasserski
unos esquís acuáticos.

Was kostet das pro Stunde/pro Tag?
¿Cuánto cuesta esto por hora/por día?

Bademeister/in	el/la vigilante (de piscina)
Beach-Volleyball	el voley playa
FKK-Strand	playa nudista
Kinderbecken	piscina infantil
Liegewiese	el césped para tomar el sol
Luftmatratze	el colchón de aire
Nichtschwimmer/in	el no nadador/la no nadadora
schwimmen	nadar
Schwimmer/in	el nadador/la nadadora
Schwimmflossen	las aletas (de natación)
Schwimmflügel	flotadores de brazos, manguitos
Tretboot	el patín (de pedales)
Wasserski	el esquí acuático
Wasserski fahren	practicar el esquí acuático
Wasserskooter	la moto de agua
Windschirm	biombo

Aktivurlaub und Sport

Welche Sportmöglichkeiten gibt es hier?
¿Qué posibilidades hay aquí de hacer deporte?

Gibt es hier ...
¿Hay aquí...
einen Golfplatz?
un campo de golf?
einen Tennisplatz?
una pista de tenis?

Können Sie mir bitte sagen, wo man hier ... kann?
¿Dónde se puede aquí...
angeln
pescar con caña?
gut wandern
hacer excursiones?

Wo kann ich ... ausleihen?
¿Dónde puedo alquilar...?

Ich möchte einen ...kurs für Anfänger/Fortgeschrittene machen.
Me gustaría hacer un curso de... de principiantes/avanzados.

Wassersport

Bootsführerschein	el carnet naútico
Canyoning	descenso de barrancos
Hausboot	la embarcación habitable
Kanu	canoa
Motorboot	(lancha) motora
Paddelboot	piragua
paddeln	ir en piragua/canoa
Rafting	el rafting, descenso de aguas bravas
Regatta	regata
Rückholservice	servicio de recogida
Ruder	remero
Ruderboot	barca de remos
rudern	remar
Schlauchboot	el bote neumático
Segelboot	velero
segeln	navegar (a vela)
Segeltörn	la excursión en velero
Surfbrett	plancha/tabla de surf
surfen	practicar el surf
Tretboot	patín

Wasserwandern *(Boot)*	la excursión en bote
Windsurfen	el windsurf
Windverhältnisse	(estado de los) vientos

Tauchen

Harpune	el arpón (submarino)
Neoprenanzug	el traje isotérmico/de neopreno
Sauerstoffgerät	botella de oxígeno
Schnorchel	tubo de buceo
schnorcheln	nadar con tubo de buceo
tauchen	bucear
Taucherausrüstung	equipo de buceo
Taucherbrille	las gafas de buceo

Angeln

Angel	caña de pescar
angeln	pescar con caña
Angelschein	licencia de pesca
Hafenmeisterei	la dirección del puerto
Hochseeangeln	pesca marítima/de altura
Schonzeiten	veda

Ballspiele

Ball	pelota, el balón
Basketball	el baloncesto
Fußball	el fútbol
Fußballplatz	campo de fútbol
Fußballspiel	partido de fútbol
Halbzeit (erste/zweite)	primer/segundo tiempo
Handball	balonmano
Mannschaft	equipo
Netz	la red
Rugby	el rugby
Tor	portería
Torwart/Torfrau	portero/portera
Volleyball	el voleibol

Tennis/Badminton/Squash

Badminton	el bádminton
Doppel	el doble
Einzel	(partido) individual
Federball	el volante
Flutlicht(anlage)	la iluminación
Pelota	el frontón
Schläger	raqueta
Squash	el squash
Tennis	el tenis
Tennisschläger	raqueta (de tenis)
Tischtennis	el ping-pong, el tenis de mesa

Fitness- und Krafttraining

Aerobic	(el) aerobic
Bodybuilding	culturismo
Fitnesscenter	gimnasio
Gymnastik	gimnasia
Jazzgymnastik	las ejercicios de jazz
joggen	correr
Jogging	el jogging
Konditionstraining	la preparación física
Stretching	el stretching
Wirbelsäulengymnastik	gimnasia para la columna vertebral

Rad fahren

Fahrrad	bicicleta
Fahrradhelm	casco de bicicleta
Fahrradweg	pista para bicicletas
Flickzeug	los parches y el pegamento
Luftpumpe	bomba (de aire)
Mountainbike	bicicleta de montaña, el mountain bike
Rad fahren	montar en bicicleta
Radsport	ciclismo
Radtour	la excursión en bici(cleta)
Radweg	camino/pista de bicicletas
Rennrad	bicicleta de carreras
Roller	el patinete
Schlauch	neumático
Trekkingrad	el trekking

Wandern und Bergsteigen

Ich möchte eine Bergtour machen.
Quisiera hacer una excursión por las montañas.

Können Sie mir eine interessante Route auf der Karte zeigen?
¿Puede (usted) indicarme en el mapa un itinerario interesante?

Bergsteigen	escalar
Bergführer	el/la guía de montaña
Berggipfel	pico
Bergstock	el bastón de alpinista
Bergwacht	servicio de salvamento
Freeclimbing	escalada libre
Route	ruta
Rucksack	mochila
Schutzhütte	refugio de montaña
Sicherungsseil	soga de seguridad
Tagestour	la excursión de un día
Trekking	el trekking
Wanderkarte	el mapa
Wandern	excursionismo, senderismo
wandern	hacer una excursión, caminar
Wanderweg	sendero (para excursiones a pie)

Reiten

Ausritt	paseo a caballo
Pferd	caballo
Polo	polo
reiten	montar a caballo
Reiterferien	las vacaciones a caballo
Reitschule	escuela de equitación

Golf

18-Loch-Platz	campo de dieciocho hoyos
Abschlag	punto de salida
Clubhaus	casa club
Golf	el golf
Golfclub	el club de golf
Golfschläger	palo de golf
Greenfee	cuota de admisión
Parcours	campo de golf

Pitch & Putt *(kleiner Golfplatz)*.	el Pitch & Putt
Tagesbesucher/in	el/la visitante

Drachen-, Gleitschirm- und Segelfliegen

Drachenfliegen	vuelo libre, ala delta
Fallschirmspringen	paracaidismo
Freiballon	globo aerostático
Gleitschirm	el casquete de parapente
Paragliding	el parapente
Segelfliegen	vuelo sin motor
Segelflugzeug	el planeador
Startplatz	punto de salida
Thermik	la térmica

Winterurlaub

Eine Tageskarte, bitte.
Un forfait, por favor.

Um wie viel Uhr ist die letzte Bergfahrt/Talfahrt?
¿A qué hora es la última subida/bajada?

Bergstation	la estación de montaña/de esquí
Curling	el curling
Eisbahn	pista de hielo
Eishockey	el hockey sobre hielo
Eislauf	el patinaje sobre hielo
Langlauf	el esquí de fondo
Loipe	traza
Pulverschnee	la nieve polvo
Schlepplift	el telearrastre
Schlitten	trineo
Schlitten fahren	montar en trineo
Schlittschuhe	los patines de hielo
Schlittschuh laufen	patinar sobre hielo
Seilbahn	el funicular, teleférico
Sessellift	el telesilla
Ski	el esquí
Ski alpin	el esquí alpino
Ski laufen	esquiar
Skibindung	la fijación (de esquí)
Skibrille	las gafas de esquí
Skikurs	curso de esquí

Skilehrer/in	el profesor/la profesora de esquí
Skistiefel	las botas para esquiar
Skistöcke	los bastones de esquí
Snowbike	el snowbike
Snowboard	el snowboard
Snowrafting	el snowrafting
Tagespass	el forfait válido para un día
Talstation	la estación inferior
Wochenpass	abono semanal

Sonstige Sportarten

Bogenschießen	tiro al arco
Boulespiel	la petanca
Bowling	juego de bolos
Bungeejumping	el puenting
Inliner	el patín en línea
Inlineskating	el patinaje en línea
Leichtathletik	atletismo
Rafting	descenso de aguas bravas, el rafting
Rollschuhe	los patines de ruedas
Rollschuh fahren	patinar
Skateboard	el monopatín
Skateboard fahren	patinar con monopatín

Sportveranstaltungen besuchen

Könnten Sie mir bitte sagen, welche Sportveranstaltungen es hier gibt?
¿Qué actos deportivos hay aquí?

Ich möchte mir das Fußballspiel ansehen.
Quisiera ver el partido de fútbol.

Wann/Wo findet es statt?
¿Cuándo/Dónde es?

Was kostet der Eintritt?
¿Cuánto cuesta la entrada?

Wie steht's?
¿A cuánto están?

2 zu 1/Eins-eins.
Dos a uno/Uno a uno.

Foul!
Falta.

Schöner Schuss!
¡Buen disparo!

Tor!
¡Gol!

abseits	fuera de juego
Eintrittskarte	entrada, el billete
Elfmeter	el penalty
flanken	centrar
Freistoß	(lanzamiento de) falta
gewinnen	ganar
Kasse	caja
Meisterschaft	campeonato
Niederlage	derrota
Pass	el pase
Programm	el programa
Radrennen	carrera ciclista
Rennen	carrera
Schiedsrichter/in	árbitro/árbitra
Sieg	victoria
Spiel	juego, partido
Sportler/in	el/la deportista
Sportplatz	campo de deportes
Stadion	estadio
Strafraum	el área de penalty
unentschieden	empatado
verlieren	perder
Wettkampf	la competición

Wellness

Wie viele Anwendungen bekomme ich noch?
¿Cuántos tratamientos me quedan?

Ich möchte noch einige zusätzliche ...
Quisiera unos/unas ... extra.

Könnte ich einen anderen Termin bekommen?
¿Me podría dar una cita para otro día?

Machen Sie auch eine ...
¿Ofrecen ...?

Ich leide unter ...
Padezco de ...

Anwendung	tratamiento
Aqua-Jogging	el aqua-footing
Akupunktur	acupuntura
Aromabad	baño de aroma
Ayurveda	el ayurveda
Behandlung	tratamiento
entschlacken, entgiften	depurar, desintoxicar
Fango	fango
Fuß(reflexzonen)massage	reflejoterapia podal
Ganzkörpermassage	el masaje corporal
Gesichtsbehandlung	tratamiento facial
Heilbad	baño medicinal
Heilfasten	ayuno terapéutico
Heu-Bad	baño de heno
Kneipp-Anwendung	tratamiento Kneipp
Kurtaxe	tasa de balneario
Lymphdrainage	el drenaje linfático
Massage	el masaje
Meditation	la meditación
Therapie	terapia
Thermalbad	baño termal
Wellenbad	piscina de olas
Yoga	el yoga

Kreativurlaub

Ich interessiere mich für ...
Me interesa hacer...
einen Töpferkurs
un curso de cerámica
einen Spanischkurs
un curso de español
für Anfänger.
para principiantes.
für Fortgeschrittene.
de nivel avanzado.

Sind Vorkenntnisse erforderlich?
¿Se necesitan conocimientos previos?

Bis wann muss man sich anmelden?
¿Hasta cuándo dura el período de inscripción?

Sind die Materialkosten inklusive?
¿Se incluyen los gastos de material?

Was ist mitzubringen?
¿Qué se necesita traer?

Aktzeichnen	dibujao de desnudo
Aquarellmalen	pintar con acuarela
Bauchtanz	la danza del vientre
Fotografieren	fotografiar
Goldschmieden	orfebrería
Holzwerkstatt	el taller de carpintería
Kochen	cocina
Kreativurlaub	las vacaciones creativas
Kurs	curso
Malen	pintura
Nähen	costura
Ölmalerei	pintura al óleo
Schauspielworkshop	taller de teatro
Seidenmalerei	pintura sobre seda
Tanztheater	teatro bailado
Theatergruppe	grupo de teatro
Workshop	el taller
Yoga	el yoga

Unterhaltung

Feste feiern
Während des Sommers gönnen sich spanische Theater eine Pause und die Kinos zeigen keine neuen Filme. Dafür feiern Straßenzeilen, Stadtteile, Dörfer und Städte in ganz Spanien Feste. Dort erwarten Sie kulinarische Genüsse, Tanz und Musik bis zum frühen Morgen. Zudem ist der Sommer die Zeit der großen Freiluftkonzerte und der Theater- und Filmfestivals.
Aber auch in den übrigen Monaten können Sie in den Genuss kostenloser kultureller Veranstaltungen kommen: klassische Konzerte, Ausstellungen, Vorträge usw. Genaueres erfahren Sie im Lokalteil der Zeitungen oder im Fremdenverkehrsamt.

Theater - Konzert - Kino

Könnten Sie mir bitte sagen, welches Stück heute Abend im Theater gespielt wird?
¿Me podría decir qué hay esta noche en el teatro?

Was läuft morgen Abend im Kino?
¿Qué hay mañana por la tarde en el cine?

Werden im Dom Konzerte veranstaltet?
¿Hay conciertos en la catedral?

Können Sie mir ein gutes Theaterstück empfehlen?
¿Puede usted recomendarme una buena obra de teatro?

Wann beginnt die Vorstellung?
¿A qué hora comienza la función/*(Kino)* la sesión?

Wo bekommt man Karten?
¿Dónde se pueden adquirir los billetes?

Bitte zwei Karten für heute Abend.
Dos entradas (*Am* boletos) para esta noche, por favor.

Bitte zwei Plätze zu ...
Dos entradas para..., por favor.

Kann ich bitte ein Programm haben?
¿Me puede dar un programa?

Eintrittskarte	entrada, el billete
Festival	el festival
Garderobe	el guardarropa
Kasse	caja
Pause	entreacto, descanso
Programmheft	el programa
Vorstellung	espectáculo, la sesión
Vorverkauf	venta anticipada

Theater

Akt	acto
Aufführung	espectáculo
Ballett	el ballet
Drama	el drama
Freilufttheater	teatro al aire libre
Inszenierung	la escenificación
Kabarett	el cabaré
Kleinkunstbühne	el cabaré artístico
Komödie	comedia
Loge	palco
Musical	comedia musical, el musical
Oper	ópera
Operette	opereta
Parkett	platea
Premiere	estreno
1./2. Rang	primer/segundo piso
Schauspiel	espectáculo, teatro
Schauspieler/in	el actor/la actriz
Spielplan	el programa
Tänzer/in	el bailarín/la bailarina
Theaterstück	obra de teatro
Tragödie	tragedia
Varietee	teatro de variedades
Volksstück	comedia popular

Konzert

Blues	el blues
Chor	coro
Dirigent/in	el director/la directora (de orquesta)
Folk	folk
Jazz	el jazz
Klassik	música clásica
Komponist/in	el compositor/la compositora
Konzert	concierto
Kammerkonzert	concierto de cámara
Kirchenkonzert	concierto de música sacra, concierto en la iglesia
Sinfoniekonzert	concierto sinfónico
Orchester	orquesta
Pop	el pop
Rap	el rap
Reggae	el reggae
Rock	rock
Sänger/in	el/la cantante

Solist/in	el/la solista
Soul	el soul
Techno	el tecno
Volksmusik	música popular

Kino

Film	película, el film(e)
Actionfilm	película de acción
Dokumentarfilm	el documental
Drama	drama
Klassiker	un clásico del cine
Komödie	comedia
Kurzfilm	el cortometraje
Schwarzweißfilm	película en blanco y negro
Sciencefictionfilm	película de ciencia ficción
Thriller	película de terror, el thriller
Western	el western, la película del oeste
Zeichentrickfilm	película de dibujos animados
Filmschauspieler/in	el actor/la actriz de cine
Hauptrolle	el papel principal
Kino	el cine
Freilichtkino	el cine al aire libre
Programmkino	el cineclub
Originalfassung	versión original
Regie	la dirección
Spezialeffekte	los efectos especiales
Untertitel	subtítulo

Nachtleben

Das Nachtleben in Spanien beginnt sehr spät - oft erst um Mitternacht - und kann bis zum Morgen dauern.
Mit den Freunden isst man zunächst im Restaurant, danach geht man etwas trinken und später in die Bars, Diskos oder Clubs. Wer dann immer noch nicht genug hat, kann zum krönenden Abschluss Schokolade mit Churros frühstücken.

Was kann man hier abends unternehmen?
¿Qué se puede hacer por aquí por las noches?

Gibt es hier eine gemütliche Kneipe?
¿Hay por aquí un bar acogedor/una taberna acogedora?

Gibt es hier keine Disko?
¿No hay ninguna discoteca por aquí?

Wo kann man hier tanzen gehen?
¿Dónde se puede ir a bailar por aquí?

Wollen wir (noch einmal) tanzen?
¿Bailamos (otra vez)?

ausgehen	salir
Band	banda
Bar	el bar
Bingo	bingo
Disko	discoteca
Folklore	el folclore
Folkloreabend	espectáculo folclórico
Glücksspiel	juego de azar
Kneipe	el bar
Konzert	concierto
Livemusik	música en directo
Nachtklub	el club nocturno
Show	espectáculo
Spielkasino	casino
tanzen	bailar
Tanzkapelle	orquesta de baile

Feste und Veranstaltungen

Volksfeste und besondere Ereignisse

Madrid: *Fiestas de San Isidro* (Mitte Mai)
Großes Kulturprogramm, insbesondere Stierkämpfe in der Arena

Barcelona: *Festes de la Mercè* (Ende September)
Straßenumzug mit Musik, Riesen und feuerspeienden Drachen; auch zahlreiche Freiluftkonzerte

Pamplona: *San Fermín* (Juli)
Stiertreiben in den Straßen,
bei dem die Männer aus Pamplona, ganz in Weiß gekleidet mit einem roten Halstuch, den Tieren vorauslaufen.

Sevilla: *Semana Santa* (Karwoche)
Beeindruckende Osterprozession

Valencia: *Fallas* (19. März)
Große Pappmachéfiguren werden verbrannt.

Könnten Sie mir bitte sagen, wann das ...-Festival stattfindet?
¿Me podría decir cuándo es el festival de...?

Vom ... bis ...
Del... al...

Jedes Jahr im August.
Cada año en agosto.

Alle 2 Jahre.
Cada dos años.

Was ist das genau?
¿De qué se trata exactamente?

Kann jeder teilnehmen?
¿Puede participar cualquiera?

Kirmes (Johannisfest; Peterfest)	verbena (San Juan; San Pedro)
Prozession (Karwoche)	la procesión (de Semana Santa)
Spanien-(Rad)rundfahrt	Vuelta Ciclista a España
Stadtfest/Dorffest	fiesta mayor
Stierkampf	la corrida de toros
festlicher Umzug/Reiterumzug	el desfile/la cabalgata
Dreikönigsumzug	Cabalgata de Reyes
Zirkus	circo

Einkaufen

Fragen statt Abwarten
Warten Sie darauf bedient zu werden, sollten Sie sich mit **„¿Quién es el último/la última?"** („Wer ist der/die Letzte?") Ihren Platz in der Warteschlange sichern.

Fragen

Ich suche ...

Werden Sie schon bedient?
¿Ya le/la atienden?

Danke, ich sehe mich nur um.
Gracias, sólo quiero mirar un poco.

Ich möchte ...
Quisiera.../Desearía.../Me gustaría...

Haben Sie ...?
¿Tiene usted...?

Darf es sonst noch etwas sein?
¿Desea algo/alguna cosa más?

Handeln und kaufen

Das Feilschen ist in Spanien nicht üblich, auch wenn es auf Flohmärkten noch gelegentlich praktiziert wird.

Wie viel kostet es?
¿Cuánto cuesta?

Das ist aber teuer!
¡Qué caro que es!

Geben Sie einen Rabatt?
¿Puede hacerme un descuento?

Ich zahle höchstens ...
Como mucho puedo pagar...

Gut, ich nehme es.
Bien, me lo llevo.

Nehmen Sie Kreditkarten?
¿Aceptan ustedes tarjetas de crédito?

Geschäfte

Entschuldigen Sie bitte, wo finde ich ...?
Perdone, por favor, ¿dónde hay...?

Öffnungszeiten
horario de apertura

abierto	offen
cerrado	geschlossen
cerrado por vacaciones	Betriebsferien

Antiquitätengeschäft	tienda de antigüedades
Apotheke	farmacia
Bäckerei	panadería
Bioladen	tienda de productos biológicos
Blumengeschäft	floristería
Boutique	la boutique
Buchhandlung	librería
Computerfachgeschäft	tienda de informática
Drogerie	droguería
Einkaufszentrum	centro comercial
Eisenwarengeschäft	ferretería
Elektrohandlung	(tienda de) artículos eléctricos
Feinkostgeschäft	(tienda de) comestibles/(tienda de) especialidades
Fischgeschäft	pescadería
Flohmarkt	rastro
Fotoartikel	(tienda de) artículos fotográficos
(Damen-/Herren-)Frisör	peluquería (de señoras/de caballeros); *(nur für Männer)* barbería
Handygeschäft	tienda de móviles
Haushaltswaren	artículos para el hogar
Juwelier	joyería
Kaufhaus	los grandes almacenes
Kiosk	quiosco
Konditorei	pastelería
Kunsthändler	(el/la comerciante de) objetos de arte
Lebensmittelgeschäft	tienda de comestibles
Lederwarengeschäft	(tienda de) artículos de piel/de cuero
Markt	mercado
Metzgerei	carnicería
Obst- und Gemüsehändler	frutería y verdulería
Optiker	óptica
Parfümerie	perfumería

Plattenladen	tienda de discos
Reformhaus	(tienda de) productos dietéticos
Reinigung	tintorería
Reiseandenken	recuerdo (de viaje)
Reisebüro	agencia de viajes
Schneider/in	el sastre/la modista
Schreibwarengeschäft	papelería
Schuhgeschäft	zapatería
Schuhmacher	zapatero
Souvenirladen	(tienda de) recuerdos, souvenirs
Spielwarengeschäft	juguetería, (tienda de) artículos de juguete
Spirituosengeschäft	(tienda de) vinos y licores
Sportartikel	(tienda de) artículos de deporte
Supermarkt	supermercado
Süßwarengeschäft	confitería
Tabakladen	estanco
Trödler	prendero, trapero
Uhrmacher	relojero
Wäscherei	lavandería
Weinhandlung	(el almacén de) vinos, la bodega
Zeitungshändler	el vendedor de periódicos

Bücher, Zeitschriften und Schreibwaren

Die Regenbogenpresse ist in Spanien sehr beliebt. Fast jeder informiert sich über das Leben der „Promis", ohne dass man deren Schicksale allzu ernst nimmt. Der königlichen Familie dagegen begegnet man mit Respekt und Liebe.

Ich hätte gern ...
Quisiera...
eine deutsche Zeitung.
un periódico alemán.
eine Zeitschrift.
una revista.
einen Reiseführer.
una guía turística.
eine Landkarte dieser Gegend.
un mapa de esta zona.

Bücher, Zeitschriften und Zeitungen

Buch	libro
Comic-Heft	el comic, tebeo
Frauenzeitschrift	revista para mujeres

Illustrierte	revista (ilustrada)
Kochbuch	libro de cocina
Kriminalroman	novela policíaca
Landkarte	el mapa
Reiseführer	guía turística
Roman	novela
Stadtplan	plano de la ciudad
Straßenkarte	el mapa de carreteras
Tageszeitung	periódico
Taschenbuch	libro de bolsillo
Wanderkarte	el mapa de senderismo
Zeitschrift	revista
Zeitung	periódico

Schreibwaren

Ansichtskarte	la postal
Bleistift	el lápiz
Block	cuaderno
Briefpapier	el papel de escribir
Briefumschlag	el sobre
Farbstift	pintura, el lápiz de color
Klebstoff	la goma, el pegamento
Kugelschreiber	bolígrafo
Malbuch	cuaderno de colorear
Notizblock	la libreta
Papier	el papel

CDs und Kassetten

➢ **auch „Elektroartikel/Computer" und „Konzert"**

Haben Sie CDs/Kassetten von ...?
¿Tiene (usted) CDs/casetes de...?

Ich hätte gern eine CD mit typisch spanischer Musik.
Busco un CD con música típica española.

Kann ich hier kurz reinhören?
¿Puedo escucharlo un poco aquí mismo?

CD (Compactdisc)	el CD (disco compacto)
(tragbarer) CD-Spieler	el reproductor (portátil)
DVD	el DVD
Kassette	la/el casete
Kopfhörer	los auriculares
Lautsprecher	el altavoz

Ich hätte gern ...
Quisiera ...

Drogerieartikel

Bürste	cepillo
Creme	crema
Damenbinden	las compresas
Deo(dorant)	el desodorante
Duschgel	el gel de ducha
Faden	hilo
Feuchtigkeitscreme	crema hidratante
Haarfestiger	el fijador (para el pelo)
Haargel	el gel para el pelo
Haargummi	elástico para el pelo
Haarklammern	las horquillas
Handcreme	crema (hidratante) para las manos
Kamm	el peine
Knopf	botón
Lichtschutzfaktor	el factor de protección solar
Lippenpomade	crema de labios
Lippenstift	el pintalabios
Nachtcreme	crema de noche
Nadel	aguja
Nagellack	el esmalte/la laca de uñas
Nagellackentferner	el quitaesmaltes
Nagelschere	tijera de uñas
Ohropax	tapones para los oídos
Papiertaschentücher	los pañuelos de papel
Parfüm	el perfume
Pflaster	tirita
Pinzette	las pinzas
Präservativ	preservativo
Puder	los polvos
Rasierapparat *(mechanischer)*	maquinilla de afeitar
Rasierklinge	cuchilla de afeitar
Rasierpinsel	brocha de afeitar
Rasierschaum	espuma de afeitar
Rasierwasser	la loción
Schaumfestiger	espuma fijadora
Seife	el jabón
Shampoo	el champú
Slipeinlagen	el salva-slip
Sonnencreme	crema solar
Sonnenmilch	la leche solar
Sonnenöl	el aceite solar
Spiegel	espejo
Spülbürste	cepillo para fregar
Spülmittel	el lavavajillas

Spültuch	paño para fregar
Tampons	los tampones
mini/normal/super/ super plus	mini/normal/súper/ súper plus
Toilettenpapier	el papel higiénico
Waschlappen	manopla (de baño)
Waschmittel	el detergente
Watte	el algodón
Wattestäbchen	bastoncillo de algodón
Wimperntusche	el rímel
Zahnbürste	cepillo de dientes
Zahnpasta	pasta de dientes
Zahnseide	seda dental
Zahnstocher	el mondadientes, palillo

Elektroartikel/Computer

➢ **auch „Fotoartikel" und „CDs und Kassetten"**

Adapter	el adaptador
Akku	batería (recargable)
Batterie	batería
CD/DVD	el CD/el DVD
Drucker	impresora
Föhn	el secador de pelo
Glühbirne	bombilla
Ladegerät	el recargador (para pilas)
Ladekabel *(Handy)*	el cargador (del móvil)
(Laptop)	el cable de la batería (del portátil)
Laptop	el (ordenador) portátil
Memorystick	el pen drive, el stick de memoria
MP3Player/iPod	el MP3/el iPod
Notebook	el (ordenador) portátil
Organizer	agenda electrónica
Rohling	el CD grabable
Scanner	el escáner
Speicherkarte	tarjeta memoria, la memory card
Stecker	clavija de enchufe
Taschenrechner	calculadora de bolsillo
Verlängerungsschnur	el cordón/el cable de empalme
Wecker	el despertador

Fotoartikel

➢ auch Filmen und Fotografieren

Ich hätte gern ...
Quisiera.../Desearía.../Me gustaría...
einen Film für diesen Fotoapparat.
un carrete para esta cámara.
einen Farbfilm (für Dias).
una película en color (para diapositivas).
einen Film mit 36 Aufnahmen.
un carrete de 36 fotografías.

... funktioniert nicht.
... no funciona.

Das ist kaputt. Können Sie es bitte reparieren?
Está estropeado. ¿Podrían arreglármelo?

Auslöser	el disparador
Belichtungsmesser	fotómetro
Blitzgerät	el flash
Camcorder	la camcórder
Dia	diapositiva
Digitalkamera	cámara fotográfica digital
DVD	el DVD
Film	el carrete
Filmempfindlichkeit	la sensibilidad
Linse	la lente
Objektiv	objetivo
Selbstauslöser	el disparador automático
Sofortbildkamera	cámara fotográfica instantánea
Stativ	el trípode
Sucher	el visor
Teleobjektiv	teleobjetivo
Unterwasserkamera	cámara fotográfica sumergible
Videofilm	película de vídeo
Videokamera	cámara de vídeo, filmadora
Videokassette	el video(casete), la videocinta
Videorekorder	el vídeo

Frisör

Waschen und föhnen, bitte.
Lavar y secar, por favor.

Schneiden mit/ohne Waschen, bitte.
Cortar y/Cortar sin lavar, por favor.

Ich möchte ...
Quisiera.../Desearía...

Nur die Spitzen.
Sólo las puntas.

Nicht zu kurz/Ganz kurz/Etwas kürzer, bitte.
No demasiado corto/Muy corto/Un poco más corto, por favor.

Die Ohren sollen frei sein/bedeckt bleiben.
Que no me tape las orejas./Que me cubra las orejas.

Rasieren, bitte.
Afeitar, por favor.

Stutzen Sie mir bitte den Bart.
Córteme un poco/Arrégleme la barba, por favor.

Vielen Dank. So ist es gut.
Muchas gracias. Está muy bien así.

Augenbrauen zupfen	depilar las cejas
Bart	barba
blond	rubio
färben	teñir
föhnen	secar
frisieren	peinar
Frisur	peinado
Haar	pelo
fettiges Haar	pelo graso
trockenes Haar	pelo seco
kämmen	peinar
legen	marcar
Locken	los rizos
Pony	flequillo
Scheitel	raya
Schnurrbart	el bigote
Schuppen	caspa
Shampoo	el champú
Spitzen schneiden	cortar las puntas
Strähnchen	las mechas
Stufen	las capas
tönen	dar reflejos

Haushaltswaren

Abfallbeutel	bolsa de la basura
Alufolie	el papel de aluminio
Brennspiritus	el alcohol (para quemar)
Dosenöffner	el abrelatas
Flaschenöffner	el abridor
Frischhaltefolie	el celofán
Gabel	el tenedor
Glas	vaso
Grill	parrilla, barbacoa
Grillanzünder	el encendedor
Grillkohle	el carbón para la barbacoa
Kerzen	las velas
Korkenzieher	el sacacorchos
Kühlelement	bolsita de hielo
Kühltasche	la nevera portátil
Löffel	cuchara
Messer	cuchillo
Papierservietten	las servilletas de papel
Petroleum	petróleo
Plastikbecher	vaso de plástico/*(Tasse)* taza de plástico
Plastikbeutel	bolsa de plástico
Taschenmesser	navaja
Thermosflasche	termo
Wäscheklammern	las pinzas de la/para la ropa
Wäscheleine	cuerda de la ropa

Lebensmittel

Was darf es sein?
¿Qué desea?

Geben Sie mir bitte ...
Déme..., por favor.
- ein Kilo ...
  un kilo de...
- 10 Scheiben ...
  diez lonchas de...
- ein Stück von ...
  un trozo de...
- eine Packung ...
  un paquete de...
- ein Glas ...
  un frasco de...
- eine Dose ...
  una lata de...

eine Flasche ...
una botella de...
eine Einkaufstüte.
una bolsa

Bitte schneiden Sie es in Scheiben.
¿Me lo puede cortar en lonchas, por favor?

Darf es auch etwas mehr sein?
¿Puedo ponerle un poquito más?

Dürfte ich vielleicht etwas hiervon probieren?
¿Me permite probar un poco de esto?

Danke, das ist alles.
Eso es todo, gracias.

abgelaufen	caducado
Haltbarkeit	caducidad

Obst	Fruta
Ananas	piña
Äpfel	las manzanas
Apfelsinen	las naranjas
Aprikosen	los albaricoques
Avocado	el aguacate
Banane	plátano
Birnen	las peras
Brombeeren	las moras
Datteln	los dátiles
Erdbeeren	las fresas, los fresones
Feigen	los higos
Granatapfel	granada
Kastanien	las castañas
Kirschen	las cerezas
Kiwi	kiwi
Kokosnuss	coco
Mandarinen	las mandarinas
Mango	mango
Melone *(Honigmelone)*	el melón
(Wassermelone)	sandía
Mispeln	los nísperos
Obst	fruta
Oliven	las aceitunas
Pampelmuse	pomelo
Pfirsiche	los melocotones
Pflaumen	las ciruelas

Weintrauben	las uvas
Zitronen	los limones

Gemüse	Verdura
Artischocken	las alcachofas
Auberginen	las berenjenas
Blumenkohl	la coliflor
Bohnen	las judías
grüne/weiße Bohnen	las judías verdes/blancas
Chicoree	endibia
Erbsen	los guisantes
Gemüse	la(s) verdura(s); *(Hülsenfrüchte)* las legumbres
Gurke	pepino
Karotten	las zanahorias
Kartoffeln	las patatas
Kichererbsen	los garbanzos
Knoblauch	ajo
Kohl	repollo, berza, la col
Kürbis	calabaza
Lauch	puerro
Linsen	las lentejas
Mais	el maíz
Mangold	las acelgas
Paprika(schote)	pimiento
Peperoni	guindilla
Petersilie	el perejil
Salat	lechuga
Sellerie	apio
Spargel	los espárragos
Spinat	las espinacas
Süßkartoffeln	las balatas, los boniatos
Tomaten	los tomates
Zucchini	el calabacín
Zwiebeln	las cebollas

Backwaren, Süßwaren ...	Pastelería, dulces...
Bonbons	los caramelos
Brot	el pan
Schwarzbrot	el pan negro
Vollkornbrot	el pan integral
Weißbrot	el pan blanco
Brötchen	panecillo

belegtes Brötchen	bocadillo
Eis	helado
Gebäck	las pastas; *(Kekse)* las galletas
Haferflocken	los copos de avena
Kekse	las galletas, pastas
Kuchen	el pastel
Marmelade	mermelada
Müsli	los cereales
Schokolade	el chocolate
Schokoriegel	barra/barrita de chocolate
Süßigkeiten	los dulces, las golosinas
Toast	tostada
Torte	tarta

Eier und Milchprodukte — Huevos y productos lácteos

Butter	mantequilla
Cremespeise	las natillas
Eier	los huevos
Joghurt	el yogur
Karamellpudding	el flan
Käse	queso
Milch	la leche
fettarme Milch	la leche semidesnatada
Quark	el requesón
Sahne	nata
saure Sahne	nata agria
Schlagsahne	nata batida/montada

Fleisch und Wurstwaren — Carnes y embutidos

Aufschnitt	el embutido, los fiambres variados
Fleisch	la carne
Gulasch	estofado (a la húngara)
Hackfleisch	la carne picada
Hähnchen	pollo
Hammelfleisch	la carne de carnero
Kalbfleisch	la carne de ternera
Kaninchen	conejo
Kotelett	costilla
Lammfleisch	la carne de cordero
Leberpastete/-wurst	el paté de hígado
Rindfleisch	la carne de vaca
Salami	el salami, el salchichón
Schinken	el jamón

gekochter Schinken	el jamón cocido/de york
roher Schinken	el jamón serrano/crudo
Schnecken	los caracoles
Schweinefleisch	la carne de cerdo
Wurst	embutido
Würstchen	salchicha
Zicklein	cabrito

Fisch und Meeresfrüchte	Pescados y mariscos
Aal	anguila
Austern	las ostras
Barsch	perca
Fisch	pescado
Garnelen	las gambas, los camarones
Goldbrasse	dorada
Hering	el arenque
Krabben	las gambas
Makrele	caballa
Miesmuscheln	los mejillones
Schwertfisch	el pez espada
Seeteufel	el rape
Seezunge	lenguado
Thunfisch	bonito, el atún
Tintenfisch	los calamares
Venusmuscheln	las almejas

Gewürze	Especias
Basilikum	albahaca
Bohnenkraut	ajedrea de jardín
Borretsch	borraja
Chili	el chile
Liebstöckel	levística
Dill	eneldo
Estragon	el estragón
Ingwer	el jengibre
Kerbel	perifollo
Knoblauch	ajo
Koriander	cilantro
Kräuter	las hierbas
Kümmel	comino
Lorbeerblätter	el laurel
Majoran	mejorana
Minze	menta

Muskatnuss	la nuez moscada
Nelken	clavo
Oregano	orégano
Paprika	pimiento
Pepperoni	guindilla verde
Petersilie	el perejil
Pfeffer	pimienta
Rosmarin	romero
Safran	el azafrán
Salbei	salvia
Schnittlauch	cebollino
Thymian	tomillo
Zimt	canela
Zwiebel	cebolla

Dies und das	**Otros**
Butter	mantequilla
Erdnüsse	cacahuetes
Essig	el vinagre
Gemüsebrühwürfel	pastilla de caldo vegetal
Honig	la miel
Mandeln	las almendras
Margarine	margarina
Majonäse	mayonesa, mahonesa
Mehl	harina
Nudeln	pasta
Spaghetti	los espaguetis
Nüsse	los frutos secos
Öl	el aceite
Olivenöl	el aceite de oliva
Reis	el arroz
Salz	la sal
Senf	mostaza
Zucker	el azúcar

Getränke	**Bebidas**
Apfelsaft	zumo de manzana
Bier	cerveza
alkoholfreies Bier	cerveza sin alcohol
Champagner	el cava, el champán
Kaffee	el café
koffeeinfreier Kaffee	el café descafeinado
Limonade	limonada

Mineralwasser	(el) agua mineral
mit/ohne Kohlensäure	con/sin gas
Orangensaft	zumo de naranja
Tee (schwarzer ~)	el té
Grüner Tee	el té verde
Früchtetee	la infusión de frutas
Hagebuttentee	la infusión de escaramujo
Kamillentee	la infusión manzanilla
Kräutertee	tisana
Pfefferminztee	la infusión de menta
Schwarztee	el té negro
Teebeutel	bolsita de té
Wein	vino
Rosé	vino rosado
Rotwein	vino tinto
Weißwein	vino blanco

Mode

➢ **auch Farben**

Kleidung

Können Sie mir bitte ... zeigen?
¿Podría enseñarme..., por favor?

Kann ich es anprobieren?
¿Puedo probármelo/la?

Welche (Konfektions-)Größe haben Sie?
¿Qué talla tiene usted?

Das ist mir zu ...
Me resulta demasiado...
eng/weit.
estrecho/ancho.
kurz/lang.
corto/largo.
klein/groß.
pequeño/grande.

Das passt gut. Ich nehme es.
Me va muy bien. Me lo quedo.

Das ist nicht ganz, was ich möchte.
No es exactamente lo que yo quería.

Anorak	el anorak
Anzug	el traje
Ärmel	manga
Badeanzug	el traje de baño, el bañador
Badehose	el bañador, el pantalón de baño
Bademantel	el albornoz
Bademütze	gorro de baño
Baumwolle	el algodón
Bikini	el biquini
Blazer	el blazer
Bluse	blusa
Body	el body
Büstenhalter	el sujetador, el sostén (*Am* el brasier)
Fliege	pajarita
Halstuch	pañuelo de cuello
Handschuhe	los guantes
Hemd	camisa
Hose	el pantalón
Hut	sombrero
Sonnenhut	sombrero
Jacke	chaqueta
Jeans	los tejanos, los vaqueros
Jogginganzug	el chándal
Jogginghose	el pantalón de deporte
Kleid	vestido
Kostüm	el traje de chaqueta
Krawatte	corbata
Leggins	las mallas
Leinen	lino
Mantel	abrigo
Mütze	gorra
Pullover	el jersey
Pyjama	el pijama
Regenmantel	el impermeable
Rock	falda
Schal	el chal, pañuelo
Schirm	el paraguas
Seide	seda
Seidenstrümpfe	las medias de seda
Seidenstrumpfhose	los pantys de seda
Shorts	el pantalón corto
Skihose	el pantalón de esquí
Slip	braga, el slip
Socken	los calcetines
Strickjacke	chaqueta de punto, rebeca
Strümpfe	las medias
Strumpfhose	los leotardos; *(Damen~)* el panty

T-Shirt	camiseta
Unterhemd	camiseta
Unterhose *(Damen)*	braga
(Herren)	el calzoncillo, los calzoncillos
Unterwäsche	ropa interior
Weste	chaleco
Wolle	lana

Reinigung

Ich möchte diese Sachen reinigen/waschen lassen.
Quisiera que me limpiaran en seco/que me lavaran esta ropa.

Wann sind sie fertig?
¿Cuándo estarán listos/listas?

bügeln	planchar
chemisch reinigen	limpiar en seco

Optiker

Würden Sie mir bitte diese Brille/das Gestell reparieren?
¿Puede usted arreglarme estas gafas/la montura, por favor?

Ich bin kurzsichtig/weitsichtig.
Soy miope/présbita.

Wie ist Ihre Sehstärke?
¿Cuál es su capacidad visual?

rechts ..., links ...
a la derecha..., a la izquierda...

Wann kann ich die Brille abholen?
¿Cuándo puedo recoger las gafas?

Ich brauche ...
Necesito...
eine Aufbewahrungslösung
líquido para conservar lentillas
eine Reinigungslösung
líquido limpiador
für harte/weiche Kontaktlinsen.
para lentes de contacto duras/blandas.
eine Sonnenbrille.
unas gafas de sol.
ein Fernglas.
unos prismáticos.

Schuhe und Lederwaren

Ich hätte gern ein Paar Schuhe.
Quiero un par de zapatos.

Ich habe Schuhgröße ...
Calzo el número...

Sie sind zu eng.
Me aprietan un poco.

Sie sind zu groß.
Son demasiado anchos/anchas.

Badeschuhe	las chancletas, las chanclas
Flipflops	chanclas (flip flop)
Gummistiefel	las botas de goma
Gürtel	el cinturón
Gürteltasche	la riñonera
Handtasche	cartera, bolso (de mano)
Koffer	maleta
Lederhose	el pantalón de cuero
Lederjacke	chaqueta de cuero
Ledermantel	abrigo de cuero
Reisetasche	bolsa de viaje
Rucksack	mochila
Sandalen	las sandalias
Schnürsenkel	los cordones
Schuh	zapato
Schuhbürste	cepillo del calzado
Schuhcreme	el betún
Schulterriemen	la bandolera
Skistiefel	las botas de esquí
Sohle	suela
Stiefel	las botas
Strandschuhe	las playeras, las zapatillas de playa
Tasche	bolso
Trolley(-koffer/-tasche)	maleta/maletín con ruedas
Turnschuhe	las zapatillas de deporte
Umhängetasche	(bolsa en) bandolera
Wander-/Trekkingschuh	bota de monte/de trekking

Souvenirs

Ich hätte gern ...
Quisiera...
ein hübsches Andenken.
un recuerdo bonito.

etwas Typisches aus dieser Gegend.
algo típico de esta zona.

Wie viel wollen Sie ungefähr ausgeben?
¿Cuánto quiere (usted) gastar aproximadamente?

Ich möchte etwas nicht zu Teures.
Quisiera algo que no sea demasiado caro.

Das ist aber hübsch.
Esto es muy bonito.

Danke schön, ich habe nichts gefunden, das mir gefällt.
Gracias, pero no veo nada que me guste.

echt	auténtico
Folkloreladen	tienda de productos folclóricos
handgemacht	hecho a mano
Keramik	cerámica
Mitbringsel	recuerdo
regionale Produkte/ Spezialitäten	los productos tradicionales/ típicos
Schmuck	las joyas
Schnitzerei	las tallas de madera
Töpferwaren	los objetos de cerámica
Textilwaren	los tejidos

Tabakwaren

Ein Schachtel/Eine Stange ... mit/ohne Filter, bitte.
Un paquete/Un cartón de... con/sin filtro, por favor.
mit/ohne Filter, bitte.
con/sin filtro, por favor.

Zehn Zigarren/Zigarillos, bitte.
Déme diez puros/puritos, por favor.

Ein Päckchen Pfeifentabak, bitte.
Un paquete de tabaco de pipa, por favor.

Aschenbecher	cenicero
Feuerzeug	el encendedor
Pfeife	pipa
Streichhölzer	cerilla
Zigarette	cigarrillo, cigarro
Zigarillo	purito
Zigarre	puro

Uhren und Schmuck

Anhänger	el colgante
Armband	pulsera, el brazalete
Armbanduhr	el reloj de pulsera
für Damen/für Herren	para señoras/caballeros
Brosche	el broche
Gold	oro
Kette	el collar, cadena
Krawattennadel	alfiler de corbata
Kristall	el cristal (de roca)
Modeschmuck	bisutería
Ohrringe	los pendientes)
Ohrstecker	el pendiente (de botón)
Perle	perla
Reisewecker	el despertador de viaje
Ring	anillo
Schmuck	las joyas
Silber	plata
wasserdichte Uhr	el reloj resistente al agua

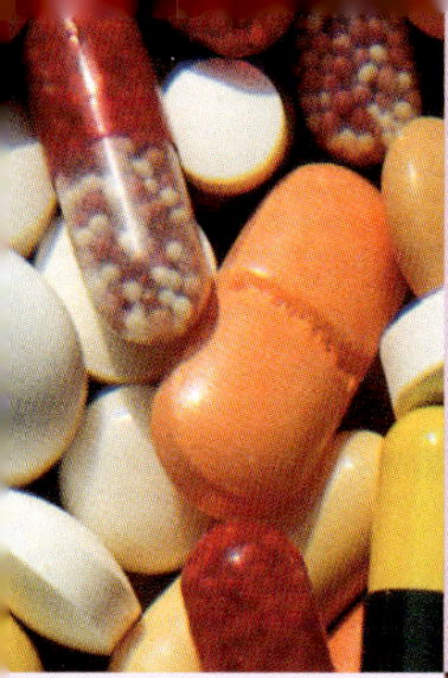

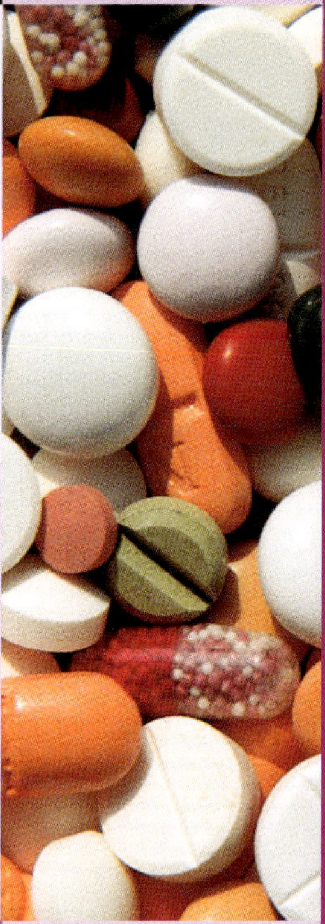

Gesundheit

Unbeschwertes Reisen
Die medizinische Versorgung ist auch für Touristen schnell und unbürokratisch. Gegen Vorlage der Versichertenkarte Ihrer Krankenkasse sowie des Personalausweises erhalten Sie in Krankenhäusern und Ambulanzen kostenlos erste Hilfe.
In Apotheken können Sie fast alle Medikamente ohne Rezept kaufen.

In der Apotheke

Könnten Sie mir bitte sagen, wo die nächste Apotheke (mit Nachtdienst) ist?
¿Dónde está la farmacia (de guardia) más cercana, por favor?

Könnten Sie mir bitte etwas gegen ... geben?
¿Me puede dar algo para..., por favor?

Dieses Mittel ist verschreibungspflichtig.
Sólo con receta médica.

➢ **auch Arztbesuch**

Abführmittel	el laxante
Aspirin	aspirina
Augentropfen	las gotas para los ojos
Beruhigungsmittel	el tranquilizante
Brandsalbe	pomada para quemaduras
Desinfektionsmittel	el desinfectante
Elastikbinde	venda elástica
Fieberthermometer	termómetro
Halstabletten	las pastillas para la garganta
Hustensaft	el jarabe (contra la tos)
Insulin	insulina
Jod(tinktur)	tintura de yodo
Kamillentinktur	tintura de manzanilla
Kondom	preservativo, el condón
Kopfschmerztabletten	las pastillas para el dolor de cabeza
Kreislaufmittel	medicamento para la circulación de la sangre
Läuse	los piojos
Mittel gegen ~	la loción anti piojos
Medikament	medicina, medicamento
Mittel	medicina, remedio
Mittel gegen Insektenstiche	el insecticida
Mullbinde	gasa
Ohrentropfen	las gotas para los oídos
Pflaster	tirita

Puder	los polvos
Rezept	la receta
Salbe	pomada
Schlaftabletten	los somníferos
Schmerztabletten	las pastillas contra el dolor
Sonnenbrand	quemadura por el sol/del sol
Sonnenbrandsalbe	crema para las quemaduras de sol
Tablette	pastilla, comprimido
Tropfen	las gotas
Vitamintabletten	pastillas de vitaminas
Watte	el algodón
Zäpfchen	los supositorios

Beipackzettel

Composición	**Zusammensetzung**
indicaciones	Anwendungsgebiete
contraindicaciones	Gegenanzeigen
efectos secundarios	Nebenwirkungen
incompatibilidades	Wechselwirkungen
Dosificación:	**Dosierungsanleitung:**
tomar una vez al día/varias veces al día...	1 x/mehrmals täglich ... einnehmen
un comprimido	1 Tablette
veinte gotas	20 Tropfen
un vaso graduado	1 Messbecher
antes de las comidas	vor dem Essen
después de las comidas	nach dem Essen
en ayunas	auf nüchternen Magen
tomar sin masticar y con líquidos	unzerkaut mit etwas Flüssigkeit einnehmen
disolver con un poco de agua	in etwas Wasser auflösen
dejar deshacerse en la boca	im Mund zergehen lassen
aplicar una capa fina sobre la piel y friccionar	dünn auf die Haut auftragen und einreiben
lactantes	Säuglinge
niños menores de... años	Kinder (bis zu ... Jahren)
en edad escolar	Schulkinder
jóvenes	Jugendliche
adultos	Erwachsene
Mantenga fuera del alcance de los niños.	Für Kinder unzugänglich aufbewahren!

Arztbesuch

➢ **auch Reisen mit Kindern**

Können Sie mir einen ... empfehlen?
¿Puede recomendarme un...
Arzt
médico?
Augenarzt
oculista?
Frauenarzt
ginecólogo?
Hals-Nasen-Ohren-Arzt
otorrinolaringólogo?
Hautarzt
dermatólogo?
Kinderarzt
pediatra?
Praktischen Arzt
médico (general)?
Urologen
urólogo?
Zahnarzt
dentista?

Wo ist seine Praxis?
¿Dónde está su consulta?

Beschwerden

Was für Beschwerden haben Sie?
¿Qué molestias siente?

Ich habe Fieber.
Tengo fiebre.

Mir ist oft schlecht/übel.
Me siento mal/me mareo con frecuencia.

Mir ist oft schwindelig.
Me mareo con frecuencia.

Ich bin ohnmächtig geworden.
Me he desmayado.

Ich bin stark erkältet.
Estoy muy resfriado/resfriada.

Ich habe Kopfschmerzen/Halsschmerzen.
Tengo dolor de cabeza/dolor de garganta.

Ich habe Husten.
Tengo tos.

Ich bin gestochen worden.
Tengo una picadura.

Ich bin gebissen worden.
Tengo una mordedura.

Ich habe mir den Magen verdorben.
Tengo una indigestión.

Ich habe Durchfall.
Tengo colitis.

Ich habe Verstopfung.
Tengo estreñimiento.

Ich vertrage das Essen/die Hitze nicht.
La comida/El calor no me sienta bien.

Ich habe mich verletzt.
Me he hecho una herida.

Ich bin gestürzt.
Me he caído.

Können Sie mir bitte etwas gegen ... geben/verschreiben?
¿Podría usted darme/recetarme algo para...?

Normalerweise nehme ich ...
Normalmente tomo...

Ich habe einen hohen/niedrigen Blutdruck.
Tengo la tensión alta/baja.

Ich bin Diabetiker.
Soy diabético/diabética.

Ich bin schwanger.
Estoy embarazada.

Ich hatte vor kurzem ...
Hace poco tuve...

Untersuchung

Was kann ich für Sie tun?
¿Qué puedo hacer por usted?

Wo tut es weh?
¿Dónde le duele?

Ich habe hier Schmerzen.
Me duele aquí.

Bitte, machen Sie sich/Ihren Arm frei.
Quítese la ropa/Súbase la mange, por favor.

Bitte tief einatmen. Atem anhalten.
Respire profundamente. Contenga la respiración.

Ich brauche eine Blut-/Urinprobe.
Es necesario un análisis de sangre/de orina.

Sie brauchen ein paar Tage Bettruhe.
Debe quedarse en cama unos días.

Es ist nichts Ernstes.
No es nada grave.

Haben Sie einen Impfschein?
¿Tiene un certificado de vacunación?

Ich bin gegen ... geimpft.
Estoy vacunado/vacunada de/contra...

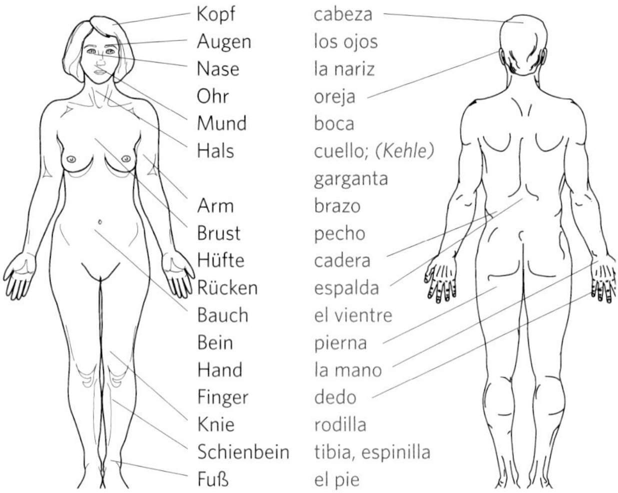

Im Krankenhaus

Wie lange muss ich hier bleiben?
¿Cuánto tiempo tendré que quedarme aquí?

Ich kann nicht einschlafen.
No puedo dormirme.

Geben Sie mir bitte ...
¿Podría darme...
ein Glas Wasser.
un vaso de agua?
eine Schmerztablette.
un calmante?
eine Schlaftablette.
un somnífero?
eine Wärmflasche.
una bolsa de agua caliente?

Wann darf ich aufstehen?
¿Cuándo podré levantarme?

Krankheiten und Beschwerden

Abszess	absceso
Aids	el sida
Allergie	alergia
allergisch sein gegen	ser alérgico al...
Angina	angina
ansteckend	contagioso
Asthma	el asma
Atembeschwerden	(las) dificultades de respiración
Ausschlag	la erupción cutánea
Bänderriss	rotura de ligamentos
Blähungen	flato, la ventosidad
Bindehautentzündung	la conjuntivitis
Blinddarmentzündung	(la) apendicitis
Bluthochdruck	la hipertensión arterial
Blutung	hemorragia
Blutvergiftung	la intoxicación de la sangre
Borreliose	la borreliosis
Brechreiz	(las) náuseas
brennen	quemar
Bronchitis	la bronquitis
Bruch	*(Leisten~)* hernia; *(Knochen~)* fractura
Cholera	el cólera
Diabetes	la diabetes
Diphtherie	difteria

Durchfall	diarrea
Entzündung	la inflamación
Erkältung	resfriado
Fehlgeburt	aborto involuntario
Fieber	la fiebre
gebrochen	roto
Gehirnerschütterung	la conmoción cerebral
Gehirnschlag	apoplejía, hemorragia cerebral
Gelbfieber	la fiebre amarilla
Gelbsucht	ictericia
Geschlechtskrankheit	la enfermedad venérea
geschwollen	hinchado
Geschwulst	el tumor
Geschwür	úlcera
giftig	venenoso
Gleichgewichtsstörungen	los trastornos del equilibrio
Grippe	la gripe
Halsschmerzen	el dolor de garganta
Hämorriden	(las) hemorroides
heiser sein	estar ronco
Herpes	el herpes
Herzanfall	el ataque cardíaco
Herzbeschwerden	los trastornos cardíacos
Herzfehler	defecto cardíaco
Herzinfarkt	infarto cardíaco
Herzrasen	taquicardia
Heuschnupfen	la fiebre del heno
Hexenschuss	lumbago
Hirnhautentzündung	la meningitis
HIV-positiv	seropositivo
Infektion	la infección
Ischias	ciática
Keuchhusten	tosferina
Kinderlähmung	la polio(mielitis)
Knochenbruch	fractura
Kolik	cólico
Kopfschmerzen	el dolor de cabeza
Krampf	el calambre, espasmo
Krankheit	la enfermedad
Krebs	el cáncer
Kreislaufstörung	los trastornos de la circulación
Lähmung	la parálisis
Lebensmittelvergiftung	la intoxicación
Leistenbruch	hernia (inguinal)
Lungenentzündung	pulmonía
Magenschmerzen	el dolor de estómago
Malaria	malaria

Mandelentzündung	las anginas, la amigdalitis
Migräne	jaqueca
Mittelohrentzündung	la otitis media
Nasenbluten	hemorragia nasal
Nierenentzündung	la nefritis
Nierenstein	cálculo renal
Ohnmacht	desmayo
Pilzinfektion	la micosis, los hongos
Pocken	viruela
Prellung	la contusión
Qualle	medusa
Quetschung	la contusión, magulladura
Rheuma	el reúma
Rückenschmerzen	los dolores de espalda
Salmonellen	las salmonelas
Salmonellenvergiftung	la salmonelosis
Schlaflosigkeit	insomnio
Schlaganfall	el ataque de apoplejía
Schmerzen	los dolores
Schnittwunde	la herida, el corte
Schnupfen	la rinitis
Schüttelfrost	los escalofríos
Schwellung	la hinchazón
Schwindel	mareo, vértigo
Sehstörungen	los trastornos visuales
Seitenstechen	las punzadas en el costado
Sodbrennen	el ardor de estómago
Sonnenbrand	quemadura por el sol/del sol
Sonnenstich	la insolación
Stirnhöhlenentzündung	la sinusitis
Tetanus	el tétano
Typhus	el tifus
Übelkeit	las náuseas
Verbrennung	quemadura
Verdauungsstörung	la indigestión
Vergiftung	envenenamiento, la intoxicación
verletzen	herir
Verletzung	herida
verstaucht	dislocado
Verstopfung	estreñimiento
wehtun	dolor
Wunde	herida
Zecke	garrapata
Zerrung	la distensión
Zyste	el quiste

Arm	brazo
atmen	respirar
Attest	certificado
Augen	los ojos
Bauch	el vientre
Bein	pierna
Bescheinigung	certificado
Besuchszeit	horario de visita
bewusstlos	desmayado, desvanecido
Blase *(Harnblase)*	vejiga
(Hautblase)	ampolla
Blinddarm	el apéndice
Blut	la sangre
Blutdruck (hoher/niedriger)	la presión de la sangre (alta/baja)
bluten	sangrar
Blutgruppe	grupo sanguíneo
Bronchien	los bronquios
Brust	pecho
Bypass	el bypass
Chirurg/in	cirujano/cirujana
Darm	intestino
desinfizieren	desinfectar
Diagnose	el diagnóstico
Diät	la dieta, el régimen
Eiter	el pus
erbrechen, sich	vomitar, devolver
Facharzt/Fachärztin	el/la especialista
Finger	dedo
Fuß	el pie
Gallenblase	la vesícula
Gehirn	cerebro
Gehör	oído
Gelenk	la articulación
Geschlechtsorgane	los órganos genitales
Gesicht	cara, rostro
Hals	cuello; *(Kehle)* garganta
Hand	la mano
Haut	la piel
Herz	el corazón
Herzschrittmacher	el marcapasos
Herzspezialist/in	cardiólogo/cardióloga
Hüfte	cadera
Husten	la tos
Impfpass	el certificado de vacunación
Impfung	vacuna

Infusion	la infusión
Knie	rodilla
Knöchel	tobillo
Knochen	hueso
Kopf	cabeza
krank	enfermo
Krankenhaus	el hospital, clínica
Krankenkasse	seguro de enfermedad
Krankenschein	el volante del seguro
Krankenschwester	enfermera
Leber	hígado
Lippe	labio
Lunge	el pulmón
Magen	estómago
Mandeln	las amígdalas
Menstruation	la menstruación, período
Mund	boca
Muskel	músculo
nähen	coser
Narbe	la cicatriz
Narkose	anestesia
Nase	la nariz
Nerv	nervio
nervös	nervioso
Niere	el riñón
Ohr	oreja
Operation	la operación
Prothese	la prótesis
Puls	pulso
Rippe	costilla
röntgen	hacer una radiografía
Röntgenaufnahme	radiografía
Rücken	espalda
Rückgrat	columna vertebral
Schiene	tablilla, férula
Schienbein	tibia, espinilla
Schlüsselbein	clavícula
Schulter	hombro
Schwangerschaft	embarazo
schwitzen	sudar
Speiseröhre	esófago
Sprechstunde	consulta
Spritze	la inyección
Station	la sección
Stich	picadura, pinchazo
Stuhlgang	la deposición
Trommelfell	tímpano

Ultraschalluntersuchung	ecografía
Unterleib	el vientre, el abdomen
Untersuchung	el examen
Urin	orina
Verband	los vendajes
verbinden	vendar
Verdauung	la digestión
verschreiben	recetar, prescribir
Virus	el virus
Wartezimmer	sala de espera
Wirbelsäule	columna vertebral
Zehe	el dedo del pie
Zunge	lengua

Beim Zahnarzt

Ich habe (starke) Zahnschmerzen.
Tengo dolor de muelas.

Dieser Zahn (oben/unten/vorn/hinten) tut weh.
Me duele esta muela (arriba/abajo/delante/atrás).

Ich habe eine Füllung verloren.
He perdido un empaste.

Mir ist ein Zahn abgebrochen.
Se me ha roto un diente.

Ich behandle ihn nur provisorisch.
Se trata solamente de una cura provisional.

Geben Sie mir bitte eine Spritze.
Póngame una inyección, por favor.

Geben Sie mir bitte keine Spritze.
No me ponga una inyección, por favor.

Backenzahn	muela
Brücke	el puente
Kiefer	mandíbula
Krone	corona
Loch	agujero
Plombe	el empaste
Prothese	la prótesis
Schneidezahn	incisivo
Weisheitszahn	muela del juicio
Zahn	el diente
Zahnfleisch	encía
Zahnschmerzen	el dolor de muelas
ziehen	sacar

Wichtiges von A bis Z

Ihre Scheckkarte, bitte
In Spanien kann man fast überall bargeldlos bezahlen; die in Deutschland üblichen Kreditkarten (Master, Visa, American Express usw.) werden akzeptiert. An den Automaten der Banken und Sparkassen können Sie mit Ihrer EC- oder Kreditkarte Geld abheben.

Bank

Können Sie mir bitte sagen, wo hier eine Bank ist?
Por favor, ¿me podría decir dónde hay por aquí un banco?

Ich möchte ... Schweizer Franken in Euro wechseln.
Quisiera cambiar... francos suizos en euros.

Können Sie mir bitte sagen, wie heute der Wechselkurs ist?
¿Podría decirme cómo está hoy el cambio?

Ich möchte ... einlösen.
Quisiera cobrar...
diesen Reisescheck
este cheque de viaje.

Auf welchen Betrag kann ich ihn maximal ausstellen?
¿Cuál es el importe máximo posible?

Ihre Scheckkarte, bitte.
Su tarjeta de cheques, por favor.

Darf ich bitte ... sehen?
¿Puedo ver...
Ihren Ausweis
su carnet de identidad?
Ihren Pass
su pasaporte?

Würden Sie bitte hier unterschreiben?
¿Quiere firmar aquí, por favor?

Der Geldautomat akzeptiert meine Karte nicht.
El cajero automático no acepta mi tarjeta.

Der Geldautomat gibt meine Karte nicht mehr heraus.
El cajero automático no me devuelve la tarjeta.

auszahlen	pagar
Bank	banco
Bankkarte	tarjeta de banco
bar	al contado, en efectivo
Bargeld	dinero efectivo/contante
Bearbeitungsgebühr	las comisiones

Betrag	el importe, suma
Cent	céntimo
Chipkarte	tarjeta con chip
Devisen	las divisas
Euro	euro
Formular	impreso, formulario
Geheimzahl	número secreto, la clave
Geld	dinero
Geldautomat	cajero automático
Geldanweisung	giro (postal)
Geldschein	el billete (de banco)
Geldwechsel	cambio
Kleingeld	dinero suelto
Konto	cuenta bancaria
Kreditkarte	tarjeta de crédito
Münze	moneda
Quittung	recibo
Reisescheck	el cheque de viaje
Scheck	el cheque
einen Scheck ausstellen	extender/librar un cheque
Schweizer Franken	franco suizo
Überweisung	giro
telegrafische Überweisung	giro telegráfico
umtauschen	cambiar
Unterschrift	firma
Währung	moneda
Wechselkurs	tipo de cambio
Zahlung	pago

Filmen und Fotografieren

➢ **auch Fotoartikel**

Wären Sie wohl so freundlich, ein Foto von uns zu machen?
¿Sería tan amable de hacernos una fotografía?

Das ist sehr freundlich.
Es muy amable.

Drücken Sie bitte auf diesen Knopf.
Pulse este botón, por favor.

Die Entfernung/Blende stellt man so ein.
La distancia/El diafragma se ajusta de esta forma.

Dürfte ich Sie wohl fotografieren?
¿Puedo fotografiarle/la?

So haben wir eine schöne Erinnerung an unseren Urlaub.
Así tenemos un bonito recuerdo de nuestrtas vacaciones.

Foto	foto
Fotoapparat	cámara fotográfica
fotografieren	fotografiar
Hochformat	formato vertical
Querformat	formaro apaisado
Schnappschuss	instantánea

Fundbüro

➢ **auch Polizei**

Können Sie mir bitte sagen, wo das Fundbüro ist?
Por favor, ¿podría decirme dónde está la oficina de objetos perdidos?

Ich habe ... verloren.
He perdido...

Ich habe meine Handtasche im Zug vergessen.
He olvidado mi bolso en el tren.

Würden Sie mich bitte benachrichtigen, wenn sie gefunden werden sollte?
¿Sería tan amable de avisarme si lo encuentran?

Hier ist meine Hotelanschrift/Heimatadresse.
Aquí tiene la dirección de mi hotel/de mi casa.

Internetcafé

Wo gibt es in der Nähe ein Internetcafé?
¿Dónde hay por aquí un cibercafé?

Wie viel kostet eine Stunde?/Viertelstunde?
¿Cuánto cobran por una hora/un cuarto de hora?

Ich möchte eine E-Mail senden.
¿Podría/Puedo enviar un mensaje electrónico?

Kann ich von hier ein Fax versenden?
¿Podría/Puedo enviar un fax?

Kann ich eine Seite ausdrucken?
¿Puedo imprimir una página?

Bei mir klappt die Verbindung nicht.
No consigo conectarme (al servidor).

Ich habe Probleme mit dem Computer.
Tengo problemas con el ordenador.

Kann ich bei Ihnen Fotos von meiner Digitalkamera auf CD brennen?
¿Puedo pasar mis fotos de la cámara a un CD?

Geben Sie mir bitte eine Tarifübersicht.
¿Me podría dar un informe de las tarifas?

Haben Sie Guthabenkarten der Mobilfunkgesellschaft...?
¿Venden tarjetas de prepago de ...?

Polizei

Könnten Sie mir bitte sagen, wo das nächste Polizeirevier ist?
Por favor, ¿podría decirme dónde está la comisaría de policía más cercana?

Ich möchte ... anzeigen.
Quisiera denunciar...
einen Diebstahl
un robo.
einen Überfall
un atraco.

Mir ist ... gestohlen worden.
Me han robado...
die Handtasche
el bolso.
die Brieftasche
la cartera.
mein Fotoapparat
mi cámara fotográfica.
mein Auto/mein Fahrrad
mi coche/mi bicicleta.

Mein Auto ist aufgebrochen worden.
Me han forzado la puerta del coche.

Aus meinem Auto ist ... gestohlen worden.
Me han robado... del coche.

Ich habe ... verloren.
He perdido...

Mein Sohn/Meine Tochter ist verschwunden.
Ha desaparecido mi hijo/mi hija.

Dieser Mann belästigt mich.
Este hombre me está molestando.

Können Sie mir bitte helfen?
¿Puede usted ayudarme, por favor?

Wann genau ist das passiert?
¿A qué hora exactamente ha sucedido?

Ihren Namen und Ihre Anschrift, bitte.
Por favor, su nombre y dirección.

Wenden Sie sich bitte an das deutsche/österreichische/ Schweizer Konsulat.
Por favor, diríjase al consulado alemán/austríaco/suizo.

anzeigen	denunciar
aufbrechen	forzar, violentar
Autoradio	la radio del coche
belästigen	molestar, importunar
beschlagnahmen	confiscar
Dieb/in	el ladrón/la ladrona
Diebstahl	robo
Gefängnis	la cárcel
Geldbörse	monedero
Gericht	el tribunal
Kfz-Schein	permiso de circulación
Kreditkarte	tarjeta de crédito
Papiere	los documentos
Personalausweis	el carnet de identidad
Polizei	policía
Polizeiwagen	el coche de policía
Polizist/in	el/la policía
Rauschgift	las drogas
Rechtsanwalt	abogado
Reisepass	el pasaporte
Richter/in	el/la juez
Scheck	el cheque
Scheckkarte	tarjeta de cheques
Schlüssel	la llave
Schmuggel	contrabando
Schuld	culpa
sexuelle Belästigung	acoso sexual
Taschendieb/in	ratero/ratera, el ladrón/la ladrona

Überfall	la agresión; el asalto (a un banco)
Untersuchungshaft	la prisión preventiva
Verbrechen	el crimen
Vergewaltigung	la violación
verhaften	arrestar
verlieren	perder
zusammenschlagen	golpear, pegar

Post

Können Sie mir bitte sagen, wo ... ist?
¿Dónde está...
das nächste Postamt
la oficina de correos más cercana?
der nächste Briefkasten
el buzón más cercano?

Was kostet ein Brief/eine Postkarte ...
¿Cuánto cuesta una carta/una postal...
nach Deutschland?
para Alemania?
nach Österreich?
para Austria?
in die Schweiz?
para Suiza?

Drei Briefmarken zu ... Euro, bitte!
Tres sellos de... euros, por favor.

Diesen Brief bitte per ...
Quisiera enviar esta carta...
Luftpost.
por correo aéreo.
Express.
urgente.

Wie lange braucht ein Brief nach Deutschland?
¿Cuánto tarda en llegar una carta a Alemania?

Haben Sie Sondermarken?
¿Tiene sellos de coleccionista?

Ich möchte ... Euro von meinem Postsparbuch abheben.
Quisiera retirar... euros de mi cuenta de ahorro postal.

➢ **auch Bank**

Absender/in	el/la remitente
Adresse	la dirección
ausfüllen	rellenar

Brief	carta
Briefkasten	el buzón
Briefmarke	sello
Briefumschlag	el sobre
Eilbrief	carta urgente, expreso
Einschreibebrief	carta certificada
Empfänger/in	destinatario/destinatoria
Fax	el telefax, el fax
Formular	impreso, formulario
frankieren	franquear
Gebühr	tarifa
Gewicht	peso
Hauptpostamt	Oficina Central de Correos
Leerung	recogida
mit Luftpost	por correo aéreo
nachsenden	reexpedir, enviar
Päckchen	el paquete pequeño
Paket	el paquete
Paketkarte	el impreso de expedición (para paquetes)
Porto	franqueo
Postamt	oficina de correos
Postanweisung	giro postal
Postkarte	la postal
postlagernd	a/en lista de correos
Postleitzahl	código postal
Postsparbuch	libreta de la caja (postal) de ahorros
Sondermarke	sello de coleccionista
Telegramm	el telegrama
Vordruck	formulario, impreso
Wertangabe	la declaración de valor
Zollerklärung	la declaración de aduana

Telefonieren

Wenn Sie von Deutschland, Österreich oder der Schweiz nach Spanien telefonieren, wählen Sie zuerst 0034, dann die Provinzkennzahl (mit der 9) und schließlich die gewünschte Telefonnummer.
Um von Spanien ins Ausland zu telefonieren, wählen Sie zunächst die 00, anschließend für Deutschland die Kennzahl 49, dann die der entsprechenden Stadt (ohne 0) und die gewünschte Telefonnummer. Das Gleiche gilt für Österreich (Landeskennzahl 43) und die Schweiz (Landeskennzahl 41).

Können Sie mir bitte sagen, wo die nächste Telefonzelle ist?
¿Podría decirme dónde está la cabina telefónica más cercana?

Ich möchte bitte eine Telefonkarte.
Quisiera una tarjeta telefónica, por favor.

Wie ist bitte die Vorwahl von ...?
¿Cuál es el prefijo de..., por favor?

Bitte ein Ferngespräch nach ...
Una llamada a larga distancia con..., por favor.

Ich möchte ein R-Gespräch anmelden.
Una llamada a cobro revertido, por favor.

Gehen Sie in Kabine Nr. ...
Pase a la cabina número...

Ein Telefongespräch

Der Angerufene meldet sich meist mit:
¿Diga?

Hallo, mit wem spreche ich, bitte?
¿Con quién hablo, por favor?

Guten Tag, mein Name ist ...
Buenas días, me llamo ...

Kann ich bitte Herrn/Frau ... sprechen?
¿Puedo hablar con el señor/la señora...?

Tut mir leid, er/sie ist nicht da.
Lo siento, pero no está.

Kann er/sie Sie zurückrufen?
¿Puede volver a llamar?/¿Puede llamar de vuelta?

Möchten Sie eine Nachricht hinterlassen?
¿Desea usted dejar algún recado?

Würden Sie ihm/ihr bitte sagen, ich hätte angerufen?
¿Podría decirle que he llamado?

Kein Anschluss unter dieser Nummer.
El número de su llamada está equivocado.

Mit dem Handy

Bitte eine SIM-Karte.
Quisiera una tarjeta SIM, por favor.

Bitte eine internationale Telefonkarte.
Quisiera una tarjeta telefónica de prepago internacional, por favor.

Wie viele Minuten kann ich mit einer Karte für ... sprechen?
¿Cuánto dura la tarjeta de ... euros?

Für welches Gebiet gilt diese SIM-Karte?
¿Cuál es el área de cobertura de esta tarjeta SIM?

abnehmen	descolgar
Anruf	llamada telefónica
Anrufbeantworter	el contestador automático
anrufen	llamar por teléfono, telefonear
Auskunft	la información telefónica
Auslandsgespräch	llamada internacional
besetzt	ocupado, comunicando
Ferngespräch	llamada interurbana/de larga distancia
Gebühr	tarifa
Gespräch	la conversación
Handy	el (teléfono) móvil
Hörer	el receptor
Mobiltelefon	el (eléfono) móvil
Münzfernsprecher	teléfono de monedas
Ortsgespräch	llamada urbana
R-Gespräch	llamada a cobro revertido
Telefon	teléfono
Telefonbuch	guía telefónica
Telefonkarte	tarjeta telefónica
Telefonnummer	número de teléfono
Telefonzelle	cabina telefónica
Verbindung	la comunicación
Voranmeldung	conferencia con preaviso
Vorwahlnummer	prefijo
wählen	marcar (el número)

Toilette und Bad

Wo ist bitte die Toilette?
¿Dónde está el baño, por favor?

Dürfte ich wohl bei Ihnen die Toilette benutzen?
¿Puedo usar el baño?

Würden Sie mir bitte den Schlüssel für die Toiletten geben?
¿Me da la llave del baño, por favor?

Damen	Señoras
Damenbinden	las compresas
Handtuch	toalla
Handwaschbecken	lavabo
Herren	Caballeros, Hombres
sauber	limpio
schmutzig	sucio
Seife	el jabón
Tampons	los tampones
Toilette	baño/el servicio
Toilettenpapier	el papel higiénico
Wasserspülung	cisterna

Bestimmter und unbestimmter Artikel (Geschlechtswort)

		bestimmter Artikel		unbestimmter Artikel	
Singular (Einzahl)	männlich	**el** amigo	der Freund	**un** amigo	ein Freund
	weiblich	**la** rosa	die Rose	**una** rosa	eine Rose
Plural (Mehrzahl)	männlich	**los** amigos	die Freunde	**unos** amigos	Freunde
	weiblich	**las** rosas	die Rosen	**unas** rosas	Rosen

Mit Artikel stehen

- im allgemeinen Sinn gebrauchte Stoff- und Gattungsnamen

¿Le gusta **el vino tinto**?	Mögen Sie Rotwein?
Los perros son fieles.	Hunde sind treu.

- Titel bei Nachnamen (außer bei der Anrede)

el señor García	Herr García.

- einige Städtenamen
- bisweilen einige Ländernamen

La Habana, La Paz	**(el)** Uruguay, **(el)** Brasil, **(el)** Japón

Ohne Artikel stehen

- Titel bei Vornamen
- Anrede

don José, **doña** Isabel	¿Qué tal, **señorita**?	Wie geht's, Fräulein?

Substantive im Singular und Plural (Hauptwörter in der Einzahl und Mehrzahl)

Im Spanischen sind Substantive entweder männlich oder weiblich:

- männliche Substantive auf *-o*, weibliche auf *-a*. Plural: + *-s*;
- männliche und weibliche Substantive auf *-e*. Plural: + *-s*.
- Plural der Substantive, die auf *Konsonant* oder auf *-í, -ú* enden: *-es*; (meistens männlich sind Substantive auf *-ón, -l, -r*) (meistens weiblich sind Substantive auf *-ión, -ad, -z*):

Singular		Plural	
el libr**o** la mes**a**	das Buch der Tisch	los libr**os** las mes**as**	die Bücher die Tische
el coche la lente	der Wagen die Linse	los coch**es** las lent**es**	die Wagen die Linsen
el árbol la naci**ón**	der Baum das Land	los árbol**es** las nacion**es**	die Bäume die Länder

Besonderheiten

- Manche Substantive können im Plural eine zweite Bedeutung haben:
  el padre der Vater   los padres die Eltern
- Einige Substantive werden nur im Plural gebraucht:
  las gafas die Brille; los alrededores die Umgebung
- Weibliche Substantive, die mit betontem *a* anfangen, haben im Singular den Artikel *el*, im Plural *las*:
  el alma die Seele, las almas; el águila der Adler, las águilas

Nominativ - Akkusativ - Dativ - Genitiv

Nom. (Wer? Was?):	**El coche** corre.	Der Wagen fährt.
Akk. (Wen?):	Juan compra **el coche**.	Juan kauft den Wagen.
Dativ (Wem?) hat die Präposition *a* :	Doy la mano **a mi amigo**.	Ich gebe meinem Freund die Hand.
Genitiv (Wessen?) hat die Präposition *de*:	El piso **de María** es caro.	Marias Wohnung ist teuer.

a + el = al **de + el = del**	Voy **al** cine. Viene **del** jardín.	Ich gehe ins Kino. Er kommt vom Garten.

Präposition „de" (Verhältniswort „de")

Die Präposition *de* steht im Spanischen

- für zusammengesetzte Substantive im Deutschen:
  mesa **de** mármol   Marmortisch
- nach Substantiven, die Menge, Maß oder Anzahl bezeichnen:
  dos kilos **de** manzanas   zwei Kilo Äpfel
- für Bezeichnung der Herkunft, Ursache oder näheren Bestimmung:
  Soy **de** Valencia.   Ich bin aus Valencia.
  María tiembla **de** miedo.   Maria zittert vor Angst.
  el mes **de** junio   der Monat Juni

Verkleinerungsformen

- *-ito, -cito, -ico, -illo:*
  pajar**ito**, pajar**ico**, pajar**illo** — kleiner Vogel
  un coche**cito** — ein kleiner Wagen
- als Ausdruck der Zärtlichkeit oder der Sympathie:
  ¡Hola, Pedrito! — Hallo, Peter!

Adjektiv (Eigenschaftswort)

Singular und Plural

- Adjektive auf *-o* bilden die weibliche Form auf *-a*:
  un jardín hermos**o** — ein schöner Garten
  una muchacha hermos**a** — ein hübsches Mädchen
- Männliche Adjektive auf *-or, -án, -ín, -ón* fügen für die weibliche Form ein *a* hinzu:
  trabajad**or**, trabajad**ora** — fleißig
- Nationalitätsadjektive: weibliche Form auf -a (unverändert bleiben Adjektive mit den Endungen *-i, -e*):
  españo**l**, españo**la** — spanisch
  marroqu**í**; árab**e** — marokkanisch; arabisch
- Der Plural wird beim Adjektiv wie beim Substantiv gebildet:
  los chic**os** aleman**es** — die deutschen Jungen

Übereinstimmung von Substantiv und Adjektiv (Hauptwort und Eigenschaftswort)

Das Adjektiv richtet sich immer in Geschlecht und Zahl nach dem Nomen:

el muchacho	**rubio**	der blonde Junge
la muchacha	**rubia**	das blonde Mädchen
los muchachos	**rubios**	die blonden Jungen
las muchachas	**rubias**	die blonden Mädchen

Adverb (Umstandswort)

Außer ursprünglichen Adverbien: *pronto* (bald), *aquí* (hier), gibt es abgeleitete Adverbien, die durch Anhängen von *-mente* an die weibliche Form bzw. an *-e* oder Konsonantenendung des Adjektivs gebildet werden:

Lo he hecho **rápidamente**. — Ich habe es schnell getan.
Leo **principalmente** novelas. — Ich lese hauptsächlich Romane.

Regelmäßige Steigerung von Adjektiv und Adverb

caro teuer	**más caro** teurer	**el más caro** am teuersten	**carísimo** sehr teuer

Las rosas son **más caras** que los claveles.	Rosen sind teurer als Nelken.
Estas rosas son **carísimas/las más caras**.	Diese Rosen sind sehr teuer/am teuersten.

Unregelmäßige Steigerung

- Adjektive: *grande, mayor, más grande; pequeño, menor, más pequeño*
- Adverbien: *bien, mejor, muy bien; mal, peor, muy mal*:
  Me siento **mejor/**muy mal. Ich fühle mich besser/sehr schlecht.

Verb (Zeitwort): Präsens und Partizip Perfekt (Gegenwart und Mittelwort der Vergangenheit)

a) ser - estar; haber - tener

	ser	**estar**	sein	**haber**	**tener**	haben
yo	soy	estoy	ich bin	he	tengo	ich habe
tú	eres	estás	du bist	has	tienes	du hast
él ella usted	es	está	er ist sie ist Sie sind	ha	tiene	er hat sie hat Sie haben
nosotros, -as	somos	estamos	wir sind	hemos	tenemos	wir haben
vosotros, -as	sois	estáis	ihr seid	habéis	tenéis	ihr habt
ellos ellas ustedes	son	están	sie sind sie sind Sie sind	han	tienen	sie haben sie haben Sie haben
	sido	estado	gewesen	(habido)	tenido	gehabt

- Zum Gebrauch von *ser* und *estar* s. S. 193.
- *Haber* wird nur für die zusammengesetzten Zeiten gebraucht.
  Hemos comido bien. Wir haben gut gegessen.
- Das Personalpronomen (persönliches Fürwort) wird nur gebraucht, wenn es betont werden soll.
- Als Höflichkeitsform verwendet man die 3. Person Einzahl, wenn man eine Person anredet, und die 3. Person Mehrzahl, wenn man mit mehreren Personen spricht:
  ¿Qué tal **está** usted, señor Pérez? Wie geht es Ihnen, Herr Pérez?
  ¿Qué tal **están** ustedes, señores? Wie geht es Ihnen, meine Herren?

b) Regelmäßige Verben

Es gibt im Spanischen drei Verbgruppen oder Konjugationen je nach der Infinitivendung:

	-ar		-er	-ir
	hablar sprechen		comprender verstehen	recibir bekommen
yo	habl**o**	ich spreche	comprend**o**	recib**o**
tú	habl**as**	du sprichst	comprend**es**	recib**es**
él ella usted	habl**a**	er spricht sie spricht Sie sprechen	comprend**e**	recib**e**
nosostros, -as	habl**amos**	wir sprechen	comprend**emos**	recib**imos**
vosotros, -as	habl**áis**	ihr sprecht	comprend**éis**	recib**ís**
ellos ellas ustedes	habl**an**	sie sprechen sie sprechen Sie sprechen	comprend**en**	recib**en**
	habl**ado**	gesprochen	comprend**ido**	recib**ido**

Imperfekt - Historische Vergangenheit - Perfekt
(Vergangenheit - „Indefinido" - Vollendete Vergangenheit)

	habl**ar**	comprend**er**	recib**ir**
Imperfekt	habl**aba** habl**abas** habl**aba** habl**ábamos** habl**abais** habl**aban**	comprend**ía** comprend**ías** comprend**ía** comprend**íamos** comprend**íais** comprend**ían**	recib**ía** recib**ías** recib**ía** recib**íamos** recib**íais** recib**ían**

	habl**ar**	comprend**er**	recib**ir**
Indefinido	habl**é** habl**aste** habl**ó** habl**amos** habl**asteis** habl**aron**	comprend**í** comprend**iste** comprend**ió** comprend**imos** comprend**isteis** comprend**ieron**	recib**í** recib**iste** recib**ió** recib**imos** recib**isteis** recib**ieron**

Perfecto	he hablado	he comprendido	he recibido

- Imperfekt wird hauptsächlich zur Beschreibung eines Zustandes verwendet; außerdem für wiederholte und zeitlich nicht deutlich begrenzte Vorgänge oder Handlungen in der Vergangenheit.

- Indefinido wird für in der Vergangenheit abgeschlossene Handlungen benutzt, die zu einem bestimmten Zeitpunkt oder in einer bestimmten Zeitspanne erfolgt sind:

Imperfekt	Indefinido
Cuando **iba** a dormirme, Als ich einzuschlafen begann,	**sonó** el teléfono. klingelte das Telefon.
Quería ser médico Er wollte Arzt werden,	pero no **terminó** la carrera. beendete aber das Studium nicht.

Perfekt und historische Vergangenheit

- Perfekt (immer mit *haber* als Hilfsverb) wird für vergangene, abgeschlossene Handlungen gebraucht, wenn sie in Verbindung **mit der Gegenwart** stehen;
- Die historische Vergangenheit („indefinido") dagegen wird für solche Handlungen gebraucht, die in Verbindung **mit der Vergangenheit** stehen:

Perfekt	Indefinido
¿Ya **ha venido** Anita? Ist Anita schon gekommen?	Ayer **vi** a Juan en el concierto. Gestern habe ich Juan im Konzert gesehen.

Futur (Zukunft)

hablar	leer	escribir
hablar**é** hablar**ás** hablar**á** hablar**emos** hablar**éis** hablar**án**	leer**é** leer**ás** leer**á** leer**emos** leer**éis** leer**án**	escribir**é** escribir**ás** escribir**á** escribir**emos** escribir**éis** escribir**án**

Anstatt der Futurformen gebraucht man sehr oft für die nahe Zukunft das Präsens von *ir* + a + Infinitiv:

Voy a hablar con Pedro. Ich werde/will mit Pedro sprechen.

Konditional (Bedingungsform)

habla**ría**	leer**ía**	escribir**ía**
hablar**ías**	leer**ías**	escribir**ía**
habla**ría**	leer**ía**	escribir**ía**
hablar**íamos**	leer**íamos**	escribir**íamos**
hablar**íais**	leer**íals**	escribir**íais**
hablar**ían**	leer**ían**	escribir**ían**

Das Konditional wird oft in höflichen Wendungen gebraucht:
¿**Podría** usted ayudarme? Könnten Sie mir helfen?

Imperativ (Befehlsform)

a) bejahte Formen

	hablar		comer	escribir
du	habl**a**	sprich!	com**e**	escrib**e**
ihr	habl**ad**	sprecht!	com**ed**	escrib**id**
Sie (*Sing*)	habl**e**	sprechen Sie!	com**a**	escrib**a**
Sie (*Pl*)	habl**en**	sprechen Sie!	com**an**	escrib**an**

- In Lateinamerika wird in der Regel statt „vosotros" die „ustedes"-Form benutzt:
  Hablen más alto, ninõs. Sprecht lauter, Kinder.

b) verneinte Formen

	hablar	comer	escribir
du	no habl**es**	no com**as**	no escrib**as**
ihr	no habl**éis**	no com**áis**	no escrib**áis**
Sie (*Sing*)	no habl**e** (usted)	no com**a**	no escrib**a**
Sie (*Pl*)	no habl**en** (ustedes)	no com**an**	no escrib**an**

Wichtige unregelmäßige Verben

conocer kennen, kennenlernen

Präsens:	conozco, conoces, conoce, conocemos, usw.

dar geben

Präsens:	doy, das, da, damos, dais, dan
Indefinido:	di, diste, dio, dimos, disteis, dieron

decir sagen dicho gesagt

Präsens:	digo, dices, dice, decimos, decís, dicen
Futur:	diré, dirás, dirá, diremos, diréis, dirán
Indefinido:	dije, dijiste, dijo, dijimos, dijisteis, dijeron
Konditional:	diría, dirías, diría, diríamos, diríais, dirían
Imperativ:	di/no digas, decid/no digáis, (no) diga, (no) digan

estar sein, sich befinden, liegen

Präsens:	estoy, estás, está, estamos, estáis, están
Indefinido:	estuve, estuviste, estuvo, estuvimos, usw.

haber haben (nur als Hilfsverb: *he* estado)

Präsens:	he, has, ha, hemos, habéis, han
Futur:	habré, habrás, habrá, habremos, habréis, habrán
Indefinido:	hube, hubiste, hubo, hubimos, hubisteis, hubieron
Konditional:	habría, habrías, habría, habríamos, usw.

hacer machen, tun hecho gemacht

Präsens:	hago, haces, hace, hacemos, hacéis, hacen
Futur:	haré, harás, hará, haremos, haréis, harán
Indefinido:	hice, hiciste, hizo, hicimos, hicisteis, hicieron
Konditional:	haría, harías, haría, haríamos, haríais, harían
Imperativ:	haz/no hagas, haced/nohagáis, (no) haga, usw.

ir gehen ido gegangen

Präsens:	voy, vas, va, vamos, vais, van
Indefinido:	fui, fuiste, fue, fuimos, fuisteis, fueron
Imperfekt:	iba, ibas, iba, íbamos, ibais, iban
Imperativ:	ve/no vayas, id/no vayáis, (no) vaya, (no) vayan

poder können, dürfen

Präsens:	puedo, puedes, puede, podemos, podéis, pueden
Futur:	podré, podrás, podrá, podremos, podréis, podrán
Indefinido:	pude, pudiste, pudo, pudimos, usw.
Konditional:	podría, podrías, podría, podríamos, usw.

poner setzen, stellen, legen puesto gesetzt

Präsens:	pongo, pones, pone, ponemos, ponéis, ponen
Futur:	pondré, pondrás, pondrá, pondremos, usw.
Indefinido:	puse, pusiste, puso, pusimos, usw.
Konditional:	pondría, pondrías, pondría, pondríamos, usw.
Imperativ:	pon/no pongas, poned/no pongáis, (no) ponga, (no) pongan

querer wollen, lieben, wünschen

Präsens:	quiero, quieres, quiere, queremos, queréis, quieren
Futur:	querré, querrás, querrá, querremos, usw.
Indefinido:	quise, quisiste, quiso, quisimos, usw.
Konditional:	querría, querrías, querría, querríamos, usw.

saber wissen, können; schmecken

Präsens:	sé, sabes, sabe, sabemos, sabéis, saben
Futur:	sabré, sabrás, sabrá, sabremos, sabréis, sabrán
Indefinido:	supe, supiste, supo, supimos, usw.
Konditional:	sabría, sabrías, sabría, sabríamos, usw.

ser sein sido gewesen

Präsens:	soy, eres, es, somos, sois, son
Indefinido:	fui, fuiste, fue, fuimos, fuisteis, fueron
Imperfekt:	era, eras, era, éramos, erais, eran
Imperativ:	sé/no seas, sed/no seáis, (no) sea, (no) sean

tener haben, besitzen; tener que müssen

Präsens:	tengo, tienes, tiene, tenemos, tenéis, tienen
Futur:	tendré, tendrás, tendrá, tendremos, usw.
Indefinido:	tuve, tuviste, tuvo, tuvimos, usw.
Konditional:	tendría, tendrías, tendría, tendríamos, usw.
Imperativ:	ten/no tengas, tened/no tengáis, (no) tenga, usw.

venir kommen

Präsens:	vengo, vienes, viene, venimos, venís, vienen
Futur:	vendré, vendrás, vendrá, vendremos, usw.
Indefinido:	vine, viniste, vino, vinimos, usw.
Konditional:	vendría, vendrías, vendría, vendríamos, usw.
Imperativ:	ven/no vengas, venid/no vengáis, (no) venga, usw.

ver sehen; verse sich treffen visto gesehen

Präsens:	veo, ves, ve, vemos, veis, ven
Imperfekt:	veía, veías, veía, veíamos, veíais, veían

volver zurück-, wiederkommen vuelto zurückgekommen

Präsens:	vuelvo, vuelves, vuelve, volvemos, volvéis, vuelven
Imperativ:	vuelve/no vuelvas, volved/no volváis, (no) vuelva, (no) vuelvan

Ser und Estar (sein)

(Konjugation s. S. 187)

- *Ser* = wesentliche, dauerhafte, charakteristische Eigenschaften;
  Ser wird vor Substantiven gebraucht;
  Ser wird verwendet für die Angabe von: Uhrzeit, Tag, Beruf, Verwandtschaft, Staatsangehörigkeit, Religion:

Juan **es inteligente**.	Juan ist intelligent.
Carmen **es médica.**	Carmen ist Ärztin.

- *Estar* = irgendwo „sein“, „liegen“, „stehen“;
  Estar = sich befinden, sich fühlen;
  Estar vor Adjektiv oder Partizip: vorübergehende Eigenschaft, Zustand, stattgefundene Veränderungen:

Fernando **está en Berlin.**	Fernando ist in Berlin.
La puerta **está abierta.**	Die Tür ist offen.

Bedeutungsvergleich von ser und estar

ser = an sich sein, so sein	*estar* = vorübergehend sein, so aussehen
Luis **es un hombre enfermo**. Luis ist ein kranker Mensch.	Maria **está enferma**. Maria ist krank.
Luis **es generoso**. Luis ist großzügig.	María **está** muy **generosa**. Maria ist (heute) sehr großzügig.
Luis **es joven**. Luis ist jung.	María **está joven**. Maria sieht jung aus.

Personalpronomen (Persönliche Fürwörter)

Dativ		Akkusativ		Nach Präposition	
me	mir	**me**	mich	sobre **mí**	über mich/mir
te	dir	**te**	dich	sobre **ti**	über dich/dir
le	ihm	**le, lo**	ihn	sobre **él**	über ihn/ihm
	ihr	**la**	sie	sobre **ella**	über sie/ihr
	Ihnen	**le, lo**	Sie	sobre **usted**	über Sie/Ihnen
nos	uns	**nos**	uns	sobre **nosotros**	über uns
os	euch	**os**	euch	sobre **vosotros**	über euch
les	ihnen	**les, los**	sie	sobre **ellos**	über sie/ihnen
	Ihnen	**las**	sie	sobre **ellas**	über sie/ihnen
		les, los; las	Sie	sobre **ustedes**	über Sie/Ihnen

- Die männliche Akkusativform *le, les* wird mehr in Spanien, *lo, los* dagegen mehr in Lateinamerika verwendet.

- Dativ- und Akkusativpronomen ohne Präposition stehen immer unmittelbar vor dem Verb (Dativ immer vor Akkusativ):
  ¿Quién **me** llama? — Wer ruft mich?
  Siempre **me lo** dice. — Er sagt es mir immer.

- Nach der Präposition *con* haben die 1. und 2. Person Singular des Pronomens die Form *conmigo* bzw. *contigo*:
  Ana viene hoy **conmigo**. — Ana kommt heute mit mir.

- Steht ein Substantiv als direktes oder indirektes Objekt vor dem Verb, so muss auch noch das entsprechende Pronomen verwendet werden:
  La maleta **la** lleva Pedro. — Den Koffer trägt Pedro.
  A Juan no **le** he dado dinero. — Juan habe ich kein Geld gegeben.

Reflexivpronomen und reflexive Verben (Rückbezügliche Für- und Zeitwörter)

acostumbrarse sich gewöhnen

yo	**me**	acostumbro	ich gewöhne	mich
tú	**te**	acostumbras	du gewöhnst	dich
él, ella	**se**	acostumbra	er, sie gewöhnt	sich
usted			Sie gewöhnen	sich
nosotros, -as	**nos**	acostumbramos	wir gewöhnen	uns
vosotros, -as	**os**	acostumbráis	ihr gewöhnt	euch
ellos, ellas	**se**	acostumbran	sie gewöhnen	sich
ustedes			Sie gewöhnen	sich

Possessivpronomen (Besitzanzeigende Fürwörter)

unbetonte Form			betonte Form	
mi	trabajo	meine Arbeit	**mío, mía, míos, mías**	mein
tu	amigo	dein Freund	**tuyo, tuya, -os, -as**	dein
su	jardín	sein Garten ihr Garten Ihr Garten	**suyo, suyas, -os, -as**	sein ihr Ihr
nuestro	padre	unser Vater	**nuestro, nuestra, -os, -as**	unser
vuestro	tren	euer Zug	**vuestro, vuestra, -os, -as**	euer
su	coche	ihr Wagen Ihr Wagen	**suyo, suya, -os, -as**	ihr Ihr

Relativpronomen (Bezügliche Fürwörter)

- *Que*, das häufigste Relativpronomen, ist unveränderlich.
- Vor *que* nach Präposition steht oft der bestimmte Artikel:
  Tengo el libro **que** buscas. — Ich habe das Buch, das du suchst.
  El diccionario **con el que** traduzco. — Das Wörterbuch, mit dem ich übersetze.
- *Quien, quienes* (für Personen): fast nur nach Präpositionen.
- *Lo que* = das, was:
  El amigo **con quien** viajo. — Der Freund, mit dem ich fahre.
  Dice siempre **lo que** piensa. — Er sagt immer, was er denkt.

Demonstrativpronomen (Hinweisende Fürwörter)

este/ese/aquel	libro	dieses Buch hier, das da, jenes dort
esta/esa/aquella	flor	diese Blume hier, die da, jene dort
estos/esos/aquellos	vasos	diese Gläser hier, die da, jene dort
estas/esas/aquellas	blusas	diese Blusen hier, die da, jene dort
esto/eso/aquello		das hier, das da, das dort

Verneinung

- *No* (nein, nicht) steht immer vor dem Verb.
- *Nada* (nichts) steht meistens hinter dem Verb. *Nadie, ninguno, nunca* (niemand, keiner, niemals) stehen vor oder nach dem Verb.
- Stehen *nada, nadie, ninguno, nunca* hinter dem Verb, so muss *no* vor dem Verb stehen.
  Este chico **no** aprende **nada**. — Dieser Junge lernt nichts.
  ¿**No** tienes **ninguna** foto de él? — Hast du kein Bild von ihm?

Wörterbuch Spanisch - Deutsch

A

a an; *(Richtung)* nach, zu; *(Zeitangabe)* um
abadía Abtei
abajo unten; **hacia ~** abwärts
abandonar verlassen
abdomen *m* Unterleib
abeja Biene
abierto offen, geöffnet; auf
abogado/abogada Rechtsanwalt/anwältin
abollón *m* Delle
abono diario Tageskarte
abono semanal Wochenpass
aborto involuntario Fehlgeburt
abrelatas *m* Dosenöffner
abreviatura Abkürzung
abridor *m* Flaschenöffner
abrigo Mantel
abril *m* April
abrir aufmachen, öffnen
absceso Abszess
absolutamente unbedingt
abuelo/abuela Großvater/mutter
aburrido langweilig
acabar aufhören; enden; vollenden; ausführen
acampar zelten
accesibilidad *f* Zugänglichkeit
accidente *m* Unfall; Unglück
aceite *m* Öl;
~ de oliva Olivenöl;
~ solar Sonnenöl
aceitunas *f pl* Oliven
acelerador *m* Handgas
aceptar annehmen; zusagen
aclimatarse s. akklimatisieren
acompañante *m/f* Begleiter/in
acompañar begleiten
acordar vereinbaren; ausmachen
acordarse (de) s. erinnern (an)
acoso sexual sexuelle Belästigung
acostado, estar ~ liegen
acostarse zu Bett gehen; s. hinlegen
acostumbrado gewohnt
acto Akt
actor/actriz Schauspieler/in
actor/actriz de cine Filmschauspieler/in
acuarela Aquarell
acupuntura Akupunktur
adaptador *m* Adapter
adecuado geeignet; richtig; **~ para minusválidos** behindertengerecht
adelantar überholen
adelante vorwärts; **¡adelante!** herein!
además außerdem; sonst
adicional zusätzlich
administración *f* Verwaltung
aduana Zoll
adulto erwachsen
adulto/adulta Erwachsene/r
advertir aufmerksam machen; warnen
aerobic *m* Aerobic
aerodeslizador *m* Luftkissenboot
aeromoza *Am* Stewardess
aeropuerto Flughafen
afiche *m Am* Plakat
afirmar behaupten
afuera draußen

afueras *f pl* Vorort, Vorstadt
agarrar zugreifen; ergreifen; fangen; pflücken
agencia Agentur; ~ **de viajes** Reisebüro
agosto August
agotado erschöpft
agradable angenehm; *(Ort)* gemütlich
agradar gefallen
agradecer danken
agresión *f* Überfall
agrio sauer
agua *m* Wasser; ~ **caliente** warmes Wasser; ~ **fría** kaltes Wasser; ~ **mineral** Mineralwasser; ~ **potable** Trinkwasser; ~ **del radiador** Kühlwasser
aguacate *m* Avocado
aguafuerte *m* Radierung
aguja Nadel
agujero Loch
ahí da, dort
ahora jetzt; nun; ~ **mismo** sofort; (so)eben; gleich
ahorita *Am* gleich
ahumado geräuchert
aire *m* Luft
ajo Knoblauch
ala *m* Flügel
ala delta Drachenfliegen
alambre Draht
alargar verlängern
albahaca Basilikum
albaricoques *m pl* Aprikosen
albergue *m* **de carretera** Raststätte
albornoz *m* Bademantel
alcachofas *f pl* Artischocken
alcanzar erreichen
alcohol *m* Alkohol; **sin** ~ alkoholfrei; ~ **para quemar** Brennspiritus
aldea Dorf
alegrarse (de) s. (auf, über) freuen
alegre froh; heiter; lustig; leicht betrunken
alegrón *Am* leicht betrunken
alemán *adj* deutsch; **alemán/ alemána** der/die Deutsche
Alemania Deutschland
alergia Allergie
aletas *f pl* **(de natación)** Schwimmflossen
alfarería Töpferei
algo etwas
algodón *m* Baumwolle; Watte
alguien jemand
algunas veces manchmal
algunos/algunas einige; ein paar
aliño Dressing
allá da, dort
allí da, dort
almacén *m* Lager; *Am* Lebensmittelgeschäft; ~ **de vinos** Weinhandlung
almendras *f pl* Mandeln
almohada Kopfkissen
almuerzo Mittagessen
alojamiento Unterkunft
alquilar mieten; vermieten
alquiler *m* Miete
alrededor de um (herum)
alrededores *m pl* Nähe; Umgebung
alta tensión Hochspannung
altar *m* Altar
altavoz *m* Lautsprecher
alto groß; hoch; laut; **¡alto!** halt!
altoparlante *m Am* Lautsprecher
altura Größe; Höhe
alverjas *f pl Am* Erbsen

alzacoches *m* Wagenheber
amable liebenswürdig, freundlich, nett
amar lieben
amargo bitter
amarillo gelb
ambos beide
ambulancia Krankenwagen
amfiteatro Amphitheater
amígdalas *f pl* Mandeln
amigdalitis *f* Mandelentzündung
amigo/amiga Freund/in; **ser amigo (de)** befreundet sein (mit)
amiguito/amiguita Spielkamerad/in
amor *m* Liebe
ampolla Hautblase
añadir hinzufügen
ananás *m Am* Ananas
ancho *adj* weit; *m* Weite; **~ de la puerta** Türbreite
Andalucía Andalusien
andaluz andalusisch
andaluz/andaluza Andalusier/in
andar *(zu Fuß)* gehen; **~ en bicicleta** Rad fahren
andén *m* Gleis, Bahnsteig
anestesia Narkose
anfitrión/anfitriona Gastgeber/in
angina Angina; **anginas** *f pl* Mandelentzündung
anguila Aal
anillo Ring
animal *m* Tier; **~es domésticos** Haustiere
año Jahr;
al ~ *adv* jährlich;
~ que viene nächstes Jahr
Año Nuevo Neujahr
anorak *m* Anorak
anotar aufschreiben
anteayer vorgestern
antemano, de ~ im Voraus
antes eher; früher; vorher; **~ de** bevor; vor
antibiótico Antibiotikum
anticongelante *m* Frostschutzmittel
antiguo antik; alt
anual(mente) jährlich
anular *(Fahr-, Flugkarten)* abbestellen
anunciar anmelden; melden
aparato Apparat; **~ de aire acondicionado** Klimaanlage
aparcamiento Parkplatz; **~ para minusválidos** Behindertenparkplatz
aparcar parken
apartamento Apartment
aparte extra; **~ de eso** außerdem
apellido Familienname
apenas kaum
apendicitis *f* Blinddarmentzündung
apetito Appetit
apimpado *Am* betrunken
apio Sellerie
aplauso Beifall
apoplejía Gehirnschlag
apósito Pflaster
aprender lernen; **~ idiomas** Sprachen lernen
aproximadamente etwa
aproximado ungefähr
apuntar aufschreiben, notieren
apurarse s. Sorgen machen; *Am* s. beeilen
aqua-footing *m* Aqua-Jogging
aquel jener;
aquella jene;
aquello jenes
aquí hier

arañazo Kratzer
árbol *m* Baum
arco Bogen
ardor *m* **de estómago** Sodbrennen
área *m* **de penalty** Strafraum
área de reposo Rastplatz
arenque *m* Hering
aretes *m pl Am* Ohrringe
Argentina Argentinien
argentino argentinisch
argentino/argentina Argentinier/in
armario Schrank
arqueología Archäologie
arquitecto/arquitecta Architekt/in
arquitectura Architektur
arreglar reparieren, erledigen, regeln
arrestar verhaften
arriba oben; **hacia ~** aufwärts, nach oben
arroz *m* Reis
arte *m* Kunst; **artes** *f pl* **industriales** Kunstgewerbe; **artes** *f pl* **plásticas** Plastik
articulación *f* Gelenk
artículos de papelería Schreibwaren
artículos de piel Lederwaren
artículos para el hogar Haushaltswaren
arvejas *f pl Am* Erbsen
asado *adj* gebraten; *m* Braten
asador *m* Bräter
asalto (a un banco) Überfall
ascensor *m* Aufzug, Fahrstuhl
asidero Haltegriff
asiento Sitz; Sitzplatz; **~ junto a la ventanilla** Fensterplatz
asistencia técnica en carretera Pannendienst
asma *m* Asthma
asno Esel
asociación *f* Verein; Verband; Vereinigung
asociación *f* **de minusválidos** Behindertenverband
asombrarse (de) s. wundern (über)
aspiradora Staubsauger
aspirina Aspirin
asustar erschrecken
atajo *(Weg)* Abkürzung
ataque *m* **cardíaco** Herzanfall
ataque *m* **de apoplejía** Schlaganfall
atasco Stau
atención *f* Aufmerksamkeit; **¡atención!** Vorsicht!
aterrizaje *m* Landung
Atlántico Atlantik
atletismo Leichtathletik
atracar (en) anlegen (in)
atrás, hacia ~ zurück; rückwärts
atún *m* Thunfisch
aún noch
aunque obwohl
auriculares *m pl* Kopfhörer
ausente abwesend; fort; weg
Austria Österreich
austríaco österreichisch
austríaco/austríaca Österreicher/in
auténtico echt; wirklich
auto(móvil) *m* Auto; Wagen
autobús *m* Bus; **~ urbano** Stadtbus; **~ del/al aeropuerto** Flughafenbus, Transferbus; **~ interurbano** Überlandbus
autocaravana Wohnmobil
automático automatisch
autopista Autobahn
autoridad pública *f* Behörde
autoservicio Selbstbedienung

autostop, hacer ~ trampen
autotrén *m* Autoreisezug
autovía Schnellstraße
auxiliar *m/f* **de vuelo** Steward/ess
avería Defekt; Panne
avisador de incendios *m* Feuermelder
avisar benachrichtigen; anmelden
aviso Nachricht, *Am* Anzeige, Inserat
aviso previo Voranmeldung
avispa Wespe
ayer gestern
ayuda Hilfe; **~ en carretera** Pannenhilfe; **~ para subir** Einstiegshilfe
ayudar (a alg) (jdm) helfen; (jdm) behilflich sein
ayunas, en ~ nüchtern
ayuno Fasten; **ayuno terapéutico** Heilfasten
ayuntamiento Rathaus
ayurveda *m* Ayurveda
azafata Stewardess
azafrán *m* Safran
azúcar *m* Zucker
azul blau; **~ claro** hellblau; **~ oscuro** dunkelblau

B

badminton *m* Badminton
bahía Bucht
bailar tanzen
bailarín/bailarina Tänzer/in
baile *m* Tanz; Ball
bajar aussteigen
bajo nieder, niedrig; flach; tief; klein; leise; **bajo en calorías** kalorienarm; **bajo en grasas** fettarm
bajo(s) *m (pl)* Erdgeschoss
balcón *m* Balkon
ballet *m* Ballett
baloncesto Basketball
balonmano Handball
bañador Badehose; Badeanzug
banco Bank
banda (Musik-)Band
bandolera Umhängetasche
bañera Badewanne
bañero/bañera Bademeister/in
baño Bad, Badezimmer; **baño de aroma** Aromabad; **baño de heno** Heu-Bad; **baño medicinal** Heilbad; **baño termal** Thermalbad
bar *m* Bar; Kneipe
barandilla Handlauf
barato billig
barba Bart
barbacoa Grill
barca de pedales Tretboot
barca de remos Ruderboot
barra/barrita de chocolate Schokoriegel
barranco Schlucht
barreras, sin ~ barrierefrei
barrio Stadt
barro cocido Terrakotta
barroco *adj* barock; *m* Barock
bastante genug; ziemlich
bastón *m* Stock; **~ para ciegos** Taststock
bastoncillo de algodón Wattestäbchen
bastones *m pl* **de esquí** Skistöcke
basura Abfall, Müll; **cubo de la ~** Mülltonne

batería Batterie; **batería recargable** Akku
batidor *m* **(manual)** Schneebesen; Mixer
batidora Mixer
bebé *m* Baby
beber trinken
bebida Getränk
bebido (leicht) betrunken
beige beige
beis beige
Bélgica Belgien
bello schön
berenjenas *f pl* Auberginen
berza Kohl
besar küssen
beso Kuss
betún *m* Schuhcreme
biberón *m* Saugflasche; Trinkflasche
bicicleta Fahrrad; **~ de carreras** Rennrad; **~ de montaña** Mountainbike; **~ impulsada con las manos** Handbike
bidón *m* Wasserkanister; **~ de gasolina** Benzinkanister
bien *m* Wohl; *adv* gut; wohl; **más ~** *adv* lieber; eher; vielmehr; **~ cocido/asado** gar, durchgebraten
bienvenido willkommen
bigote *m* Schnurrbart
billete *m* Fahrkarte, Fahrschein; **~ de banco** Geldschein; **~ de ida y vuelta** Rückfahrkarte; **~ infantil** Kinderfahrkarte; **~ multiviaje** Mehrfahrtenkarte; **~ válido para un solo día** Tageskarte; **~ semanal** Wochenkarte
biquini *m* Bikini
bisutería Modeschmuck
bizantino byzantinisch
blanco weiß
blando weich
blazer *m* Blazer
blues *m* Blues
blusa Bluse
bobo dumm
boca Mund
bocadillo belegtes Brötchen; Sandwich
bocado Imbiss
bochorno Schwüle
bochornoso schwül
bocina Hupe
boda Heirat; Hochzeit
bodega Weinhandlung; Weinschänke; Weinkeller
bodegón *m* Stillleben
body *m* Body
bohío *Am* Hütte
boletería *Am* Fahrkartenschalter
boletín *m* **meteorológico** Wetterbericht
boleto *Am* Fahrkarte, Fahrschein, Eintrittskarte; Gepäckschein; **~ válido para un (solo) día** Tagespass, Tageskarte; **~ infantil** Kinderfahrkarte; **~ multiviaje** Mehrfahrtenkarte
bolígrafo Kugelschreiber
bolos *m pl* Kegeln; **jugar a los ~** kegeln
bolsa (de mano) Handtasche
bolsa Beutel; Tüte; **~ de la basura** Abfallbeutel; **~ de plástico** Plastikbeutel; **~ de viaje** Reisetasche; **~ en bandolera** Umhängetasche
bolsillo Tasche
bolsita de hielo Kühlelement
bolsita de té Teebeutel
bolso Handtasche
bomba de aire Luftpumpe

bomba de gasolina Benzinpumpe
bomberos *m pl* Feuerwehr
bombilla Glühbirne
bombona de gas Gasflasche
bonito *adj* hübsch; nett
bonito *n* Thunfisch
bordado Stickerei
borracho betrunken
borreliosis *f* Borreliose
bosque *m* Wald
bota de monte/de trekking Wander-/Trekkingschuh
botas *f pl* Stiefel; **~ de esquí** Skistiefel; **~ de goma** Gummistiefel; **~ para esquiar** Skistiefel
bote *m* **neumático** Schlauchboot
bote *m* **salvavidas** Rettungsboot
botella Flasche; **~ de oxígeno** Sauerstoffgerät; Sauerstoffflasche
botiquín *m* **(de urgencias)** Verbandskasten
botón Knopf
boutique *f* Boutique
bóveda Gewölbe
bowling *m* Bowling
braga Unterhose
braille *m* Braille
brasier *m Am* Büstenhalter
brazalete *m* Armband
breve kurz
brocha de afeitar Rasierpinsel
broche *m* *(Nadel)* Brosche
broma Scherz; Witz; Spaß
bronce *m* Bronze
bronquios *m pl* Bronchien
bronquitis *f* Bronchitis
brújula Kompass
bucear tauchen
buen gut
bueno gut; lieb; lecker; nun
bufete *m* **(de) desayuno** Frühstücksbüfett
bufete *m* **de ensaladas (diversas)** Salatbüfett
bufete *m* **libre** Büfett
bufete *m* **para desayunar** Frühstücksbüfett
bujía Zündkerze
bungalow *m* Bungalow
burro Esel
buscar suchen
buzón *m* Briefkasten
bypass *m* Bypass

C

caballa Makrele
Caballeros Herren
caballo Pferd
cabaña Hütte
cabaré *m* Kabarett; **~ artístico** Kleinkunstbühne
cabaretista Kabarettist
cabeza Kopf
cabina Kabine; **cabina telefónica** Telefonzelle
cable *m* **de la batería (del portátil)** Ladekabel *(Laptop)*
cable *m* **de empalme** Verlängerungsschnur
cable *m* **de remolque** Abschleppseil
cable *m* **eléctrico de encendido** Starthilfekabel
cacahuetes Erdnüsse
cada jeder; jeder Einzelne; **~ día** *adv* jeden Tag; **~ hora** *adv* stündlich
cadena Kette
cadera Hüfte
caducado abgelaufen
caducidad Haltbarkeit
caer fallen; stürzen
café *m* Café; Kaffee

cafetera Kaffeemaschine
caja Büchse, Dose, Kiste, Schachtel; Kasse;
~ de cambio Getriebe;
~ de caudales Safe;
~ de enchufe Steckdose;
~ fuerte Safe
cajero automático Geldautomat
cajón *m* **de arena** Sandkasten
calabacín Zucchini
calabaza Kürbis
calamares *m pl* Tintenfisch
calambre *m* Krampf
calcetín *m* Socke; Söckchen; **calcetines** Socken
calculadora de bolsillo Taschenrechner
calcular rechnen; berechnen
cálculo renal Nierenstein
calefacción *f* Heizung;
~ central Zentralheizung
calidad *f* Qualität
calienta-biberones *m* Fläschchenwärmer
caliente warm;
muy ~ heiß
calle *f* Straße, Weg;
~ lateral Nebenstraße;
~ principal Hauptstraße
callejuela Gasse
calma Ruhe; Stille; **calma chicha** Flaute
calmarse s. beruhigen
calor *m* Hitze
caluroso heiß
calzoncillo(s) *m (pl)* Unterhosen
cama Bett
cámara Fotoapparat;
~ de vídeo Videokamera;
~ fotográfica Fotoapparat;
~ fotográfica digital Digitalkamera;
~ fotográfica instantánea Sofortbildkamera;
~ fotográfica sumergible Unterwasserkamera
camarera (del hotel) Zimmermädchen
camarero/camarera Kellner/in
camarones *m pl* Garnelen
cambiador *m (für Babys)* Wickeltisch
cambiar ändern; verändern; tauschen; austauschen; vertauschen; umtauschen; wechseln; **cambiarse** s. umziehen
cambiar el vuelo umbuchen
cambio Veränderung; Wechsel; Austausch; Umrechnung; (Wechsel-)Kurs; Wechselgeld;
~ automático Automatik(getriebe);
~ de aceite Ölwechsel
camcórder *m* Camcorder
camino Weg;
en (el) ~ unterwegs
camión Lastwagen
camisa Hemd
camiseta Unterhemd; T-Shirt
campanario Kirchturm
camping *m* Camping; Campingplatz; **hacer ~** zelten
campo Feld;
~ de deportes Sportplatz;
~ de fútbol Fußballplatz;
~s de aplicación Anwendungsgebiete
caña de pescar Angel
canal *m* Kanal
cancelar *(Zimmer)* abbestellen; stornieren
cáncer *m* Krebs
cancha de fútbol *Am* Fußballplatz
canción *f* Gesang; Lied
canguro *m/f* Babysitter

canilla *Am* Wasserhahn
caño de escape *Am* Auspuff
canoa Kanu
cansado müde
cantante *m/f* Sänger/in
cantar singen
capas *pl* Stufen
capilla Kapelle
capital *f* Hauptstadt
capitán *m* Kapitän
capó Motorhaube
capota Motorhaube
cara Gesicht
caramelos *m pl* Bonbons
caravana Wohnwagen
carbón *m* **para la barbacoa** Grillkohle
cárcel *f* Gefängnis
cargador *m* **(del móvil)** Ladekabel *(Handy)*
cariño Liebling
cariñoso zärtlich
Carnaval *m* Karneval
carne *f* Fleisch;
~ **de carnero** Hammelfleisch;
~ **de cerdo** Schweinefleisch;
~ **de cordero** Lammfleisch;
~ **de ternera** Kalbfleisch;
~ **de vaca** Rindfleisch;
~ **picada** Hackfleisch
carnet *m* **de campista** Campingausweis
carnet *m* **de conducir** Führerschein
carnet *m* **de identidad** Personalausweis
carnet *m* **de minusválido** Behindertenausweis
carnet *m* **de vacunación** Impfpass
carnet *m* **naútico** Bootsführerschein
carnicería Metzgerei
caro teuer; kostspielig
carpa *Am* (Zirkus-)Zelt
carrete *m* Film
carretera Landstraße
carro portaequipajes Gepäckwagen
carta *(Schreiben)* Brief; Speisekarte;
~ **certificada** Einschreibebrief;
~ **urgente** Eilbrief;
~ **verde (del seguro)** grüne Versicherungskarte
cartel *m* Plakat; Poster; Schild
cartera Brieftasche; Handtasche; Aktenmappe
cartucho de gas Gaskartusche
casa Haus;
en ~ daheim;
~ **club** Clubhaus;
~ **de vacaciones** Ferienhaus;
~ **rodante** *Am* Wohnwagen
casado verheiratet
casarse heiraten
cascada Wasserfall
casco Sturzhelm;
~ **de bicicleta** Fahrradhelm
casero hausgemacht
casete *m/f* Kassette; *m* Kassettenrekorder
casi fast; beinahe
casino Spielkasino
caso Fall;
en ~ **de que** falls;
en ese ~ in diesem Fall, dann
caspa Schuppen
casquete *m* **de parapente** Gleitschirm
castellano *adj* kastilisch
castellano/castellana Kastilier/in
castigo Strafe
Castilla Kastilien

castillo Burg; Schloss;
~ de arena Sandburg
casual zufällig
catalán *adj* katalanisch
catalán/catalána Katalane/ Katalanin
Cataluña Katalonien
catarata Wasserfall
catedral *f* Dom, Kathedrale
caución *f* Kaution
causa Grund; Ursache;
a ~ de wegen
causar verursachen
cava *m* Champagner
cazuela Topf
CD *m* **(disco compacto)** CD (Compactdisc); **CD grabable** *m* Rohling
cebollas *f pl* Zwiebeln
cédula personal *Am* Personalausweis
cedular *Am* Handy
célebre berühmt
cementerio Friedhof
cena Abendessen
cenicero Aschenbecher
centímetro Zentimeter
central zentral
centro Zentrum; Mitte; Stadtzentrum; **centro comercial** Einkaufszentrum
cepillo Bürste;
~ de dientes Zahnbürste;
~ del calzado Schuhbürste;
~ para fregar Spülbürste
cerámica Keramik
cerca (de) nahe (bei)
cercano nahe
cereales *m pl* Müsli
cerebro Gehirn
cerezas *f pl* Kirschen
cerilla Streichholz
cerrado geschlossen; zu
cerradura Schloss; Verschluss
cerrar schließen, zumachen;
~ con llave ab-, ver-, zuschließen
certificado Attest; Bescheinigung;
~ de vacunación Impfpass
certificar bescheinigen
cerveza Bier;
~ sin alcohol alkoholfreies Bier
césped *m* Rasen;
~ para tomar el sol Liegewiese
cesto Korb
chal *m* Schal
chaleco Weste;
~ salvavidas Schwimmweste
champán *m* Champagner
champú *m* Shampoo
chanclas (flip flop) Flipflops
chanclas *f pl* Badeschuhe
chancletas *f pl* Badeschuhe
chaqueta Jacke;
~ de cuero Lederjacke;
~ de punto Strickjacke
charlar s. unterhalten
chauchas *f pl Am* grüne Bohnen
cheque *m* **de viaje** Reisescheck
chica Mädchen
chicle Kaugummi
chico Junge
chipirones *m pl* Tintenfisch
chiste *m* Scherz; Witz; Spaß
chocolate *m* Schokolade
choque *m* Zusammenstoß
chubasco Regenschauer
chucharón *m* Schöpfkelle
chupete *m* Sauger, Schnuller
ciática Ischias
cicatriz *f* Narbe
ciclismo Radsport
ciego blind
ciego/ciega Blinde/r
cielo Himmel
cien hundert

ciento, por ~ Prozent
ciertamente gewiss; sicher
cierto sicher; gewiss; bestimmt
cigarrería *Am* Tabakladen
cigarrillo Zigarette
cigarro Zigarette
cine *m* Kino;
~ al aire libre Freilichtkino
cinturón *m* Gürtel;
~ de seguridad Sicherheitsgurt
circo Zirkus
circunvalación Umgehungsstraße
ciruelas *f pl* Pflaumen
cirujano/cirujana Chirurg/in
cisterna Wasserspülung
cita Verabredung
ciudad *f* Stadt;
~ vieja Altstadt
ciudadano de la unión europea EU-Bürger
ciudadela Festung
claro hell; klar; deutlich
clase *f* Klasse; Sorte; Unterrichtsstunde
clasicismo Klassizismus
claustro Kreuzgang
clave *f* Geheimzahl
clavícula Schlüsselbein
clavija de enchufe Stecker
clavo Nelken
claxon *m* Hupe
cliente *m/f* Kunde/Kundin; Käufer/in
clima *m* Klima
clínica Krankenhaus
club *m* **de golf** Golfclub
club *m* **nocturno** Nachtklub
cocer *(Wasser)* kochen
coche *m* Auto, Wagen; *(Zug)* Wagen;
~ de línea Überlandbus;
~ de policía Polizeiwagen;
~ litera Liegewagen;
~ restaurante Speisewagen
coche-cama *m* Schlafwagen
coche-grúa *m* Abschleppwagen
cocido gekocht
cocina Küche; Herd;
~ de gas Gasherd;
~ eléctrica Elektroherd
cocinar kochen
cocinero/cocinera Koch/Köchin
coco Kokosnuss
código de puerta Türcode
código postal Postleitzahl
coger pflücken; fangen; ergreifen; zugreifen
cojín *m* **de niños para el coche** Kindersitzkissen *(fürs Auto)*
col *f* Kohl
colador *m* Küchensieb
colcha Bettdecke
colchón *m* Matratze;
~ de aire Luftmatratze
coleccionar sammeln
colega *m/f* Kollege/Kollegin
cólera *m* Cholera
colgante *m* Anhänger
cólico Kolik
coliflor *f* Blumenkohl
colina Hügel
collar *m* Kette
colocar setzen; stellen; legen
color *m* Farbe;
de colores bunt; farbig
columna Säule;
~ vertebral Wirbelsäule
comedia Komödie;
~ musical Musical;
~ popular Volksstück
comedor *m* Speisesaal
comenzar anfangen, beginnen
comer essen
comerciante *m/f* **de objetos de arte** Kunsthändler
comestible essbar

comida Essen; Mahlzeit; Mittagessen; Verpflegung; Futter; **~ a la sartén** Pfannengericht; **~ para bebés** Kindernahrung; **~ principal** Hauptspeise
comino Kümmel
comisiones *f pl* Bearbeitungsgebühr
como da; wie; **¿Cómo?** Wie?; **¡Cómo no!** *Am* Natürlich!; **¿Cómo no?** *Am* Doch!
cómodo bequem; gemütlich
compacto *(aparato)* CD-Spieler; *(disco)* CD; **~ portátil** tragbarer CD-Spieler
compañía aérea Fluggesellschaft
compartimiento Abteil; **~ de fumadores** Raucherabteil; **~ de no fumadores** Nichtraucherabteil
compatriota *m/f* Landsmann/ Landsmännin
competente zuständig
competición *f* Wettkampf
completamente ganz; vollständig; **~ sordo** gehörlos
completo *(voll)* besetzt, voll; *adj* vollständig; ganz
compositor/compositora *m* Komponist/in
compra Besorgung, Kauf; **ir de compras** einkaufen
comprar kaufen; einkaufen
compresas *f pl* Damenbinden
comprimido Tablette
compromiso, sin ~ unverbindlich
común gemeinsam; **en ~** gemeinsam; **poco ~** ungewöhnlich
comunicación *f* Mitteilung; Verbindung
con mit
con sordera hörgeschädigt
concha Muschel
concierto Konzert; **~ sinfónico** Sinfoniekonzert
condimento Gewürz
condón Kondom
conducir fahren; Auto fahren; führen
conductor/conductora Fahrer/in
conejo Kaninchen
conferencia con preaviso Voranmeldung
confianza Vertrauen
confirmar bestätigen
confiscar beschlagnahmen
confitería Konditorei; Süßwarengeschäft
conforme einverstanden; **estar ~** dafür sein; **no estar ~ con** dagegen sein
confundir verwechseln
conjuntivitis *f* Bindehautentzündung
conjunto (Musik-)Band
conmoción *f* **cerebral** Gehirnerschütterung
connacional *m/f Am* Landsmann/ Landsmännin
conocer kennen; **conocer a alg** jdn kennen lernen; mit jdm Bekanntschaft schließen
conocido bekannt
conocido/conocida Bekannte/r
conocimiento Kenntnis; Bekanntschaft
conseguir erhalten; erreichen; schaffen
conservar behalten; aufbewahren
conservas Konserven
consigna (de equipajes) Gepäckaufbewahrung
consigna automática Schließfach
constar de bestehen aus

consulado Konsulat
consulta Sprechstunde
consumo Verbrauch;
~ de agua Wasserverbrauch
contacto Kontakt; Berührung; Verbindung
contado, al ~ bar
contagioso ansteckend
contar erzählen; zählen; berechnen
contenido Inhalt
contento zufrieden; befriedigt; froh; erfreut
contestador *m* **automático** Anrufbeantworter
contestar antworten; beantworten; erwidern
contigo mit dir
contra gegen;
estar en ~ dagegen sein
contrabando Schmuggel
contrario *adj* entgegengesetzt; umgekehrt; *m/n* Gegenteil;
al contrario umgekehrt; im Gegenteil
contrato Vertrag
control *m* **de pasaporte** Passkontrolle
control *m* **de radar** Radarkontrolle
control *m* **de seguridad** Sicherheitskontrolle
controlar kontrollieren, prüfen
contusión *f* Prellung
convenir vereinbaren
convento Kloster
conversación *f* Gespräch; Unterhaltung
copia Kopie
copos de avena *m pl* Haferflocken
corazón *m* Herz
corbata Krawatte
cordial herzlich
cordillera Gebirge
cordón *m* Bindfaden;
~ de empalme Verlängerungsschnur
cordones *m pl* Schnürsenkel
coro Chor
corona Krone
Corpus *m* **(Christi)** Fronleichnam
correcto korrekt; fair
correo aéreo, por ~ mit Luftpost
correr laufen; rennen; joggen; fließen
corriente laufend; üblich;
~ de aire *f* Luftzug
corrompido verdorben
corte *m* Schnitt; Schnittwunde
cortés höflich
corto kurz;
a ~ plazo kurzfristig
cortocircuito Kurzschluss
cortometraje *m* Kurzfilm
cosa Sache; Ding
coser nähen
costa Küste
costar kosten
costilla Kotelett
costumbre *f* Gewohnheit; **como de ~** wie gewöhnlich
costura, hacer ~ nähen
creativo kreativ
creer glauben
crema Creme; **~ hidratante para las manos** Handcreme;
~ para el sol Sonnenschutz;
~ solar Sonnencreme
crimen *m* Verbrechen
cristal *m* **(de roca)** Kristall
cristianismo Christentum
cruce *m* Kreuzung
crucero Kreuzfahrt
crudo roh
cruz *f* Kreuz

cuaderno Block;
~ de colorear Malbuch
cuadro Gemälde
cuál welche(r, -s)
cuando *(zeitlich)* als; wenn
cuarto Zimmer, Raum;
~ de baño Badezimmer;
~ de estar Wohnzimmer
cubierta (Schiffs-)Deck
cubierto Gedeck
cubiertos *m pl* Besteck
cubo de la basura Mülltonne
cuchara Löffel; **cuchara mezcladora, cucharón** *m* Rührlöffel
cucharilla Teelöffel; **cucharilla de café** Kaffeelöffel
cuchilla de afeitar Rasierklinge
cuchillo Messer
cuello Hals
cuenta Rechnung;
tener en ~ beachten;
~ bancaria Konto
cuentakilómetros Tachometer
cuerda Bindfaden; Schnur; Seil; **~ de la ropa** Wäscheleine;
~ de tienda de campaña Zeltschnur
cuerpo Körper
cueva Höhle
cuidado Achtung; Vorsicht;
tener ~ (de/con) aufpassen (auf/mit)
cuidadoso sorgfältig; vorsichtig
culpa Schuld
cultura Kultur
culturismo Bodybuilding
cumbre Gipfel
cumpleaños *m* Geburtstag
cumplir halten
cuna Kinderbett
cuñada Schwägerin
cuñado Schwager
cúpula Kuppel
cura *m* Priester
curioso neugierig
curling *m* Curling
cursi kitschig
curso Kurs; **~ de esquí** Skikurs; **~ de natación** Schwimmkurs
curva Kurve

D

daño Schaden, Beschädigung
dar geben; **~ la vuelta** umkehren; *(Geld)* herausgeben;
~ las gracias danken;
~ reflejos tönen;
darse prisa s. beeilen
dátiles *m pl* Datteln
dato Angabe; **~s personales** Personalien
de ab; von; *(Herkunft, Material)* aus;
~ colores farbig;
~ un solo color einfarbig;
~ vez en cuando von Zeit zu Zeit
debajo de unter; unterhalb
deber *v* sollen; müssen; schulden; *m* Pflicht
débil schwach
decidir entscheiden; ausmachen;
decidirse s. entschließen; beschließen
decir sagen; bemerken
declaración *f* **de aduana** Zollerklärung
declaración *f* **de valor** Wertangabe
dedo Finger; **~ del pie** Zehe
defecto Defekt; Fehler; Mangel
definitivamente *adv* endgültig
definitivo *adj* endgültig

dejar lassen; hinterlassen; verlassen
delante vorn;
delante de *(räumlich)* vor
deletrear buchstabieren
delgado dünn; fein; schlank
demasiado zu; zu sehr; zu viel
dentro drin, drinnen; innen
denunciar anzeigen
departamento Abteil; *Am* Apartment; Wohnung
deporte *m* Sport
deportista *m/f* Sportler/in
deposición *f* Absetzen; Stuhlgang
depositar absetzen; hinterlegen
depósito Depot; Lager; Tank
depurar entschlacken
derecha, a la ~ rechts
derecho *adj* rechte(r, -s); gerade; *m* Recht
derechos *m pl* Gebühren;
~ de aduana Zollgebühren;
~ de aeropuerto Flughafengebühr
desagradable unangenehm; unerfreulich
desarrollar entwickeln
desayunar frühstücken
desayuno Frühstück
descansar s. ausruhen; s. erholen
descanso Erholung; Pause; Ruhe
descarado unverschämt
descolgar abnehmen
desconocido unbekannt; fremd
describir beschreiben
descubrir entdecken
descuento Ermäßigung, Rabatt;
~ para niños Kinderermäßigung
desde seit; ab; **~ hace** seit
desear wünschen; wollen; mögen
desembocadura Mündung
desempleado arbeitslos
desfiladero Schlucht
desgracia Unglück
desgraciadamente unglücklicherweise; leider
desilusionado enttäuscht
desinfectante *m* Desinfektionsmittel
desinfectar desinfizieren
desintoxicar entgiften
desmayado bewusstlos
desmayo Ohnmacht
desnudo *adj* nackt; *m* Akt; Aktzeichnen
desodorante *m* Deo(dorant)
despacho Büro; Amt
despacio langsam
despedirse s. verabschieden, Abschied nehmen
despegue *m* Abflug
despertador *m* Wecker
despertar wecken, aufwecken;
despertarse aufwachen
despierto wach; aufgeweckt
después danach; dann; nachher; **~ de** nach
destinatario Empfänger
desvanecido bewusstlos
desvío Umleitung
detener halten; **detenerse** stehen bleiben; s. aufhalten
detergente *m* Waschmittel, Putzmittel
deteriorar beschädigen
determinado bestimmt
detrás hinten; **~ de** hinter
deuda Schuld
devolver wiedergeben, zurückgeben; zurückbringen
día *m* Tag;
~ de llegada Anreisetag;
~ laborable Werktag;
~s *pl* **laborables** *adv* wochentags, werktags; täglich

diabetes *f* Diabetes
diabético/diabética Diabetiker/in
diagnóstico Diagnose
diapositiva Dia
diario täglich
diarrea Durchfall
dibujar zeichnen
dibujo Zeichnung
dichoso glücklich
diciembre Dezember
diente *m* Zahn
dieta Diät; Schonkost
diferente anders; verschieden
difícil schwierig, schwer
dificultades *f pl* **de respiración** Atembeschwerden
difteria Diphtherie
digestión *f* Verdauung
dínamo *f* Lichtmaschine
dinastía Dynastie
dinero Geld; **~ efectivo/contante** Bargeld; **~ suelto** Kleingeld
Dios *m* Gott
dique *m* Deich
dirección *f* Adresse, Anschrift; Direktion; Regie; Richtung; **~ del viento** Windrichtung
directamente direkt
directo *adj* direkt
director/directora Direktor/in; Leiter/in; **~ de orquesta** Dirigent/in
disco (Verkehrs-)Ampel
discoteca Disko
disculpar entschuldigen; nachsehen; **disculparse** s. entschuldigen
disfrutar (de) genießen
dislocado verstaucht
disparador *m* Auslöser; **~ automático** Selbstauslöser
dispensario Sozialstation
dispositivo de alarma Alarmanlage
distancia Abstand; Entfernung
distensión *f* Dehnung; Zerrung; Entspannung
distinguido fein, vornehm
distinto *adj* anders, verschieden
distribuidor automático *m* Automat
diversión *f* Vergnügen; Spaß; Unterhaltung
divertido unterhaltend; lustig
divertirse s. amüsieren, s. unterhalten
divisas *f pl* Devisen
doble *adj* doppelt; *m* Doppel
documental *m* Dokumentarfilm
documento de identidad Personalausweis
documentos *m pl* Papiere
doler schmerzen, wehtun
dolor *m* Schmerzen; **~ de estómago** Magenschmerzen; **~ de garganta** Halsschmerzen; **~ de muelas** Zahnschmerzen; **~ de cabeza** Kopfschmerzen; **dolores de espalda** Rückenschmerzen
domicilio Wohnort
domingo Sonntag
dorado goldfarben
dormir schlafen
dormitorio Schlafzimmer
dos zwei
drama *m* Drama
drenaje *m* **linfático** Lymphdrainage
droguería Drogerie
ducha Dusche; **~ con asiento** Duschsitz

dueño/dueña Wirt/in; **~ de (la) casa** Hausbesitzer/in
dulce süß; *(Wein)* lieblich
dulces *m pl* Süßigkeiten
duradero haltbar
durante während; **~ el día** tagsüber
durar dauern; halten
duro hart; fest; zäh
DVD *m* DVD

E

echar werfen; *(Briefe)* einwerfen; **estar echado** liegen; **echarse** s. hinlegen
edad *f* Alter; **Edad Media** Mittelalter
edificio Gebäude; Bauwerk
efectivo, en ~ bar
ejemplo Beispiel; **por ~** zum Beispiel
ejercicio Übung; **~s de jazz** Jazzgymnastik
ejercitar üben
él er
elástico para el pelo Haargummi
eléctrico elektrisch
elegir aussuchen; wählen
ella sie
ellas *f pl* sie
ellos *m pl* sie
embajada Botschaft
embalaje *m* Verpackung
embarazo Schwangerschaft
embarcación *f* **habitable** Hausboot
embargo, sin ~ doch; jedoch; trotzdem
emblema *m* Wahrzeichen
embotellamiento Stau
embrague *m* Kupplung
embutido Wurst
emergencia Notfall
emisión *f* Sendung; Ausstrahlung; Ausstoß; Ausgabe
empalme *m* Anschluss
empaque *m Am* Verpackung
empaquetar einpacken; verpacken
emparentado verwandt
empaste *m* Plombe
empatado(s) unentschieden
emperador/emperatriz Kaiser/in
empezar anfangen
emplear anwenden; benutzen; verwenden
empleo Anwendung; Verwendung; Arbeit; Stelle
empresa Firma; Unternehmen
en auf; an; in; innerhalb; **~ español** auf Spanisch
encantador entzückend, bezaubernd
encendedor *m* Feuerzeug
encender *(Licht)* anmachen, einschalten
encendido Zündung
enchufe *m* Steckdose; **~ intermedio** Zwischenstecker
encía Zahnfleisch
encontrar finden; treffen; begegnen; **encontrarse** s. befinden; liegen
endibia Chicoree
enero Januar
enfadado böse; verärgert
enfadarse (por) s. ärgern (über)
enfermedad *f* Krankheit; **~ infantil** Kinderkrankheit
enfermero/enfermera Krankenpfleger/ Krankenschwester
enfermo krank
enfrente (de) gegenüber

engaño Betrug; List
enhorabuena Glückwunsch
enseñar lehren; unterrichten; zeigen; vorzeigen
entender verstehen; **entenderse bien** s. gut verstehen; s. vertragen
enterarse de erfahren
entero ganz
entonces also; dann; da; damals
entrada Eintritt; Eintrittskarte; Eingang; Einfahrt; Auffahrt; Einreise;
precio de (la) ~ Eintrittspreis
entrar eintreten; hineingehen; hereinkommen
entre zwischen, unter
entreacto Pause
entrega de equipaje Gepäckausgabe
entrega de las llaves Schlüsselübergabe
entregar liefern; überbringen; übergeben, überreichen; abgeben; *(Botschaft)* ausrichten
entremeses *m pl* Vorspeise
entusiasmado (con) begeistert (von)
envenenamiento Vergiftung
enviar schicken, (nach-, ver-) senden; wegschicken; *(Post)* aufgeben
Epifanía Dreikönigstag
epilepsia Epilepsie
época Epoche;
~ renacentista Renaissance
equipaje *m* Gepäck
equipo Ausstattung; Mannschaft;
~ de buceo Taucherausrüstung
equivocación *f* Missverständnis
equivocar verfehlen;
equivocarse s. irren; s. täuschen; s. verrechnen
error *m* Irrtum; Missverständnis
erupción *f* **(cutánea)** Ausschlag
escala Zwischenlandung; Skala; Verhältnis; Größe; Leiter; **hacer ~ (en)** anlegen (in); zwischenlanden (in)
escalado *m* Stufenschnitt
escalar bergsteigen
escalera Treppe; Leiter
escalofríos *m pl* Schüttelfrost
escáner *m* Scanner
escaparate *m* Schaufenster
escarpado steil
escenificación *f* Inszenierung
escoger aussuchen, wählen
escolar *m/f* Schüler/in
escribir schreiben
escritura (Hand-)Schrift
escuchar (a alguien) (jdm) zuhören;
~ música Musik hören
escuela Schule;
~ de equitación Reitschule
escultor/escultora Bildhauer/in
escultura Skulptur; Plastik
esófago Speiseröhre
espacio Raum
espalda Rücken
España Spanien
español *adj* spanisch
español/española Spanier/in
espárragos *m pl* Spargel
espasmo Krampf
especia Gewürz
especial speziell; Sonder...; besonders
especialidad *f* Spezialität;
especialidades *f pl* Spezialitäten; Feinkostgeschäft
especialmente *adv* besonders; extra

espectáculo Aufführung, Schauspiel; Veranstaltung, Show; **~ folclórico** Folkloreabend
espectador/espectadora Zuschauer/in
espejo Spiegel; **~ retrovisor** Rückspiegel
esperar hoffen; erwarten; warten
espina Gräte
espinacas *f pl* Spinat
espinilla Schienbein
esposo/esposa Ehemann/Ehefrau
espuma de afeitar Rasierschaum
esquí *m* Ski; **~ acuático** Wasserski; **~ de fondo** Langlaufski
esquiar Ski laufen
esquina Ecke
estación *f* Bahnhof; Jahreszeit; Saison; **~ balnearia** Badeort; **~ central** Hauptbahnhof; **~ de autobuses** Busbahnhof; **~ de esquí** Bergstation; **~ final** Endstation; **~ inferior** Talstation
estadía *Am* Aufenthalt
estadio Stadion
estado Staat; Zustand; Verfassung
estampilla *Am* Briefmarke
estancia Aufenthalt, *Am* Bauernhof
estanco Tabakladen
estar sein; liegen; stehen; **~ de pie** stehen; **~ de acuerdo** zustimmen
estatua Statue
este *m* Osten
este/esta/esto dieser/diese/dieses
estilo Stil
estofado *adj* geschmort; *m* (Schmor-)Braten
estómago Magen
estorbar stören
estornudar niesen
estrecho schmal; eng
estrella Stern
estreñimiento Verstopfung
estreno Premiere
estropeado kaputt; verdorben
estropear verderben; beschädigen
estudiar studieren
estudio Studio
estúpido blöd(e), dumm
euro Euro
Europa Europa
europeo europäisch
europeo/europea Europäer/in
exacto genau; richtig
examen *m* Untersuchung
excavaciones *f pl* Ausgrabungen
excelente ausgezeichnet; großartig
excepto außer
excursión *f* Ausflug; Tour; (Stadt-)Rundfahrt; **~ de un día** Tagesausflug; **~ en bici(cleta)** Radtour; **~ en velero** Segeltörn; **hacer excursiones a pie** wandern
excusa Entschuldigung
exento de derechos de aduana zollfrei
expendedor de sellos Briefmarkenautomat
exposición *f* (Kunst-)Ausstellung
expresión *f* Ausdruck
expresionismo Expressionismus
expreso *adj* ausdrücklich; *m* *(Post)* Eilbrief

exterior äußerlich
extintor *m* Feuerlöscher
extrañarse (de) s. wundern (über)
extranjero *adj* ausländisch; fremd; *m* Ausland
extranjero/extranjera Ausländer/in; Fremde/r
extraordinario außergewöhnlich; ausgezeichnet
extraviarse s. verirren

F

fábrica Fabrik
fachada Fassade
fácil leicht, einfach
facilidades *f pl* **para personas con sillas de ruedas** rollstuhlgerecht
factor *m* **de protección solar** Lichtschutzfaktor
factura Rechnung
facturación *f* **de equipajes** Gepäckabfertigung
facturar *(Flughafen)* einchecken
falda Rock
falso falsch; unecht
falta Fehler; Mangel;
sin ~ *adv* unbedingt
faltar fehlen
familia Familie
famoso berühmt, bekannt
fango Fango
farmacia Apotheke
faro Leuchtturm; Scheinwerfer
fastidiar belästigen; ärgern; stören
fatigoso anstrengend
favor *m* Gefälligkeit, Bitte;
en ~ de zu Gunsten
fax *m* Fax
febrero Februar
fecha Datum; Termin;
~ de nacimiento Geburtsdatum
felicidad *f* Glück
felicitación *f* Glückwunsch
felicitar gratulieren
feliz glücklich; froh
feo hässlich
feria Jahrmarkt; Kirmes; Messe
ferretería Eisenwarengeschäft
ferrocarril *m* **de cremallera** Zahnradbahn
ferryboat *m Am* Fähre
férula *(Verband)* Schiene
festival *m* Festival
fiambrería *Am* Feinkost-geschäft
fiambres *m pl* **variados** Aufschnitt
fianza Kaution
fiebre *f* Fieber;
~ del heno Heuschnupfen
fiesta Fest, Party
fijación *f* **(de los esquís)** Skibindung
fijador *m* **(para el pelo)** Haarfestiger
fijo fest
film(e) *m* Film
filmadora Videokamera
filtro de café Kaffeefilter
fin *m* Ende; Schluss; Zweck;
~ de semana Wochenende;
por ~ endlich
final *m* Ende
finalmente endlich; zuletzt
finca Bauernhof;
~ rural *Am* Landgut;
~ rústica Landgut
fino dünn; fein; zart; höflich; schlau
firma Unterschrift; Firma
firmar unterschreiben
firme fest

flaco mager
flash *m* Blitzgerät
flato Blähungen
flequillo Pony
flor *f* Blume
florero Vase
floristería Blumengeschäft
flotador *m* Schwimmring; **flotadores (de brazos)** Schwimmflügel
folclore *m* Folklore
folleto Prospekt
forastero fremd
forastero/forastera Fremde/r
forfait *m* **válido para un día** Tagespass
forma Form; Weise; **en (buena) ~** fit
formación *f* Ausbildung
formato apaisado Querformat
formato vertical Hochformat
formulario Formular, Vordruck
fortaleza Burg, Festung; Stärke
forzar aufbrechen, zwingen
fósforo Streichholz; Phosphor
foto(grafía) Aufnahme, Bild, Foto
fotografiar fotografieren
fotómetro Belichtungsmesser
fractura Bruch
francés *adj* französisch
francés/francesa Franzose/ Französin
Francia Frankreich
franco suizo Schweizer Franken
franquear frankieren
franqueo Porto
frase *f* Satz
fraude *m* Betrug
frecuente(mente) oft, häufig
fregadero Spülbecken
fregona Wischmopp
freno Bremse; **~ de emergencia** Notbremse; **~ de mano** Handbremse
frente *f* Stirn; **~ a** gegenüber
fresas *f pl* Erdbeeren
fresco frisch; kühl
fresones *m pl* Erdbeeren
frijoles *m pl Am* Bohnen
frío kalt; **tener/pasar ~** frieren
frito gebacken
frontera Grenze, Grenzübergang
frontispicio Giebel
fruta Obst
frutería y verdulería Obst- und Gemüsehändler
frutilla Erdbeere
frutos *m pl* **secos** Nüsse
fuego Feuer; Brand; **fuegos artificiales** Feuerwerk
fuente *f* Brunnen; Quelle; Schüssel
fuera außen; draußen; außerhalb; fort, weg; **~ de** außerhalb; **~ de juego** abseits
fuerte kräftig; stark; scharf
fuerza Kraft; Stärke; **~ del viento** Windstärke
fumador/fumadora Raucher/in; **no ~** Nichtraucher/in
fumar rauchen
función *f (Theater)* Vorstellung
funcionar funktionieren
funicular *m* Seilbahn
furioso wütend; zornig; heftig
fusible *m* Sicherung
fútbol *m* Fußball
futuro Zukunft; zukünftig

G

gafas *f pl* **de buceo** Taucherbrille

gafas *f pl* **de esquí** Skibrille
galería (Kunst-)Galerie
Galicia Galicien
gallego *adj* galicisch; *(Sprache)* Galicisch
gallego/gallega Galicier/in
galletas *f pl* Gebäck; Kekse
gambas *f pl* Garnelen, Krabben
gana(s) *f (pl)* Lust;
de buena gana gern;
de mala gana ungern, nicht gern
ganancia Gewinn; Verdienst
ganar gewinnen
gancho Haken
garaje *m* Garage
garantía Garantie; Sicherheit
garbanzos *m pl* Kichererbsen
garganta Kehle; Hals
garrafa Karaffe;
~ de gas *Am* Gasflasche
garrapata Zecke
gasa Mullbinde
gasolina Benzin;
poner ~ tanken
gastar ausgeben; verbrauchen
gastos *m pl* Ausgaben; Kosten; Unkosten; Spesen;
~ adicionales Nebenkosten
gato Katze; Wagenheber
gaviota Möwe
gel *m* **de ducha** Duschgel
gel *m* **para el pelo** Haargel
general allgemein; gewöhnlich
gente *f* Leute
gimnasia Gymnastik
gimnasio Fitnesscenter
giro Überweisung;
~ telegráfico telegrafische Überweisung
glucosa Traubenzucker
gobierno Regierung
golf *m* Golf
golfo Bucht
golosinas *f pl* Süßigkeiten
golpe Delle
golpear (zusammen)schlagen
gordo dick; fett; stark
gorra Mütze
gorro de baño Bademütze
gotas *f pl* Tropfen;
~ para los oídos Ohrentropfen;
~ para los ojos Augentropfen
gótico *adj* gotisch; *m* Gotik
gozar (de) genießen
grabado Grafik;
~ en madera Holzschnitt
gracias *f pl* Dank;
dar las ~ danken
gracioso lustig; anmutig
gramo Gramm
grande groß; **grandes almacenes** Kaufhaus
granja Bauernhof
gratificación *f* Belohnung
gratinado überbacken
gratis gratis, umsonst, kostenlos, frei
gratuitamente gratis
gratuito kostenlos, umsonst, gratis, frei
grave ernst; schlimm; schwer
gravilla Rollsplitt
griego griechisch
grifo Wasserhahn
gripe *f* Grippe
gris grau
gritar schreien
grúa Abschleppwagen
grueso fett; stark
grupo Gruppe; Runde;
~ turístico Reisegesellschaft;
~ de teatro Theatergruppe;
~ sanguíneo Blutgruppe
gruta Grotte
guantes *m pl* Handschuhe
guapo hübsch

guardar behalten
guardarropa *m* Garderobe
guardería infantil Kinderbetreuung
guía (*f Buch; m/f Person*) Reiseführer; **~ turístico/turística** *m/f* Reiseführer/in; **~ de campings** Campingführer; **~ telefónica** Telefonbuch
guindilla Paprikaschote
guisantes *m pl* Erbsen
gusano Wurm
gustar gefallen; mögen; schmecken
gusto Geschmack; Gefallen; **con ~** gern

H

habitación *f* Raum, Zimmer
habitante *m/f* Bewohner/in; Einwohner/in
habitar wohnen
habitual gebräuchlich; üblich; gewohnt
hablar reden, sprechen
hace diez minutos vor zehn Minuten
hace poco kürzlich
hacer machen; **no ~ nada** faulenzen; **~ un viaje** verreisen
hacia nach; um; gegen; **~ abajo** abwärts; **~ arriba** aufwärts; **~ atrás** rückwärts; zurück; **~ mediodía** gegen Mittag
hacienda *Am* Bauernhof
hall *m* Empfangshalle
hambriento hungrig
harina Mehl
harto satt
hasta bis; sogar; **~ ahora** bis jetzt
hay es gibt
hecho a mano handgemacht
helada Frost
helado Eis
hemorragia Blutung; **~ cerebral** Gehirnschlag; **~ nasal** Nasenbluten
herida Verletzung, (Schnitt-) Wunde
herido/herida Verletzte/r
herir verletzen
hermana Schwester; Ordensschwester
hermano Bruder
hermoso schön
hernia (inguinal) Leistenbruch
herpes *m* Herpes
herramientas *f pl* Werkzeug
hervidora Wasserkocher
hervir (*Wasser*) kochen
hidroala *m* Tragflügelboot
hidrofoil *m* Tragflügelboot
hielo Eis
hierbas *f pl* Kräuter
hígado Leber
higos *m pl* Feigen
hija Tochter
hijo Sohn
hilo Faden
hinchado geschwollen
hinchazón *f* Schwellung
hinojo Fenchel
historia Geschichte
hockey *m* **sobre hielo** Eishockey
hoja Blatt
holgazán faul
hombre *m* Mensch, Mann
Hombres (*Toilette*) Herren
hombro Schulter
hondo tief
hongos *m pl* Pilz; Pilzinfektion

hora Stunde;
media ~ eine halbe Stunde;
~ de llegada Ankunftszeit;
~ de salida Abfahrtszeit;
a esta ~ um diese Zeit
horario Fahrplan;
~ de visita Besuchszeit;
~s de apertura Öffnungszeiten
hornillo Kocher
horno Kocher; Backofen;
~ de gas Gaskocher
horquillas *f pl* Haarklammern
horrible fürchterlich, schrecklich
hospital *m* Krankenhaus
hospitalidad *f* Gastfreundschaft
hoy heute
hueso Knochen
huésped *m* Gast
huevera Eierbecher
huevos *m pl* Eier
húmedo feucht; nass

I

idea Idee; Gedanke; Ahnung; Vorstellung
idioma *m* Sprache
iglesia Kirche
ignición *f Am* Zündung
igual gleich;
~ que *(Vergleich)* wie
impedir hindern, verhindern
imperdible Sicherheitsnadel
impermeable *m* Regenmantel
importancia Bedeutung; Wichtigkeit; Ausmaß;
sin ~ unwichtig; wertlos
importante bedeutend; groß; wichtig
importe *m* Betrag; Summe; Pauschale
imposible unmöglich; ausgeschlossen
impresionante beeindruckend
impresionismo Impressionismus
impreso Formular, Vordruck
impresora Drucker
improbable unwahrscheinlich
inadecuado ungeeignet
incidente *m* Zwischenfall, Vorfall
incluido inbegriffen
incorrecto falsch
increíble unglaublich
indemnización *f* Schaden-ersatz
indemnizar *(Schaden)* ersetzen
indicador *m* **de camino** Wegweiser
índice *m* **de alcoholemia** Promillegrenze
indigestión *f* Verdauungsstörung
inepto ungeeignet
inestable wechselhaft
infarto cardíaco Herzinfarkt
infección *f* Infektion
inflamable feuergefährlich
inflamación *f* Entzündung
información *f* Auskunft
informar benachrichtigen; informieren; unterrichten; Bescheid geben; melden
infusión *f* Infusion;
~ manzanilla Kamillentee
inglés *adj* englisch
inglés/inglesa Engländer/in
inmediatamente sofort; direkt; unmittelbar
inmediato *adj* direkt, unmittelbar
inscribirse s. anmelden
inscripción *f* Inschrift
insecto Insekt
insignificante unwichtig
insolación *f* Sonnenstich
insomnio Schlaflosigkeit
insoportable unerträglich

instalación *f* (Sport-)Anlage
instantánea Schnappschuss
insulina Insulin
inteligente klug
intentar versuchen
interesante interessant
interesarse (por) s. interessieren (für)
interfono (para bebés) Babyfon
interior *m* **del país** Hinterland
intermitente *m (Auto)* Blinklicht
internacional international
interrail *m* Interrail
interrumpir unterbrechen; *(Reise, fig)* abbrechen
interruptor *m* Lichtschalter
intestino Darm
intolerable unerträglich
intoxicación *f* (Lebensmittel-) Vergiftung;
~ **de la sangre** Blutvergiftung
intranquilizarse s. beunruhigen
invidente *adj* sehbehindert; *m/f* Sehbehinderte/r
invierno Winter
invitar einladen; auffordern
inyección *f* Spritze
iPod *m* iPod
ir gehen; fahren;
~ **a pie** zu Fuß gehen;
~ **a ver a alg** jdn besuchen;
~ **en avión** fliegen;
~ **bien** zusagen; passen;
~ **en canoa** paddeln;
~ **en piragua** paddeln;
irse weggehen;
ir(se) a la cama zu Bett gehen
isla Insel
itinerario Route, Reiseroute
izquierdo linke(r, -s);
a la izquierda links

J

jabón *m* Seife
jamón *m* Schinken; ~ **cocido,** ~ **de york** gekochter Schinken; ~ **serrano/crudo** roher Schinken
jaqueca Migräne
jarabe *m* **(contra la tos)** Hustensaft
jardín *m* Garten;
~ **botánico** Botanischer Garten
jarra de leche Milchkännchen
jarrón *m* Vase
jazz *m* Jazz
jefa Chefin; Leiterin
jefe *m* Chef; Leiter
jersey *m* Pullover
joven jung
joyas *f pl* Schmuck
joyería Juwelier
judías *f pl* Bohnen;
~ **verdes** grüne Bohnen
juego Spiel;
~ **de bolos** Bowling
jueves *m* Donnerstag
juez *m/f* Richter/in
jugar spielen
jugoso saftig
juguetería Spielwarengeschäft
juguetes *m pl* Spielsachen
julio Juli
junio Juni
junto a neben; (nahe) bei; am;
~ **al Amazonas** am Amazonas
juntos zusammen
ketchup *m* Ketschup
kilo, kilogramo Kilogramm
kilómetro Kilometer
kiwi Kiwi

L

labio Lippe
laca de uñas Nagellack
lado Seite; **al ~ de** neben
ladrón/ladróna (Taschen-)Dieb/in
lago der See
lamentar bedauern
lámpara Lampe; **~ de mesita de noche** Nachttischlampe
lana Wolle
lancha motora Motorboot
lapicero de bolilla *Am* Kugelschreiber
lápiz *m* **de color** Farbstift
largo lang; *(Weg)* weit
lástima schade!
lata Dose
laurel *m* Lorbeerblätter
lavabo (Hand-)Waschbecken; **~ de pie** Stehklo; **~ para minusválidos** Behindertentoilette; **lavabos** *m pl* Waschraum
lavadora Waschmaschine
lavandería Wäscherei; Waschsalon
lavaplatos *m* Geschirrspülmaschine
lavar waschen
lavavajillas *m* Geschirrspülmaschine; Spülmittel
laxante *m* Abführmittel
leche *f* Milch; **~ batida** Buttermilch; **~ semidesnatada** fettarme Milch
lechería Milchgeschäft
lechuga (Kopf-)Salat
leer lesen
legumbres *f pl* Gemüse
lejano weit; entfernt
lengua Zunge; Sprache
lenguado Seezunge
lenguaje *m* **por señas** Zeichensprache
lentamente *adv* langsam
lente *f* Linse; **lentes** *f pl* Brille
lentejas *f pl* Linsen
lento *adj* langsam
leotardos *m pl* Strumpfhose
letrero Schild
levantar heben; **levantarse** aufstehen
libra Pfund
libre frei
librería Buchhandlung
libreta de la caja (postal) de ahorros Postsparbuch
libro Buch; **~ de bolsillo** Taschenbuch; **~ de cocina** Kochbuch
licencia de pesca Angelschein
lícito zulässig
ligero *(Gewicht)* leicht; *Am* rasch
lila lila
límite *m* Grenze
limonada Limonade
limones *m pl* Zitronen
limpiaparabrisas *m* Scheibenwischer
limpiar reinigen, putzen; **~ en seco** chemisch reinigen
limpieza final Endreinigung
limpio sauber; *(Wäsche)* frisch; *(Sport)* fair
lindo hübsch; nett; schön
línea Linie; Bahnstrecke
lino Leinen
liquidación *f* Ausverkauf
líquido *adj* flüssig; *m* Flüssigkeit; **~ de freno** Bremsflüssigkeit
lista de correos, a/en ~ postlagernd

listo klug; fertig, bereit
literas *f pl* Etagenbett
litro Liter
liviano *Am (Gewicht)* leicht
llamada a cobro revertido R-Gespräch
llamada internacional Auslandsgespräch
llamada interurbana/de larga distancia Ferngespräch
llamada telefónica Anruf
llamada urbana Ortsgespräch
llamar rufen; aufrufen; nennen; heißen; *(an die Tür)* klopfen; **~ por teléfono** anrufen; telefonieren
llano flach; eben
llanura Ebene
llave *f* Schlüssel; **~ de encendido** Zündschlüssel; **~ de la luz** Lichtschalter
llegada Ankunft
llegar ankommen
lleno voll
llevar bringen, wegbringen; mitbringen, überbringen; tragen; **~ (puesto)** *(Kleidung)* tragen; **~ consigo** mitnehmen
llorar weinen
lluvia Regen
lluvioso regnerisch
loción *f* Lotion; **loción anti piojos** Mittel gegen Läuse
loco verrückt
lograr erreichen
longitud *f* Länge; Größe
luces *f pl* **de frenado** Bremslichter
luces *f pl* **traseras** Rücklicht
luego nachher; danach
lugar *m* Ort; Stelle; **en ~ de** anstatt, statt; **tener ~** stattfinden; **~ conmemorativo** Gedenkstätte; **~ de nacimiento** Geburtsort; **~ de peregrinación** Wallfahrtsort; **~ de pesca** Fischerort; **lugares de interés** Sehenswürdigkeiten
lujoso luxuriös
lumbago Hexenschuss
luna Mond
lunes *m* Montag; **el ~ pasado** letzten Montag; **Lunes de Pascua** Ostermontag
luz *f* Licht; **~ de carretera** Fernlicht; **~ de cruce** Abblendlicht; **~ de posición/de estacionamiento** Standlicht

M

madera Holz
madre *f* Mutter
maduro reif
magnífico herrlich
magro *(Fleisch)* mager
mahonesa Majonäse
maíz *m* Mais
mal schlecht; böse; übel
maleta Koffer
maletero Kofferraum
mallas *f pl* Leggins
malo *adj* schlecht; schlimm; gemein, böse, übel
malva lila
mañana Morgen, Vormittag; **esta ~** heute Morgen; **por la ~** am Vormittag/Morgen
mancha Fleck(en)
mandar schicken; senden
mandarinas *f pl* Mandarinen
mandíbula Kiefer
manejar *Am* fahren; Auto fahren

manera Art, Weise
manga Ärmel
mango Mango
manifestación *f* Veranstaltung; Demonstration
mano *f* Hand;
hecho a ~ handgemacht
manopla de baño Waschlappen
manta de lana Wolldecke; wollene Bettdecke
manteca *Am* Butter
mantel *m* Tischtuch
mantequilla Butter
manzana Apfel
mapa *m* Landkarte;
~ de carreteras Straßenkarte;
~ para excursiones Wanderkarte
máquina Maschine;
~ canceladora de billetes (*Am* **boletos)** Fahrscheinentwerter;
~ expendedora de billetes (*Am* **boletos)** Fahrkartenautomat
maquinilla de afeitar Rasierer
mar *m* Meer
maravilloso großartig; wunderbar
marcapasos *m* Herzschrittmacher
marcar *(tele)* wählen
marcha Gang;
~ atrás Rückwärtsgang
marchante *m Am* Kunde
marcharse weggehen
marea alta Flut
marea baja Ebbe
mareado schwindlig
mareado, estoy ~ mir ist übel/ schlecht/schwindelig; ich bin seekrank
mareo Schwindel
margarina Margarine
marido Ehemann
marrón braun
martes *m* Dienstag
martillo Hammer
marzo März
más mehr; plus;
~ que mehr als;
a lo ~ höchstens;
~ bien eher; lieber; vielmehr
masaje *m* Massage; **masaje corporal** Ganzkörpermassage
mata Busch
material *m* Material
máximo, al ~ höchstens
mayo Mai
mayonesa Majonäse
me mich; mir
mecha Strähne
mechas *f pl* (Haar-)Strähnen, Strähnchen
media pensión Halbpension
mediano *adj* durchschnittlich
mediante *(Mittel)* durch
medias *f pl* Strümpfe
medicamento Medikament;
~ para la circulación de la sangre Kreislaufmittel
medicina Medikament
medio *adj* halb; durchschnittlich; *m* Mittel; Mitte;
~ ambiente Umwelt;
~ contra los insectos Insektenmittel
mediodía *m* Mittag;
a ~ mittags
meditación *f* Meditation
Mediterráneo Mittelmeer
medusa Qualle
mejillones *m pl* Miesmuscheln
mejor besser; eher; lieber; **el/la/ lo ~** der/die/das beste
melocotones *m pl* Pfirsiche
melón *m* Honigmelone
memory card *f* Speicherkarte
meningitis *f* Hirnhautentzündung

menos weniger; minus;
al ~ mindestens;
por lo ~ wenigstens; mindestens
menstruación *f* Menstruation
mensual(mente) monatlich
menú *m* Menü;
Am Speisekarte
menudo, a ~ *adv* oft, häufig
mercado Markt
mermelada Marmelade
mes *m* Monat;
al ~ monatlich
mesa Tisch; **~ para cambiar los pañales** Wickeltisch
mesita de noche Nachttisch
meta Ziel;
~ de(l) viaje Reiseziel
método anticonceptivo Verhütungsmittel
metro Meter; U-Bahn;
~ cuadrado Quadratmeter
mezclado gemischt
mi mein; **a mí** mir, mich;
por mí meinetwegen; **por mi parte** meinerseits; meinetwegen
micosis *f* Pilzinfektion
microondas *m* Mikrowelle
miedo Angst, Furcht;
tener ~ (de) s. fürchten (vor)
miel *f* Honig
miércoles *m* Mittwoch;
~ de ceniza Aschermittwoch
milímetro Millimeter
minibar *m* Minibar
minigolf *m* Minigolf
minusvalidez *f* Körperbehinderung
minusválido/minusválida grave Schwerbehinderte/r
minuto Minute
mirada Blick
mirador *m* Aussichtspunkt
mirar schauen; anschauen; ansehen; betrachten;
estar mirando zuschauen
misa Messe
mismo selbst;
lo ~... que genau so ... wie
mitad *f* Hälfte
mochila Rucksack
moda Mode
modelo Modell
modernismo Jugendstil
moderno modern
modista *m/f* Schneider/in
modo Art, Weise
mojado nass
molestar belästigen; stören
molestia Störung;
tomarse la ~ de s. die Mühe machen zu
molesto lästig
molinillo de pimienta Pfeffermühle
momento Augenblick, Moment;
en este ~ gerade;
hace un ~ *(zeitlich)* eben
monasterio Kloster
mondadientes *m* Zahnstocher
moneda Geldstück, Münze; Währung
monedas *f pl* Kleingeld
monopatín *m* Skateboard
montaña Berg; Gebirge
montar a caballo reiten
montar en bicicleta Rad fahren
monumento Denkmal;
~ fúnebre Grabmal;
~s Sehenswürdigkeiten
moras *f pl* Brombeeren
morder beißen
moreno braun
mosaico Mosaik
mosca Fliege
mosquito Mücke

mostaza Senf
mostrar zeigen; vorzeigen
motel Motel
motivo Anlass; Beweggrund
motor *m* Motor;
~ de arranque Anlasser
mountain bike *f* Mountainbike
MP3 *m* MP3Player
muchacha Mädchen
muchacho Junge
mucho viel; *(beim Verb)* sehr
mudanza Umzug
mudarse (s.) umziehen
mudo stumm
mueble *m* Möbel
muela Zahn;
~ del juicio Weisheitszahn
muelle *m* Kai; Mole; Feder
mujer *f* Frau; Ehefrau
muleta Krücke
multa Bußgeld, Geldstrafe
multicolor bunt, farbig
mundo Welt
murallas *f pl* **(de la ciudad)** Stadtmauern
muro Mauer
músculo Muskel
museo Museum; **~ etnológico** Völkerkundemuseum
música Musik; **~ clásica** Klassik;
~ en directo Livemusik;
~ popular Volksmusik
musical *m* Musical
muy sehr

N

nacido geboren
nacionalidad *f* Staatsangehörigkeit
nada nichts
nadador/nadadora Schwimmer/in
nadar schwimmen;
~ con tubo de buceo/con esnórquel schnorcheln
nadie niemand; keine(r, -s)
naranja orange
naranjas *f pl* Apfelsinen
nariz *f* Nase
nata Sahne;
~ agria saure Sahne;
~ batida/montada Schlagsahne
nativo einheimisch
natural natürlich
naturaleza Natur;
~ muerta Stillleben
naturalmente natürlich
náuseas *f pl* Brechreiz, Übelkeit
navaja Taschenmesser
navegar (a vela) segeln
Navidad Weihnachten
necesario nötig, notwendig
necesitado de cuidados sanitarios pflegebedürftig
necesitar benötigen, brauchen
nefritis *f* Nierenentzündung
negativo negativ
negro schwarz
nervio Nerv
nervioso nervös
neumático Reifen; Schlauch;
~s de invierno Winterreifen
nevera Kühlschrank;
~ portátil Kühltasche
niebla Nebel
nieto/nieta Enkel/in
nieve *f* Schnee;
~ polvo Pulverschnee
niña Mädchen *(Kind)*
ningún, ninguno kein(er);
en ninguna parte nirgends
niño Kind, Junge;
~ de pecho Säugling

no nein; nicht
noche *f* Nacht; Abend;
por la ~ nachts
Nochebuena Heiliger Abend
Nochevieja Silvesterabend
nombre *m* Name; Bezeichnung;
nombre de pila Vorname;
nombre de soltera Geburtsname
normal normal
normalmente normalerweise
norte *m* Norden;
al ~ de nördlich von
nos uns
nosotros/nosotras wir;
a ~ uns
nota Aufzeichnung;
tomar ~ de algo s. etw merken
notar merken, bemerken
noticia Nachricht, Neuigkeit
novela Roman
noviembre November
nube *f* Wolke
nublado bewölkt
nuestro/nuestra unser/e
nuevo neu; frisch;
de ~ wieder
nuez *f* **moscada** Muskatnuss
número Nummer; Zahl; Größe;
~ de la casa Hausnummer;
~ de teléfono Telefonnummer; **~ del vagón** Wagennummer;
~ secreto Geheimzahl
nunca nie; je

O

o oder; **o... o** entweder ... oder
objetivo Objektiv
objeto Gegenstand;
~s de valor Wertsachen;
~ expuesto Exponat;
~s de cerámica Töpferwaren;
~s hallados Funde
obra Baustelle
obra de teatro Theaterstück
observar bemerken; beobachten, merken; beachten; (ein)halten; *(sagen)* bemerken
observatorio astronómico Sternwarte
ocasión *f* Gelegenheit; Anlass; **en ocasiones** *adv* gelegentlich
octubre Oktober
ocupado beschäftigt; *(Platz)* besetzt
oeste *m* Westen
ofensa Beleidigung
oficial amtlich, offiziell
oficina Büro; Amt;
~ de cambio Wechselstube;
~ de correos Postamt;
Oficina Central de Correos Hauptpostamt;
~ de objetos perdidos Fundbüro;
~ de turismo Verkehrsbüro, Fremdenverkehrsamt
oficio artístico Kunstgewerbe
ofrecer anbieten; bieten
oído Gehör
oír hören; erfahren
ojalá hoffentlich
ojos *m pl* Augen
ola de calor Hitzewelle
oleaje *m* Seegang
oler riechen; **~ mal** stinken
olla Topf
olor *m* Geruch
olvidar vergessen; liegen lassen
ópera Oper
operación *f* Operation
opereta Operette
opinar meinen
opinión *f* Meinung; Ansicht
oportunamente rechtzeitig

óptica Optiker
opuesto entgegengesetzt
orden *m* Ordnung; *f (rel)* Orden
ordenador *m* **portátil** Notebook, Laptop
oreja Ohr
orfebrería Goldschmiedekunst
origen *m* Ursache, Quelle
original *m* Original
orilla Rand; Ufer
orina Urin
oro Gold
orquesta Orchester; **~ de baile** Tanzkapelle
os euch
oscuro dunkel; finster
ostras *f pl* Austern
otitis *f* **media** Mittelohrentzündung
otoño Herbst
otro ein anderer; **de otra manera/forma** anders; **en otra parte** anderswo; **otra vez** wieder; ein andermal

P

paciencia Geduld
padre *m* Vater
padres *m pl* Eltern
pagar (aus-/be-)zahlen; **~ al contado** bar zahlen
página *(Buch)* Seite; **~s amarillas** gelbe Seiten
pago Zahlung
país *m* Land
País Vasco Baskenland
paisaje *m* Landschaft
pájaro Vogel
pajita Strohhalm
palabra Wort
palacio Palast, Schloss
palco Loge
palillo (de dientes) Zahnstocher
palo de golf Golfschläger
palo de tienda de campaña Zeltstange
pan *m* Brot; **~ blanco** Weißbrot; **~ integral** Schwarzbrot, Vollkornbrot
panadería Bäckerei
pañales *m pl* Windeln
panecillo Brötchen
paño de cocina Geschirrtuch
paño para fregar Spültuch
pantalón *m* Hose; **~ corto** Shorts; **~ de baño** Badehose; **~ de deporte** Jogginghose; **~ de esquí** Skihose
pantano Sumpf
panty *m* Damenstrumpfhose
pañuelo Taschentuch; **~ de cabeza** Kopftuch; **~ de cuello** Halstuch, Schal; **~s de papel** Papiertaschentücher
papel *m* Papier; **~ de aluminio** Alufolie; **~ de cartas, ~ de escribir** Briefpapier; **~ higiénico** Toilettenpapier; **~ principal** Hauptrolle
papelería Schreibwarengeschäft
paperas *f pl* Mumps
paquete *m* Paket; **~ pequeño** Päckchen
par *m* Paar; **un ~ (de)** ein paar; ein Paar
para für
parabrisas *m* Windschutzscheibe
paracaidismo Fallschirmspringen
parachoques *m* Stoßstange
parada Haltestelle; Aufenthalt; **~ de taxis** Taxistand
parado arbeitslos

paragolpes *m Am* Stoßstange
paraguas *m* Schirm
parálisis *f* Lähmung
parapléjico querschnittsgelähmt
parar anhalten; *(Motor)* abstellen; **pararse** stehen bleiben; halten
parches *m pl* **y pegamento** Flickzeug
parecido ähnlich
pared *f* Mauer; **~ escarpada** Felswand
pariente *adj* verwandt; *m/f* Verwandte/r
parking *m* Parkplatz
parque *m* Park; **~ de atracciones** Freizeitpark, Vergnügungspark; **~ de recreo infantil** Kinderspielplatz; **~ nacional** Nationalpark; **~ zoológico** Zoo
parrilla Grill; **a la ~** vom Grill
parte *f* Teil
partida Abfahrt; Ausreise
partido Spiel; **~ de fútbol** Fußballspiel; **~ individual** Einzel
partir teilen; starten; **~ para** abreisen (nach); **a ~ de** *(Zeitpunkt)* seit
pasado *adj* vorüber; vergagngen, letzte(r, -s); **~ mañana** übermorgen; *m* Vergangenheit
pasaje *m* Durchgang; Gang; Passage; Übergang
pasajero *adj* vorübergehend
pasajero/pasajera Passagier/in
pasaporte *m* Reisepass
pasar s. ereignen, geschehen; passieren; (über)reichen; vorübergehen; überholen; vergehen; ablaufen; verbringen; **~ de contrabando** schmuggeln; **¡pase!** herein!
Pascua (de Resurrección) Ostern
pase *m* Pass
pasear spazieren gehen
paseo Spaziergang; Bummel; **~ a caballo** Ausritt
pasillo Gang
paso Schritt; Durchgang; Durchfahrt; Übergang; Pass; **~ subterráneo** Unterführung; **de ~** auf der Durchreise
pasta Nudeln; Paste; **~ de dientes** Zahnpasta
pastas *f pl* Gebäck, Kekse
pastel *m* Kuchen
pastelería Konditorei, Süßwarengeschäft
pastilla Tablette; **~s contra el dolor** Schmerztabletten; **~s para el dolor de cabeza** Kopfschmerztabletten; **~s para la garganta** Halstabletten
pasto *Am* Rasen
patatas *f pl* Kartoffeln
paté *m* **de hígado** Leberpastete
patillas *f pl* Koteletten
patinador *m* Inliner
patinaje *m* **sobre hielo** Eislauf
patines *m pl* **de hielo** Schlittschuhe
patines *m pl* **de ruedas** Rollschuhe
patinete *m* Roller
patio Hof; **~ interior** Innenhof
patria Heimat, Vaterland
peaje *m* Autobahngebühr
peatón *m* Fußgänger/in
pecho Brust
pedal *m* **del gas** Gaspedal
pediatra *m/f* Kinderarzt/-ärztin
pedido Bestellung

pedir bestellen; fordern; verlangen;
~ algo a alg jdn um etw bitten;
~ perdón s. entschuldigen
pedregoso steinig
pegar schlagen; zusammenschlagen; (an-/auf) kleben; anstecken
peinado Frisur
peinar frisieren, kämmen
peine *m* Kamm
peldaño Stufe
película Film; **~ de acción** Actionfilm; **~ de dibujos animados** Zeichentrickfilm;
~ de terror Thriller;
~ de vídeo Videofilm;
~ en blanco y negro Schwarzweißfilm
peligro Gefahr
peligroso gefährlich
pelo Haar; **~ seco** trockenes Haar
pelota Ball
peluca Perücke
peluquero/peluquera Friseur/Friseuse
pen drive *m* Memorystick
peña Fels
pendiente *f* Steigung
pendientes *m pl* Ohrringe
pensar beabsichtigen;
~ en denken an
pensión *f* Pension;
~ completa Vollpension
Pentecostés Pfingsten
penúltimo vorletzte(r, -s)
pepino Gurke
pequeño klein
peras *f pl* Birnen
perca Barsch
percha Kleiderbügel
perder verlieren; verpassen; versäumen
perdón *m* Entschuldigung, Verzeihung;
pedir ~ s. entschuldigen
perejil *m* Petersilie
perezoso faul
perfume *m* Parfüm
perfumería Parfümerie
periódico Zeitung
período Zeitraum; Periode
perla Perle
permanente *f* Dauerwelle
permiso Erlaubnis; Urlaub;
~ de circulación Kfz-Schein;
~ de conducción/de conducir Führerschein
permitido zulässig
pernoctación *f* Übernachtung
pernoctar übernachten
pero aber; doch
perro Hund;
~ para ciegos Blindenhund
persona Person; Mensch;
~ con silla de ruedas Rollstuhlfahrer/in
personal *adj* persönlich; *m* Personal
pertenecer a gehören
pesado schwer; lästig
pesar wiegen; **a ~ de** trotz
pescadería Fischgeschäft
pescar con caña angeln
peso Gewicht; Waage
petanca *f* Boulespiel
petróleo Petroleum
pez *m* Fisch;
~ espada Schwertfisch
picante scharf
picar stechen; jucken
pico Gipfel
pie *m* Fuß;
estar de ~ stehen
piedra Stein
piel *f* Haut; Leder; Fell; Pelz

pierna Bein
pieza Stück;
Am Zimmer, Raum
pilar *m* Säule
píldora antibaby Antibabypille
piloto *m/f* Pilot/in
pimienta Pfeffer
pimiento Paprika
piña Ananas
pinchar *(mit Nadel)* stechen
ping-pong *m* Tischtennis
pintalabios *m* Lippenstift
pintar malen;
~ **con acuarela** Aquarellmalen
pintor/pintora Maler/in
pintura Gemälde, Bild; Malerei; Farbstift; ~ **al óleo** Ölmalerei;
~ **sobre cristal** Glasmalerei;
~ **sobre seda** Seidenmalerei
pinza Klammer;
~ **de la ropa** Wäscheklammer;
~**s** Pinzette
piojos *pl* Läuse
piquete *m* Hering
piragua Paddelboot
Pirineos *m pl* Pyrenäen
piscina Swimmingpool; **piscina de olas** Wellenbad;
~ **infantil** Kinderbecken;
~ **pequeña** Planschbecken
piso Fußboden; Etage, Stockwerk; Wohnung
pista Spur; Tipp; Bahn;
~ **de hielo** Eisbahn;
~ **para bicicletas** Fahrradweg
pitillo Zigarette
placa de matrícula Nummernschild
placa de nacionalidad Nationalitätskennzeichen
placer *m* Gefallen; Genuss; Vergnügen
plancha Bügeleisen
plancha de surf Surfbrett
planchar bügeln
plano *adj* eben; flach
plano *m* Plan, Entwurf;
~ **de la ciudad** Stadtplan
planta Pflanze; Stockwerk;
~ **baja** Erdgeschoss
plástico para conservación de alimentos Frischhaltefolie
plata Silber
plátano Banane
platea Parkett
plateado silberfarben
plato Teller, Platte; Gericht; Gang;
primer ~ Vorspeise;
segundo ~ Hauptspeise;
~ **de sopa** Suppenteller;
~ **del día** Tagesgericht;
~ **infantil** Kinderteller;
~ **pequeño** Untertasse
playa Strand;
~ **nudista** FKK-Strand
playeras *f pl* Strandschuhe
plaza Platz; ~ **de toros** Arena
plazo Termin; Frist;
a corto ~ kurzfristig
población *f* Ortschaft
pobre arm
poco wenig; **un** ~ ein bisschen, ein wenig; etwas
poder *v* können; dürfen; *m* Vollmacht; Macht
podrido *(Obst)* faul; verdorben
policía Polizei; *m/f* Polizist/in
polio(mielitis) *f* Kinderlähmung
pollo Hähnchen
polvo Staub; Pulver
polvos *m pl* Puder
pomada Salbe; ~ **para quemaduras** Brandsalbe
pomelo Grapefruit
poner legen, stellen, setzen;
~ **gasolina** tanken

por für; pro; *(Mittel)* durch; *(Passiv)* durch, von; wegen; **por eso/esto/ello** daher, deshalb; **por fin** endlich
porcelana Porzellan
porotos *m pl Am* Bohnen
porque weil; da; denn
portal *m* Portal
portátil *m* Laptop
portería Tor
portero Portier; Torwart; **~ electrónico** automatischer Türöffner
portón *m* Tor
porvenir *m* Zukunft
posible möglich
postal *f* Ansichtskarte, Postkarte
poste *m* **de socorro** Notrufsäule
postre *m* Nachtisch
practicar el surf surfen
practicar el windsurf Windsurfen
práctico praktisch
pradera Wiese
prado Wiese
precio *(Geld)* Preis; **~ de (la) entrada** Eintrittspreis; **~ del billete** Fahrpreis; **~ global/total** Pauschalpreis; **~ por kilómetro** Kilometerpreis
preciso genau; richtig
predicción *f* **del tiempo** Wettervorhersage
prefijo Vorwahlnummer
pregunta Frage
preguntar fragen
premio Gewinn; Preis
prenda Pfand
prendero Trödler
preocuparse de s. kümmern um; **preocuparse por** s. sorgen um
preparar vorbereiten; zubereiten; *(Kaffee, Tee)* kochen
prescribir verschreiben
prescripción *f* Vorschrift
presentación *f* Vorstellung
presentar vorstellen; bekannt machen
preservativo Kondom, Präservativ
presión *f* **de la sangre (alta/ baja)** Blutdruck (hoher/ niedriger)
prestar (ver)leihen; **tomar prestado** (aus)leihen
primavera Frühling
primero *adj* erste(r, -s); *adv* zuerst; erstens; **~s auxilios** *m pl* erste Hilfe; **primera (marcha)** erster Gang; **primer plato** Vorspeise; **en primer lugar** erstens; zuerst, zunächst
primo/prima Cousin/e
principal(mente) hauptsächlich
principio Anfang
prisa Eile; Schnelligkeit; **de ~** eilig; **darse ~** s. beeilen; **tener ~** es eilig haben
prisión *f* **preventiva** Untersuchungshaft
privado privat
probable(mente) wahrscheinlich
probar beweisen; *(Speisen)* kosten, probieren, versuchen
problema *m* Problem; Frage
proceder herrühren; (ab) stammen; vorgehen; verfahren
procesión *f* **(de Semana Sante)** (Oster-)Prozession
procurar besorgen, beschaffen; verschaffen
producto Erzeugnis, Produkt; **producto de limpieza** Putzmittel
profesión *f* Beruf

profesor/profesora de esquí Skilehrer/in
profundo tief
programa *m* Programm; Spielplan; Programmheft
prohibir verbieten; **¡prohibido!** verboten!
prolongar verlängern; hin(aus) ziehen
prometido/prometida Verlobte/r
pronto bald; früh; demnächst; **lo más ~ posible** so bald wie möglich
pronunciar aussprechen
propietario/propietaria Besitzer/in, Eigentümer/in
propina Trinkgeld
propio eigen
proporcionar besorgen, beschaffen
proposición *f* Vorschlag
propuesta Vorschlag
prospecto Prospekt
protección *f* **de los monumentos** Denkmalschutz
prótesis *f* Prothese
provisión *f* Vorrat
provisional provisorisch
prudente vorsichtig
prueba Beweis; Zeichen; Probe; Versuch
público *adj* öffentlich; *m* Publikum
pueblo Volk; Ortschaft, Dorf; **~ de montaña** Bergdorf
puente *m* Brücke
puenting *m* Bungeejumping
puerro Lauch
puerta Tür; Tor; Flugsteig
puerto Hafen; **~ (de montaña)** (Gebirgs-)Pass
puertorriqueño *adj* puertoricanisch
puertorriqueño/puertorriqueña Puertoricaner/in
pues denn; *(als Einleitung)* nun
pulmón *m* Lunge
pulmonía Lungenentzündung
pulóver *m Am* Pullover
pulsera Armband
pulso Puls
punto Punkt; **~ culminante** Höhepunkt; **~ de observación** Aussichtspunkt; **~ muerto** Leerlauf; **en su ~** gar; perfekt
puntual(mente) pünktlich
purito Zigarillo
puro Zigarre
pus *m* Eiter

Q

que dass; *(bei Vergleich)* als
qué was; was für ein/e; welche(r, -s)
quedarse bleiben
quejarse (de) s. beklagen (über), s. beschweren (über)
quemadura Verbrennung; **~ por el sol** Sonnenbrand
querer lieben; mögen; wollen
querido/querida Liebling
queso Käse; **~ blando** Weichkäse; **~ de oveja** Schafskäse; **~ en lonchas** Schnittkäse
quieto still
quiste *m* Zyste
quitaesmaltes *m* Nagellackentferner
quizá(s) vielleicht

R

rabioso wütend, zornig
racha Windstoß, Bö; Phase
ración *f* Portion
radiador *m* Kühler
radio *f* Radio(apparat); Rundfunk;
~ del coche Autoradio
radiografía Röntgenaufnahme;
hacer una ~ röntgen
ráfaga Bö
rallador *m* Reibe
ramo (Blumen-)Strauß
rampa Rampe;
~ de acceso Auffahrtrampe
rápidamente schnell; rasch
rápido schnell, rasch
raqueta Schläger;
~ de tenis Tennisschläger
raramente selten
raro selten; seltsam; eigen
rastro Flohmarkt
ratero/ratera Taschendieb/in
raya Scheitel
rayo Blitz
razón *f* Grund; Vernunft, Verstand
real wirklich
realidad *f* Wirklichkeit
rebaja Ermäßigung, Rabatt
rebanada Scheibe (Brot)
rebeca Strickjacke
recargador *m* **(para pilas)** Ladegerät
recepción *f* Anmeldung; Rezeption
receptor *m* Hörer
receta Rezept
recetar verschreiben
rechazar ablehnen, zurückweisen
recibir bekommen; empfangen; erhalten
recibo Quittung
recién *Am* erst; kürzlich, gerade
reciente neu; frisch; kürzlich
recipiente *m* Gefäß, Behälter
reclamar reklamieren
recogedor *m* Kehrschaufel
recoger holen; (auf)sammeln
recogida Leerung
recomendar empfehlen
recompensa Belohnung
recordar s. erinnern;
~ algo a alg jdn an etw erinnern
recorrido Rundfahrt
recuerdo Mitbringsel; **recuerdo de viaje** Reiseandenken
red *f* Netz
redondo rund
reexpedir nachsenden
reflejoterapia podal Fuß(reflexzonen)massage
refresco Erfrischung
refugio de montaña Schutzhütte
regalar schenken
regalo Geschenk
régimen *m* (Schlankheits-)Diät
región *f* Gegend
regresar zurückkehren; zurückfahren
regreso (a casa) Heimreise
regular *adj* regelmäßig; *v* regeln
rehogado gedämpft
rehusar ablehnen
reír(se) lachen
relación *f* Verbindung
religión *f* Religion
rellenar ausfüllen
relleno gefüllt
reloj *m* **de pulsera** Armbanduhr
relojero Uhrmacher
remar rudern
remedio (Heil-)Mittel
remero Ruder
remitente *m/f* Absender/in
remolcar abschleppen
renacimiento Renaissance

reparar *(Schaden)* ersetzen
repelente *m* **de mosquitos** Mückenschutz
repente, de ~ plötzlich; auf einmal
repetir wiederholen
repollo Kohl
reponerse s. erholen
representación *f (Theater)* Vorstellung, Aufführung
requesón *m* Quark
reserva Buchung; Reservierung; Reserve; Reservat;
~ de animales Wildpark;
~ de asiento Platzkarte;
~ de litera Liegewagenplatz;
~ natural/ecológica Naturschutzgebiet;
~ ornitológica Vogelschutzgebiet
reservar bestellen, buchen; reservieren; vorbestellen
resfriado Erkältung;
~ de nariz Schnupfen
resfrío *Am* Erkältung, Schnupfen
resistente fest; widerstandsfähig;
resistente al agua wasserdicht
resolver beschließen; lösen
respirar atmen
responder antworten
responsable verantwortlich; zuständig
restaurante *m* Restaurant
restos Überreste
retardar *(zeitlich)* verschieben; verzögern
retraso Verspätung
retrato Porträt
retrovisor Rückspiegel
reúma *m* Rheuma
revelar *(Foto)* entwickeln
revés, al ~ *adv* umgekehrt
revisor/revisora Kontrolleur/in, Schaffner/in
revista Zeitschrift;
~ ilustrada Illustrierte
rey/reina König/in
Reyes *m pl* **Magos** Heilige Drei Könige; **Día** *m* **de Reyes** Dreikönigstag
rezar beten
rico reich; lecker
ridículo lächerlich
rímel *m* Wimperntusche
rincón *m* Ecke; Winkel; **~-cocina** Kochnische
rinitis *f* Schnupfen
riñón *m* Niere
riñonera Nierengurt
río Fluss; Strom
rizos *m pl* Locken
robar stehlen
robo Diebstahl
roca Fels
rock Rock
rodaja *(Wurst)* Scheibe
rodeo Umweg; Ausflucht; Rodeo
rodilla Knie
rojo rot
romero Rosmarin
roncar schnarchen
ronco, estar ~ heiser sein
ropa Kleidung; Wäsche;
~ de cama Bettwäsche;
~ interior Unterwäsche;
~ para niños Kinderkleidung
rosa rosa
rostro Gesicht
roto gebrochen, kaputt
rotura de ligamentos Bänderriss
rubeola Röteln
rubio blond
rueda Rad, Reifen;
~ de repuesto Ersatzrad;
~ pinchada Platten
ruido Geräusch; Lärm
ruina Ruine

ruinas Überreste
rulo (*Am* rulero) Lockenwickler
rulos *m pl Am* Locken

S

sábado Samstag
saber *v* wissen; können; erfahren; **~ a** schmecken nach; *m* Wissen
sabor *m* Geschmack
sabroso lecker
sacacorchos *m* Korkenzieher
sacarina Süßstoff
sacerdote *m* Priester
saco *Am* Jacke; **~ tejido** Strickjacke
sagrado heilig
sal *f* Salz
sala Saal; Halle; **~ de desayuno** Frühstücksraum; **~ de espera** Wartesaal, Wartezimmer; Aufenthaltsraum; **~ de televisión** Fernsehraum
salami *m* Salami
salchicha Würstchen
salchichón *m* Salami
salero Salzstreuer
salida Abreise; Ausreise; Abfahrt; Ausgang; Ausfahrt; **~ de la autopista** Autobahnausfahrt; **~ de emergencia** Notausgang
salir abfahren; starten; ausgehen; hinausgehen; **~ de/para** abreisen von/nach
salmonelas *f pl* Salmonellen
salmonelosis *f* Salmonellenvergiftung
salsa *(Gastronomie)* Soße
salto elástico Bungeejumping
saludar grüßen; begrüßen
salvaje wild
salva-slip *m* Slipeinlagen
salvavidas *m* Rettungsring
salvia Salbei
sandalias *f pl* Sandalen
sándwich *m Am* belegtes Brötchen
sangrar bluten
sangre *f* Blut
sano gesund
santo heilig
sarampión *m* Masern
sartén *f* Pfanne
sastre *m* Schneider
satisfecho zufrieden; befriedigt; froh; satt; **~ de** erfreut über
sauna Sauna
sazonar würzen
se man; sich
secador *m* **de pelo** Föhn
secadora Wäschetrockner
secar trocknen; föhnen
sección *f* Teil; Abteilung
seco trocken; *(Wein)* herb
sed *f* Durst; **tener ~** durstig sein
seda Seide
seguida, en ~ sofort, gleich
segundo *adj* zweite(r, -s); *adv* zweitens; *m* Sekunde
seguro *adj* sicher; zuverlässig; gewiss; *adv* bestimmt; *m* Versicherung; **~ a todo riesgo** Vollkasko; **~ contra riesgos parciales** Teilkasko; **~ de enfermedad** Krankenkasse
selección *f* Auswahl
sellar entwerten
sello Briefmarke; Stempel; **~ de coleccionista** Sondermarke
semáforo Ampel

semana Woche;
cada ~ *adv* wöchentlich;
~ de prórroga Verlängerungswoche
semanal(mente) wöchentlich
semejante ähnlich
seminario Seminar
señal *f* Zeichen; Kennzeichen; Signal; **~ de situación de peligro** Warndreieck
señas *f pl* Adresse, Anschrift
sencillo einfach
sendero Pfad; (Wander-)Weg; Steg
señor *m* Herr
señora Frau, Dame
Señoras *(Toilette)* Damen
señorita Fräulein
sensibilidad *f* Filmempfindlichkeit
sentar passen; setzen;
~ bien passen;
estar sentado sitzen
sentimiento Gefühl; Bedauern
sentir fühlen; bedauern
separación *f* **de basuras** Mülltrennung
sepia Tintenfisch
septiembre September
ser sein; *(Passiv)* werden;
~ de gehören
serio ernst
seropositivo HIV-positiv
serpiente *f* Schlange
servicio Dienst; Bedienung; Toilette;
~ de ayuda Betreuungsdienst;
~ de fiesta Partyservice;
~ de recogida Rückholservice;
~ de remolque Abschleppdienst;
~ de transporte Fahrdienst
servicios *m pl* Toilette; **~ sanitarios** Sanitäreinrichtungen
servilleta Serviette;
~ de papel Papierservietten
servir dienen; bedienen; servieren
si *(Bedingung)* wenn; *(Frage)* ob
sí ja; doch
siempre immer; stets; jedes Mal
siglo Jahrhundert
significado Bedeutung; Sinn
signo Zeichen
silencio Schweigen; Ruhe
silla Stuhl; **~ de bebé para el coche** Babyschale (fürs Auto);
~ de niño Kindersitz;
~ de niños para el coche Kindersitz (fürs Auto);
~ de niños para la bicicleta Kindersitz (fürs Fahrrad);
~ de ruedas Rollstuhl;
~ de ruedas a bordo Bordrollstuhl;
~ de ruedas eléctrica Elektrorollstuhl;
~ de ruedas plegable Faltrollstuhl
sillón *m* Sessel
símbolo Wahrzeichen
simpático sympathisch
sin ohne
sinusitis *f* Stirnhöhlenentzündung
sinvergüenza unverschämt
sistema *m* **de alarma intermitente** Warnblinkanlage
sitio Platz
situación *f* Lage
slip *m* Slip
sobrar übrig bleiben
sobre *prp* auf; über
sobre *m* Briefumschlag
sociedad *f* Verein; Gesellschaft
sofá-cama *m* Schlafcouch
soga Seil
sol *m* Sonne
solamente nur

solario Solarium
soleado sonnig
sólido haltbar
solista *m/f* Solist/in
solitario einsam
solo allein; einsam
sólo nur; *(nicht früher als)* erst
soltero *adj* ledig
soltero/soltera Junggeselle/-gesellin
solución *f* **electrolítica** Elektrolytlösung
sombra Schatten
sombrero Hut, Sonnenhut
somníferos *m pl* Schlaftabletten
sonido Ton; Klang
sopa Suppe
sordo taub
sordomudo taubstumm
sostén *m* Büstenhalter
souvenirs Souvenirladen
stick *m* **de memoria** Memorystick
su/sus sein/seine; ihr/ihre; Ihr/Ihre
suave mild; *(Ton, Farbe)* weich
subida Steigung
subir einsteigen
subtítulo Untertitel
sucio schmutzig
sudar schwitzen
suela Sohle
suelo Boden
sueño Schlaf; Traum
suficiente genug
sufrir leiden;
~ un accidente verunglücken
sugerencia Tipp
Suiza Schweiz
sujetador *m* Büstenhalter
sujeto a derechos de aduana zollpflichtig
suma Summe; Betrag
superficie *f* **helada** Glatteis
supermercado Supermarkt
suplementario zusätzlich
suplemento Zuschlag
supositorios *m pl* Zäpfchen
sur *m* Süden;
al ~ de südlich von
sustituir ersetzen

T

tabaco Tabak
taberna Kneipe
tabla de cortar Schneidebrett
tablilla Schiene
tacón (Schuh-)Absatz
tajada Scheibe *(Fleisch)*
tal solch; **~ vez** vielleicht
talla Kleidergröße
tallas en/de madera Schnitzerei
taller *m* Werkstatt
tamaño Größe; Umfang
también auch
tampoco auch nicht
tampones *m pl* Tampons
tanque *m* Tank;
Am Wasserkanister;
~ de gasolina Benzintank;
Am Benzinkanister
tapadura *Am* Plombe
tapones para los oídos Ohropax
tarde *adv* spät;
f Abend; Nachmittag;
esta ~ heute Abend;
más ~ später;
por la ~ nachmittags, abends
tarifa de fin de semana Wochenendpauschale
tarifa global de electricidad Strompauschale
tarjeta amarilla Geldkarte

tarjeta con chip Chipkarte
tarjeta de crédito Kreditkarte
tarjeta de embarque Bordkarte
tarjeta memoria Speicherkarte
tarjeta telefónica Telefonkarte
tarta Kuchen
tasa de balneario Kurtaxe
tasa de seguridad Sicherheitsgebühr
tasca Kneipe
taxista *m/f* Taxifahrer/in
taza Tasse
te dich, dir
té *m* Tee
teatro Theater; **~ bailado** Tanztheater; **~ de variedades** Varietee
techo Decke; **~ corredizo** Schiebedach
tejado Dach
tejanos *m pl* Jeans
tela Stoff, Tuch
telearrastre *m* Schlepplift
telebaby *m* Babylift
teleférico Seilbahn
telefonear anrufen; telefonieren
teléfono Telefon; **~ de la habitación** Zimmertelefon; **~ inalámbrico** Mobiltelefon; **~ móvil** Handy; **~ táctil** Schreibtelefon
telegrama *m* Telegramm
teleobjetivo Teleobjektiv
telesilla *m* Sessellift
televisor *m* Fernseher
télex *m* Telex
temer fürchten; befürchten
temperatura Temperatur
templo Tempel
temporada Saison; **~ alta** Hauptsaison; **~ baja** Nachsaison; Vorsaison
tenedor *m* Gabel
tener haben; besitzen; **~ que** müssen; **~ lugar** stattfinden
teñir färben
tenis *m* Tennis; **~ de mesa** Tischtennis
tensión de corriente Stromspannung
terapia Therapie
tercero dritte(r, -s)
terminal *f* (Flughafen-)Terminal
terminar beenden; vollenden; enden; aufhören; erledigen
término Schluss; Ende; **por ~ medio** durchschnittlich
termo Thermosflasche
termómetro Fieberthermometer
terracota Terrakotta
terraza Terrasse
terreno Gelände
terrible fürchterlich
testigo *m/f* Zeuge/Zeugin
tétanos *m pl* Tetanus
thriller Thriller
ti, a ~ dir; dich
tibia Schienbein
tiempo Zeit; Wetter; **a ~** *adv* rechtzeitig; **al mismo ~** gleichzeitig
tienda Geschäft; **~ de antigüedades** Antiquitätengeschäft; **~ de artículos de deporte** Sportartikel; **~ de artículos de juguete** Spielwarengeschäft; **~ de artículos de piel/cuero** Lederwarengeschäft; **~ de artículos eléctricos** Elektrohandlung; **~ de campaña** Zelt; **~ de comestibles**

Lebensmittelgeschäft; Feinkostgeschäft; **~ de discos** Plattenladen;
~ de fotografía Fotogeschäft; **~ de informática** Computerfachgeschäft: **~ de móviles** Handygeschäft;
~ de música Musikgeschäft;
~ de productos dietéticos Reformhaus;
~ de recuerdos Souvenirladen;
~ de vinos y licores Spirituosengeschäft;
~ macrobiótica Bioladen
tierno zart
tierra Erde; Land;
~ firme Festland
tifus *m* Typhus
tijera(s) *f (pl)* Schere;
~ de uñas Nagelschere
timbre *m* Klingel;
tocar el ~ läuten, klingeln
tímido schüchtern
tímpano Trommelfell
tintorería Reinigung
tintura de yodo Jod(tinktur)
típico (de) typisch (für)
tipo de cambio Wechselkurs
tirar ziehen; werfen; reißen
toalla Handtuch
tobillo Knöchel
tocar berühren;
~ un instrumento musizieren
todavía noch
todo alles; ganz;
del ~ *adv* ganz;
~ seguido/derecho geradeaus;
~s alle; jeder;
~s los días jeden Tag, täglich;
por/en todas partes überall
toma de corriente Stromanschluss
tomar nehmen; trinken; ergreifen; *(Verkehrsmittel)* benutzen; **~ parte en** teilnehmen (an)
tomates *m pl* Tomaten
tomillo Thymian
tono Ton
tonto blöd(e), dumm
tormenta Sturm; Gewitter
tornillo Schraube
torno, en ~ a um (herum)
torre *f* Turm, Kirchturm
tos *f* Husten;
~ convulsa *Am* Keuchhusten
tosferina Keuchhusten
tostada Toast
tostado braun; geröstet
tostadora Toaster
total *adv* voll(ständig); ganz; *m* Summe; das Ganze
trabajar arbeiten
trabajo Arbeit
traducir übersetzen
traer (her)bringen; mitbringen
tráfico *(Autos)* Verkehr
tragedia Tragödie
traje *m* Anzug;
~ de baño Badeanzug;
~ de chaqueta Kostüm;
~ isotérmico Neoprenanzug;
~ regional Tracht
tranquilizante *m* Beruhigungsmittel
tranquilizarse s. beruhigen
tranquilo ruhig, still
transbordador *m* Fähre
transbordo Zwischenlandung
tranvía *m* Straßenbahn
trapero/trapera Trödler/in
trastornos *m pl* **cardíacos** Herzbeschwerden
trastornos *m pl* **de la circulación** Kreislaufstörung

tratamiento Behandlung; **~ facial** Gesichtsbehandlung; **~ Kneipp** Kneipp-Anwendung
tratar behandeln
través, a ~ de (quer) durch/über
traza Loipe
trekking *m* Trekking; **bicicleta de ~** Trekkingrad
tren *m* Zug; **~ de cercanías** Nahverkehrszug; **~ rápido suburbano** S-Bahn
triángulo de emergencia Warndreieck
triángulo de peligro Warndreieck
tribunal *m (Justiz)* Gericht
trineo Schlitten
trípode *m* Stativ
tripulación *f* Mannschaft; Besatzung; Crew
triste traurig
trozo Stück
tu dein
tú du
tubo de buceo Schnorchel
tubo de escape Auspuff
tumba Grab, Grabmal
tumor *m* Geschwulst
túnel *m* Tunnel
turista *m/f* Tourist/in
turquesa türkisfarben

U

úlcera Geschwür
último letzte(r, -s); **en ~ lugar** zuletzt
umbral *m* Türschwelle
un/una *art* ein/eine; *adj* eins; ein/eine einzige(r, -s); *prn* eine(r, -s); man
único einzig
universidad *f* Universität
uno *m* Eins
urbanización *f* **de vacaciones** Ferienanlage
urgente(mente) dringend
usar anwenden; benutzen, gebrauchen; verwenden
usted *sing* Sie; *Am* ihr; **~es** *pl* Sie; *Am* ihr; Sie
usual gebräuchlich; gewöhnlich, üblich
uvas *f pl* Weintrauben

V

vacaciones *f pl* Ferien; Urlaub
vacío leer
vacuna Impfung
vagón *m* **abierto** Großraumwagen
vajilla Geschirr
vale *m* Gutschein
valer kosten
válido gültig
valle *m* Tal
valor *m* Wert; **sin ~** wertlos
vapor *m* Damp; Dampfer; **al ~** gedünstet
vaqueros *m pl* Jeans
varicela Windpocken
vasco *adj* baskisch
vasco/vasca Baske/Baskin
vascuence *m (Sprache)* Baskisch
vaso Glas; **~ para agua** Wasserglas; **~ para vino** Weinglas
veces, a ~ manchmal
vecino/vecina Nachbar/in
veda Schonzeiten
vegetariano vegetarisch
vejiga Harnblase
vela Kerze; Segel
velero Segelboot

velocidad *f* Geschwindigkeit; Gang
velocímetro Tachometer
venda elástica Elastikbinde
vendajes *m pl* Verband
vendar verbinden
vendedor *m* **de periódicos** Zeitungshändler
vender verkaufen
veneno Gift
venenoso giftig
venir kommen; stammen;
~ **bien** zusagen, passen
venta anticipada Vorverkauf
venta libre de impuestos zollfreier Laden
ventaja Vorteil; Vorzug
ventana Fenster
ventanilla Fahrkartenschalter;
~ **de equipajes** Gepäckschalter
ventilador *m* Ventilator
ventosidad Blähungen
ver sehen
verano Sommer
veras, de ~ *adv* wirklich
verdad *f* Wahrheit;
de ~ *adv* wirklich
verdadero wirklich; wahr; echt
verde grün
verduras *f pl* Gemüse
versión *f* **original** Originalfassung
vértigo Schwindel
vesícula Gallenblase
vestido Kleid;
~s Kleidung;
~ **regional** Tracht
vestir anziehen;
vestirse s. anziehen
vez *f* (*pl* **veces**) Mal; **a veces** manchmal, gelegentlich; **una vez** einmal; **en vez de** anstatt, statt
viajar (a) reisen (nach)
viaje *m* Reise; Fahrt;
en el/de ~ unterwegs;
hacer un ~ verreisen
viajero/viajera Fahrgast; Reisende/r
vida Leben
vídeo Videorekorder
videocinta Videokassette
vidriera *Am* Schaufenster
viejo alt
viento Wind
vientre *m* Bauch; Unterleib
viernes *m* Freitag
Viernes *m* **Santo** Karfreitag
viña, viñedo Weinberg
vinagre *m* Essig
vino Wein;
~ **blanco** Weißwein;
~ **rosado** Rosé;
~ **tinto** Rotwein
violación *f* Vergewaltigung
violentar aufbrechen
violeta violett
virus *m* Virus
visa *Am* Visum
visado Visum
visita Besuch; Besichtigung;
~ **de la ciudad** Stadtrundfahrt;
~ **guiada** Führung;
~ **(guiada) de una isla** Inselrundfahrt
visitar besichtigen; **~ a alg** jdn besuchen
visor *m* Sucher
vista Ansicht; Aussicht; Sicht; Blick
viudo verwitwet
vivaz lebhaft
vivienda Wohnung
vivir leben; wohnen
vivo lebend; lebhaft

volante *m* Federball; **~ adaptado con botón de viraje** Lenkrad-Drehknopf *(Auto)*; **~ del seguro** Krankenschein
volar fliegen
volcán *m* Vulkan
voleibol *m* Volleyball
voley *m* **playa** Beach-Volleyball
volver zurückgehen; zurückfahren; zurückkehren; wiederkommen; drehen; wenden; **volver(se)** umkehren
vosotros/vosotras ihr
voz *f* Stimme; **en voz baja** leise
vuelo Flug; **~ internacional** Auslandsflug; **~ libre** Drachenfliegen; **~ nacional** Inlandsflug; **~ sin motor** Segelfliegen
vuelta Rückkehr; Wechselgeld; *(Sport)* Runde; **dar la ~** umkehren; *(Geld)* herausgeben
vuestro/vuestra euer

W

western *m* Western

Y

y und
ya schon, bereits; **~ que** *(Grund)* da
yo ich
yoga *m* Yoga
yogur *m* Joghurt

Z

zanahorias *f pl* Karotten
zapatería Schuhgeschäft
zapatero Schuhmacher
zapatillas *f pl* **de deporte** Turnschuhe
zapatillas *f pl* **de playa** Strandschuhe
zapato Schuh
zona Gegend; **~ interior** Hinterland
zoo Zoo
zumo de naranja Orangensaft

A

Aal anguila
ab de, desde
Abblendlicht la luz de cruce
Abend la tarde
Abendessen cena
abends por la tarde
aber pero
abfahren (von) salir (de)
Abfahrt salida, partida
Abfahrtszeit hora de salida
Abfall basura
Abfallbeutel bolsa de la basura
Abflug el despegue
Abführmittel el laxante
abgeben entregar
abgelaufen caducado
abholen recoger
Abkürzung abreviatura; *(Weg)* atajo
ablehnen rechazar, rehusar
abnehmen descolgar
abreisen (nach) salir/partir para
Absatz *(am Schuh)* tacón; *(im Text)* párrafo
Abschleppdienst servicio de remolque
abschleppen remolcar
Abschleppseil el cable de remolque
Abschleppwagen grúa, el coche-grúa
abschließen cerrar con llave
abseits fuera de juego
Absender/in el/la remitente
Abszess absceso
Abtei abadía
Abteil departamento *(Am* compartimiento)
Achtung la atención, el cuidado
Actionfilm película de acción
Adapter el adaptador
Adresse las señas, la dirección
Aerobic el aerobic
Agentur agencia
ähnlich semejante, parecido
akklimatisieren, s. ~ aclimatarse
Akku batería (recargable)
Akt acto; desnudo
Aktzeichnen desnudo
Akupunktur acupuntura
Alarmanlage (dispositivo de) alarma
alkoholfrei sin alcohol
alkoholfreies Bier cerveza sin alcohol
alle todos
allein solo
Allergie alergia
alles todo
als *(zeitlich)* cuando; *(Vergleich)* que
also entonces
alt viejo; *(aus früheren Zeiten)* antiguo
Altar el altar
Alter la edad
Altstadt la ciudad vieja
Alufolie el papel de aluminio
am Sonntag el domingo
am Vormittag por la mañana
am Wochenende el fin de semana
Ampel semáforo, disco
Amphitheater amfiteatro

Amt *(Dienststelle)* oficina, despacho
amüsieren, s. ~ divertirse
an a, en; **am Amazonas** junto al Amazonas
Ananas piña (*Am* el ananás)
Andalusien Andalucía
Andalusier/in el andaluz/la andaluza
andalusisch andaluz
andere, der/die/das ~ el otro/la otra/lo otro
anders *adj* distinto, diferente; *adv* de otra manera/forma
anderswo en otra parte
Anfang principio
anfangen empezar, comenzar
Angabe la indicación, el dato
Angel caña de pescar
angeln pescar con caña
Angelschein licencia de pesca
angenehm agradable;
Angenehm! Mucho gusto.
Angina angina
anhalten parar
Anhänger el colgante
ankommen llegar
Ankunft llegada
Ankunftszeit hora de llegada
Anlage la instalación
Anlasser el motor de arranque
anlegen (in) atracar (en), hacer escala (en)
anmelden anunciar, avisar;
s. ~ inscribirse
Anmeldung la recepción
Anorak el anorak
Anreisetag el día de llegada
Anruf llamada telefónica
Anrufbeantworter el contestador automático
anrufen llamar por teléfono; telefonear
Anschluss el empalme
ansehen mirar
Ansichtskarte la postal
anstatt en vez de
ansteckend contagioso
anstrengend fatigoso
Antibabypille la píldora antibaby
Antibiotikum antibiótico
antik antiguo
Antiquitätengeschäft tienda de antigüedades
antworten responder, contestar
Anwendungsgebiete los campos de aplicación
anzeigen denunciar
anziehen vestir;
s. ~ vestirse
Anzug el traje
anzünden encender
Apartment apartamento (*Am* departamento)
Apfel manzana
Apfelsinen las naranjas
Apotheke farmacia
Apparat aparato; *(Radio)* la radio; *(Foto)* cámara
Appetit apetito
Aprikosen los albaricoques
April abril
Aqua-Jogging el aqua-footing
Aquarell acuarela
Aquarellmalen pintar con acuarela
Arbeit trabajo; *(Anstellung)* empleo
arbeiten trabajar
arbeitslos desempleado, parado
Archäologie arqueología
Architekt/in arquitecto/arquitecta
Architektur arquitectura
Arena plaza de toros
Argentinien Argentina

Argentinier/in argentino/ argentina
argentinisch argentino
ärgern, s. ~ (über) enfadarse (por)
arm pobre
Armband pulsera, el brazalete
Armbanduhr el reloj de pulsera
Ärmel manga
Aromabad baño de aroma
Art modo, manera
Artischocken las alcachofas
Aschenbecher cenicero
Aschermittwoch el miércoles de ceniza
Aspirin aspirina
Asthma el asma
Atembeschwerden (las) dificultades de respiración
Atlantik Atlántico
atmen respirar
Attest certificado
Auberginen las berenjenas
auch también;
~ **nicht** tampoco
auf sobre, en; por;
(offen) abierto;
~ **Spanisch** en español
aufbewahren conservar
aufbrechen forzar, violentar
Aufenthalt estancia, *Am* estadía; *(Zug)* parada
Aufenthaltsraum sala de espera
Auffahrt *(Autobahn)* entrada
Auffahrtrampe rampa de acceso
Aufführung el espectáculo, la representación
aufhalten, s. ~ detenerse
aufhören acabar, terminar
aufpassen (auf) tener cuidado (de/con)
Aufschnitt el embutido, los fiambres variados
aufschreiben anotar, apuntar
aufstehen levantarse
aufwachen despertarse
aufwärts hacia arriba
Aufzug el ascensor
Augen los ojos
Augenblick momento
Augentropfen las gotas para los ojos
August agosto
aus *(Herkunft; Material)* de; *(Grund)* por
Ausbildung la formación
Ausdruck la expresión
ausdrücklich expreso
Ausfahrt salida
Ausflug la excursión
ausfüllen rellenar
Ausgang salida
ausgeben gastar
ausgehen salir
ausgezeichnet excelente
Ausgrabungen las excavaciones
Auskunft la información
Ausland extranjero
Ausländer/in extranjero/ extranjera
ausländisch extranjero
Auslandsflug vuelo internacional
Auslandsgespräch llamada internacional
Auslöser el disparador
Auspuff tubo (*Am* caño) de escape
Ausreise salida; partida
Ausritt paseo a caballo
ausruhen, s. ~ descansar
Ausschlag la erupción (cutánea)
außen fuera
außer excepto
außerdem además, aparte de eso
außergewöhnlich extraordinario
außerhalb fuera de
äußerlich exterior
Aussicht vista

Aussichtspunkt el mirador
aussprechen pronunciar
aussteigen bajar
Ausstellung la exposición
aussuchen escoger, elegir
austauschen cambiar
Austern las ostras
Ausverkauf la liquidación
Auswahl la selección
auszahlen pagar
Auto el coche, el auto(móvil); **~ fahren** conducir, *Am* manejar
Autobahn autopista
Autobahnausfahrt salida de la autopista
Autobahngebühr el peaje
Automat *(Waren~)* el distribuidor automático
Automatik(getriebe) cambio automático
automatisch automático
automatischer Türöffner portero electrónico
Autoradio la radio del coche
Autoreisezug el autotrén
Avocado el aguacate
Ayurveda el ayurveda

B

Baby el bebé
Babyfon interfono (para bebés)
Babylift el telebaby
Babyschale *(fürs Auto)* silla de bebé para el coche
Babysitter la/el canguro
Bäckerei panadería
Backofen horno
Badeanzug el traje de baño, bañador
Badehose el bañador, el pantalón de baño
Bademantel el albornoz
Bademeister/in bañero/bañera
Bademütze gorro de baño
Badeort la estación balnearia
Badeschuhe las chancletas, las chanclas
Badewanne bañera, baño
Badezimmer (cuarto de) baño
Badminton el badminton
Bahnhof la estación
Bahnsteig el andén
bald pronto; **so ~ wie möglich** lo más pronto posible
Balkon el balcón
Ball *(Spiel~)* pelota; *(Fest)* el baile
Ballett el ballet
Banane plátano
Band banda, conjunto
Bänderriss rotura de ligamentos
Bank banco
bar al contado, en efectivo; **~ zahlen** pagar al contado
Bar el bar
Bargeld dinero efectivo/contante
Barock/barock barroco
barrierefrei sin barreras
Barsch perca
Bart barba
Basilikum albahaca
Baske/Baskin vasco/vasca
Baskenland el País Vasco
Basketball el baloncesto
Baskisch(e) vasco, vascuence
Batterie batería
Bauch el vientre
Bauernhof finca, granja, *Am* estancia, hacienda
Baum el árbol
Baumwolle el algodón
Baustelle obra
Bauwerk edificio

beachten observar, tener en cuenta
Beach-Volleyball el voley playa
beantworten contestar
Bearbeitungsgebühr las comisiones
bedauern lamentar
Bedeutung *(Sinn)* el significado; *(Wichtigkeit)* importancia
Bedienung servicio
beeilen, s. ~ darse prisa; *Am* apurarse
beeindruckend impresionante
befinden, s. ~ encontrarse
befreundet sein (mit) ser amigo (de)
befürchten temer
begegnen encontrar
begeistert (von) entusiasmado (con)
begleiten acompañar
Begleitperson el/la acompañante
begrüßen saludar
behalten conservar; guardar; quedarse (con)
Behälter el recipiente
behandeln tratar
Behandlung tratamiento
behaupten afirmar
Behindertenausweis el carnet de minusválido
behindertengerecht adecuado para minusválidos
Behindertenparkplatz aparcamiento para minusválidos
Behindertentoilette lavabo para minusválidos
Behindertenverband la asociación de minusválidos
Behörde la autoridad pública
bei *(neben)* junto a; *(in Nähe von)* cerca de; *(in Gesellschaft von)* con; *(zuhause von)* en casa de
beide ambos, los dos
Beifall aplauso
beige beige, beis
Bein pierna
Beispiel ejemplo;
zum ~ por ejemplo
beißen morder
bekannt conocido;
~ machen presentar
Bekannte, der/die ~ el conocido/la conocida
Bekanntschaft *(Kontakt)* conocimiento (de); *(Freundeskreis)* las amistades; **mit jdm/etw ~ machen/schließen** conocer a alg
beklagen, s. ~ (über) quejarse (de)
bekommen recibir
belästigen molestar, fastidiar
belegtes Brötchen bocadillo (*Am* el sándwich)
Beleidigung ofensa
Belgien Bélgica
Belichtungsmesser fotómetro
Belohnung la recompensa, la gratificación
bemerken advertir
bemühen, s. ~ tomarse la molestia de
benachrichtigen avisar, informar
benutzen usar, emplear; *(Verkehrsmittel)* tomar
Benzinkanister el bidón (*Am* el tanque) de gasolina
Benzinpumpe bomba de gasolina
bequem cómodo
berechnen calcular
bereits ya
Berg montaña;
Bergdorf pueblo de montaña
Bergstation la estación de esquí
bergsteigen escalar
Bergsteigen alpinismo, montañismo

Beruf la profesión
beruhigen, s. ~ calmarse, tranquilizarse
Beruhigungsmittel el tranquilizante
berühmt famoso, célebre
berühren tocar
beschädigen estropear; deteriorar
bescheinigen certificar
Bescheinigung certificado
beschlagnahmen confiscar
beschließen *(entscheiden)* decidir; *(beenden)* resolver
beschreiben describir
beschweren, s. ~ (über) quejarse (de)
besetzt *(Platz)* ocupado
besichtigen visitar
Besichtigung visita
Besitzer/in propietario/propietaria
besonders especialmente
besorgen procurar, proporcionar
besser mejor
bestätigen confirmar
beste(r, -s) la/el/lo mejor
Besteck los cubiertos
bestehen aus constar de
Bestellung pedido
bestimmt *adj* determinado, cierto; *adv* seguro
Besuch la visita
besuchen, jdn ~ visitar a alg, ir a ver a alg
Besuchszeit horario de visita
beten rezar
Betrag el importe, la suma
Betreuungsdienst servicio de ayuda
Betrug *(Gaunerei)* engaño; *(Handel)* el fraude
betrunken borracho, *Am* apimpado; *(leicht ~)* alegre, bebido, *Am* alegrón
Bett cama;
zu ~ gehen acostarse, ir(se) a la cama
Bettdecke colcha; (wollen) manta
Bettwäsche ropa de cama
beunruhigen, s. ~ intranquilizarse
bevor antes de
bewölkt nublado
bewusstlos sin conocimiento; desmayado
bezahlen pagar
bezaubernd encantador
Biene abeja
Bier cerveza
bieten ofrecer
Bikini el biquini
Bild *(Foto)* la foto(grafía); *(Gemälde)* cuadro, pintura
Bildhauer/in el escultor/la escultora
billig barato
Bindehautentzündung la conjuntivitis
Bindfaden el cordón
Bioladen tienda macrobiótica
Birnen las peras
bis hasta;
~ hasta ahora
bisschen, ein ~ un poco
Bitte el favor
bitten, jdn um etw ~ pedir algo a alg
bitter amargo
Blähungen flato, la ventosidad
Blase *(Harnblase)* vejiga; *(Hautblase)* ampolla
Blatt hoja
blau azul
Blazer el blazer
bleiben quedarse
Blick mirada

blind ciego
Blinddarmentzündung la apendicitis
Blinde/r el ciego/la ciega
Blindenhund perro para ciegos
Blinklicht el intermitente
Blitz rayo
Blitzgerät el flash
Block *(Schreib~)* cuaderno
blöd(e) tonto, estúpido
blond rubio
Blues el blues
Blume la flor
Blumengeschäft floristería
Blumenkohl la coliflor
Bluse blusa
Blut la sangre
Blutdruck (hoher/niedriger) la presión de la sangre (alta/baja)
bluten sangrar
Blutgruppe grupo sanguíneo
Blutung hemorragia
Blutvergiftung la intoxicación de la sangre
Bö ráfaga, racha
Boden *(Fuß~)* suelo, piso; *(Erd~)* tierra
Body el body
Bodybuilding culturismo
Bogen arco
Bohnen las judías (*Am* los porotos, los frijoles)
Bonbons los caramelos
Bootsführerschein el carnet naútico
Bordkarte tarjeta de embarque
Bordrollstuhl silla de ruedas a bordo
Borreliose la borreliosis
böse *(verärgert)* malo; *(verärgert)* enfadado
Botanischer Garten el jardín botánico
Botschaft *(dipl. Vertretung)* la embajada
Boulespiel la petanca
Boutique la boutique
Bowling juego de bolos, el bowling
Braille braille *m*
Brandsalbe pomada para quemaduras
Bräter el asador
brauchen necesitar
braun marrón; *(gebräunt)* moreno
Brechreiz las náuseas
breit ancho
Breite ancho
Bremse freno
Bremsflüssigkeit líquido de freno
Bremslichter las luces de frenado
Brennspiritus el alcohol (para quemar)
Brief carta
Briefkasten el buzón
Briefmarke sello (*Am* estampilla)
Briefmarkenautomat expendedor de sellos
Briefpapier el papel de cartas/de escribir
Brieftasche cartera
Briefumschlag el sobre
bringen *(her~)* traer; *(weg~)* llevar
Brombeeren las moras
Bronchien los bronquios
Bronchitis la bronquitis
Bronze el bronce
Brosche el broche
Brot el pan
Brötchen panecillo
Bruch *(Leisten~)* hernia; *(Knochen~)* fractura
Brücke el puente
Bruder hermano
Brunnen la fuente
Brust pecho

Buch libro
buchen *(Platz)* reservar
Buchhandlung librería
buchstabieren deletrear
Bucht bahía, golfo
Buchung reserva
Bügeleisen plancha
bügeln planchar
Bungalow el bungalow
Bungeejumping el puenting
bunt de colores, multicolor
Burg castillo
Büro oficina, despacho
Bürste cepillo
Bus el autobús
Busbahnhof la estación de autobuses
Busch mata
Bußgeld multa
Büstenhalter el sujetador, el sostén (*Am* el brasier)
Butter mantequilla (*Am* manteca)
Buttermilch leche batida
Bypass el bypass
byzantinisch bizantino

C

Café el café
Camcorder la camcórder
Camping el camping
Campingausweis el carnet de campista
Campingführer guía de campings
Campingplatz el camping
CD (Compactdisc) el CD (disco compacto)
CD-Spieler compacto, reproductor de compactos/(de) cd
Champagner el cava, el champán
Chef el jefe
chemisch reinigen limpiar en seco
Chicoree endibia
Chipkarte tarjeta con chip
Chirurg/in cirujano/cirujana
Cholera el cólera
Chor coro
Christentum cristianismo
Clubhaus casa club
Computerfachgeschäft tienda de informática
Cousin/e primo/prima
Creme crema
Curling el curling

D

da *(dort)* allí, allá; *(weil)* como, ya que, porque
Dach tejado
dafür sein estar conforme/en favor de
dagegen sein estar en contra de, no estar conforme con
daheim en casa
damals entonces
Damen Señoras
Damenbinden las compresas
Dampfer el vapor
danach después, luego
danken dar las gracias (por), agradecer
dann *(anschließend)* entonces; *(in dem Falle)* en ese caso
Darm intestino
dass que
dasselbe lo mismo
Datteln los dátiles
Datum la fecha
dauern durar
Dauerwelle la permanente
Deck cubierta
Decke techo

Defekt avería; defecto
Deich el dique
dein tu
Delle golpe, abollón
denken an pensar en
Denkmal monumento
Denkmalschutz la protección de los monumentos
denn porque, pues
Deo(dorant) el desodorante
deshalb por eso/esto/ello
Desinfektionsmittel el desinfectante
desinfizieren desinfectar
deutlich claro
deutsch alemán
Deutsche/r el alemán/la alemana
Deutschland Alemania
Devisen las divisas
Dezember diciembre
Dia diapositiva
Diabetes la diabetes
Diabetiker/in diabético/diabética
Diagnose el diagnóstico
Diät la dieta, el régimen
dich te, a ti
dick gordo
Dieb el ladrón
Diebstahl robo
Dienstag el martes
diese(r, -s) esta, este, esto
Digitalkamera cámara fotográfica digital
Ding cosa
Diphtherie difteria
dir te, a ti;
mit ~ contigo
direkt *adj* directo, inmediato; *adv* directamente
Direktion la dirección
Dirigent/in el director/la directora (de orquesta)
Disko discoteca
doch *(Bejahung)* sí, *Am* ¿cómo no?; *(aber)* pero, sin embargo
Dokumentarfilm el documental
Dom la catedral
Donnerstag el jueves
Doppel el doble
doppelt doble
Dorf el pueblo, la aldea
dort allí, allá, ahí
Dose caja, lata
Dosenöffner el abrelatas
Drachenfliegen vuelo libre, ala delta
Draht el alambre
Drama el drama
draußen fuera, afuera
Dreikönigstag el Día de Reyes
Dressing aliño
drin, drinnen dentro
dringend *adj* urgente; *adv* urgentemente
dritte(r, -s) tercera/tercero
Drogerie droguería
Drucker impresora
du tú
dumm tonto, estúpido, bobo, *Am* zonzo
dunkel oscuro
dunkelblau/dunkelgrün azul oscuro/verde oscuro
dünn delgado
durch *(quer ~)* a través de; *(Mittel)* por, mediante; *(Passiv)* por
Durchfall diarrea
durchgebraten bien asado
Durchreise, auf der ~ de paso
durchschnittlich *adj* medio; mediano; *adv* por término medio
dürfen poder
durstig sein tener sed
Dusche ducha
Duschgel el gel de ducha

Duschsitz ducha con asiento
DVD el DVD
Dynastie dinastía

E

Ebbe marea baja
Ebene llanura
ebenerdig plano
echt verdadero, auténtico
Ecke la esquina, el rincón
Ehefrau esposa, la mujer
Ehemann esposo, marido
Eier los huevos
Eierbecher huevera
eigen propio
eigentlich en realidad
Eigentümer/in propietario/propietaria
Eilbrief carta urgente, expreso
eilig de prisa;
es ~ haben tener prisa
ein(e) uno/una/un
einchecken facturar
einfach fácil, sencillo
Einfahrt entrada
einfarbig de un solo color
Eingang entrada
einheimisch nativo
einige algunos,/algunas, unos/unas
einkaufen comprar, ir de compras
Einkaufszentrum centro comercial
einladen invitar
einmal una vez
einpacken empaquetar
Einreise entrada
einsam solitario, solo
einschalten *(Licht)* encender
Einschreibebrief carta certificada
einsteigen subir
Einstiegshilfe ayuda para subir
Eintritt entrada
Eintrittskarte entrada, *(Am* boleto)
Eintrittspreis precio de (la) entrada
Einwohner/in el/la habitante
Einzel el (partido) individual
einzig único
Eis *(Speiseeis)* helado; *(Wasser)* hielo
Eisbahn pista de hielo
Eisenwarengeschäft ferretería
Eishockey el hockey sobre hielo
Eislauf el patinaje sobre hielo
Eiter el pus
Elastikbinde venda elástica
elektrisch eléctrico
Elektrohandlung (tienda de) artículos eléctricos
Elektroherd cocina eléctrica
Elektrolytlösung la solución electrolítica
Elektrorollstuhl silla de ruedas eléctrica
Eltern los padres
empfangen recibir
Empfänger destinatario
Empfangshalle el hall
empfehlen recomendar
Ende el fin, el final
endgültig *adj* definitivo; *adv* definitivamente
endlich finalmente, por fin
Endreinigung limpieza final
Endstation la estación final
eng estrecho
englisch inglés
Enkel/in el nieto/la nieta
entdecken descubrir
Entfernung la distancia

entgegengesetzt opuesto, contrario
entgiften desintoxicar
entscheiden decidir
entschlacken depurar
entschuldigen, s. ~ disculparse, pedir perdón
Entschuldigung excusa, el perdón
enttäuscht desilusionado
entweder … oder o… o
entwerten sellar
entwickeln desarrollar; *(Foto)* revelar
entzückend encantador
Entzündung la inflamación
Epilepsie epilepsia
Epoche época
er él
Erbsen los guisantes (*Am* las arvejas, las alverjas)
Erdbeeren las fresas, los fresones (*Am* la frutilla)
Erde tierra
Erdgeschoss planta baja, *Am* los bajos
Erdnüsse los cacahuetes
erfahren *verb* oír, saber, enterarse de
erfreut (über) contento (de), satisfecho (de)
Erfrischung refresco
erhalten recibir
erholen, s. ~ reponerse, descansar
erinnern, jdn an etw ~ recordar algo a alg;
s. erinnern (an) acordarse (de), recordar
Erkältung resfriado (*Am* resfrío)
Ermäßigung rebaja, descuento
ernst serio; *(bedrohlich)* grave
erreichen conseguir, lograr, alcanzar
Ersatz *(Schaden~)* la indemnización
Ersatzrad rueda de repuesto
erschöpft agotado
erschrecken asustar
ersetzen sustituir; *(Schaden)* reparar, indemnizar
erst *(zuerst)* primero, en primer lugar; *(nicht früher als)* sólo, *Am* recién
erste(r, -s) primero
erster Gang primera (marcha)
Erwachsene/r el adulto/la adulta
erwarten esperar; *(rechnen mit)* contar con
erzählen contar
Esel burro, asno
essbar comestible
essen comer
Essen comida
Essig el vinagre
Etage piso
Etagenbett las literas
etwa aproximadamente
etwas algo; *(ein wenig)* un poco
EU-Bürger ciudadano de la unión europea
euch *(unbetont)* os;
mit ~ con vosotros/vosotras
euer vuestro
Euro euro
Europa Europa
Europäer/in europeo/europea
europäisch europeo
Exponat objeto expuesto
Expressionismus expresionismo
extra *adj (zusätzlich) adicional; (gesondert) aparte; adv (zusätzlich)* extra; *(gesondert)* aparte; *(eigens)* especialmente

F

Fabrik fábrica
Faden hilo
Fahrdienst servicio de transporte
Fähre el transbordador (*Am* el ferryboat)
fahren ir; *(lenken)* conducir, *Am* manejar
Fahrer/in el conductor/la conductora
Fahrgast viajero/viajera, pasajero/pasajera
Fahrkarte el billete (*Am* boleto)
Fahrkartenautomat máquina expendedora de billetes (*Am* boletos)
Fahrkartenschalter ventanilla (*Am* boletería)
Fahrplan horario
Fahrpreis precio del billete
Fahrrad bicicleta
Fahrradhelm casco de bicicleta
Fahrradweg pista para bicicletas
Fahrschein el billete (*Am* boleto)
Fahrscheinentwerter máquina canceladora de billetes (*Am* boletos)
Fahrstuhl el ascensor
Fahrt el viaje
fair correcto
fallen caer
falls en caso de que
Fallschirmspringen paracaidismo
falsch falso, incorrecto
Faltrollstuhl silla de ruedas plegable
Familie familia
Familienname apellido
fangen coger, agarrar
Fango fango
färben teñir
farbig de colores, multicolor
Farbstift el lápiz de color
Fassade fachada
fast casi
Fasten ayuno
faul perezoso, holgazán; *(Obst)* podrido
faulenzen no hacer nada
Fax el fax
Februar febrero
Federball el volante
fehlen faltar
Fehler *(den man macht)* falta; *(den man hat)* defecto
Fehlgeburt aborto involuntario
Feigen los higos
fein *dünn)* fino, delgado
Feinkostgeschäft (tienda de) comestibles/especialidades, (*Am* fiambrería)
Feld campo
Fell la piel
Fels roca, peña
Felswand pared escarpada
Fenchel hinojo
Fenster ventana
Fensterplatz asiento junto a la ventanilla
Ferien las vacaciones
Ferienanlage la urbanización de vacaciones
Ferienhaus casa de vacaciones
Ferngespräch llamada interurbana/de larga distancia
Fernlicht la luz de carretera
Fernseher el televisor
Fernsehraum sala de televisión
fertig listo
fest firme, fijo; *(hart)* duro; *(dauernd)* resistente
Fest fiesta
Festival el festival
Festland tierra firme
Festung fortaleza, ciudadela
fett gordo, grueso

fettarm bajo en grasas; **~e Milch** la leche semidesnatada
feucht húmedo
Feuer fuego
feuergefährlich inflamable
Feuerlöscher el extintor
Feuermelder el avisador de incendios
Feuerwehr los bomberos
Feuerwerk fuegos artificiales
Fieber la fiebre
Fieberthermometer termómetro
Film película, el film(e); *(Foto~)* el carrete
Filmempfindlichkeit la sensibilidad
Filmschauspieler/in el actor/la actriz de cine
finden encontrar
Finger dedo
Firma empresa
Fisch el pez
Fischerort el lugar de pesca
Fischgeschäft pescadería
Fischhändler pescatero
fit en (buena) forma
Fitnesscenter gimnasio
FKK-Strand playa nudista
flach bajo, llano
Fläschchenwärmer el calienta-biberones
Flasche botella
Flaschenöffner el abridor
Flaute calma chicha
Fleck(en) mancha
Fleisch la carne
Flickzeug los parches y el pegamento
Fliege mosca
fliegen volar, ir en avión
Flipflops las chanclas (flip flop)
Flohmarkt rastro
Flug vuelo
Flügel (el) ala
Fluggesellschaft compañía aérea
Flughafen aeropuerto
Flughafenbus el autobús del aeropuerto
Flughafengebühr los derechos de aeropuerto
Flugsteig puerta
Fluss río
flüssig líquido
Flut marea alta
Föhn el secador de pelo
föhnen secar
Folklore el folclore
Folkloreabend espectáculo folclórico
Form forma
Formular impreso, formulario
fort fuera, ausente
Foto la foto(grafía)
Fotoapparat cámara fotográfica
Fotogeschäft tienda de fotografía
Fotografie fotografía
fotografieren fotografiar
Frage pregunta
fragen preguntar
frankieren franquear
Frankreich Francia
Franzose/Französin el francés/la francesa
Französisch *(Sprache)* francés
Frau señora
Fräulein señorita
frei libre
Freilichtkino el cine al aire libre
Freitag el viernes
Freizeitpark el parque de atracciones
fremd *(unbekannt)* desconocido
Fremde/r el forastero/la forastera
Fremdenführer/in el/la guía (turístico)
Fremdenverkehrsamt oficina de turismo

freuen, s. ~ (über) alegrarse (de); **s. freuen auf** alegrarse de
Freund/in amigo/amiga
freundlich amable
Friedhof cementerio
frieren tener/pasar frío
frisch fresco; *(neu)* nuevo, reciente
Frischhaltefolie plástico para conservación de alimentos
Friseur/in peluquero/peluquera
frisieren peinar
Frisur peinado
froh *(zufrieden)* contento, satisfecho
Fronleichnam el Corpus (Christi)
Frost helada
Frostschutzmittel el anticongelante
früh pronto
früher *(eher)* antes
Frühling primavera
Frühstück desayuno
frühstücken desayunar
Frühstücksbüfett el bufete libre (para desayunar)
Frühstücksraum sala de desayuno
fühlen sentir
Führer *(Person)* el guía; *(Buch)* la guía
Führerschein permiso de conducción, el carnet de conducir
Führung visita guiada
Fundbüro oficina de objetos perdidos
Funde los objetos hallados
funktionieren funcionar
für para, por
fürchten temer; **s. fürchten vor** tener miedo de
fürchterlich horrible, terrible
Fuß el pie
Fußball el fútbol
Fußballplatz campo (*Am* cancha) de fútbol
Fußballspiel partido de fútbol
Fußgänger/in el peatón/la peatona
Fußgängerzone zona peatonal
Fuß(reflexzonen)massage reflejoterapia podal

G

Gabel el tenedor
Galerie galería
Galicien Galicia
Galicier/in gallego/gallega
Galicisch *(Sprache)* gallego
Gallenblase la vesícula
Gang *(Auto)* marcha, la velocidad; *(Hausflur)* pasillo, *(Essen)* plato
ganz todo; *(pl)* todos; *(vollständig)* completo, entero; *adv* completamente, del todo
Ganzkörpermassage el masaje corporal
gar en su punto, bien cocido/asado
Garage el garaje
Garantie garantía
Garderobe el guardarropa
Garnelen las gambas, los camarones
Garten el jardín
Gasflasche bombona (*Am* garrafa) de gas
Gasherd cocina de gas
Gaskartusche cartucho de gas
Gaskocher horno de gas
Gaspedal el pedal del gas
Gasse callejuela
Gast el huésped
Gastfreundschaft la hospitalidad

Gastgeber/in el anfitrión/ la anfitriona
Gebäck las pastas, las galletas
gebacken frito
Gebäude edificio
geben dar
Gebirge cordillera
geboren nacido
gebraten asado
gebräuchlich usual
gebrochen roto
Gebühren los derechos
Geburtsdatum fecha de nacimiento
Geburtsname el nombre de soltera
Geburtsort el lugar de nacimiento
Geburtstag el cumpleaños
gedämpft rehogado, al vapor
Gedeck cubierto
Gedenkstätte el lugar conmemorativo
Geduld paciencia
gedünstet al vapor
Gefahr peligro
gefährlich peligroso
gefallen gustar, agradar
Gefängnis la cárcel
Gefühl sentimiento
gefüllt relleno
gegen contra; *(in Richtung auf, zeitlich)* hacia
gegen Mittag hacia mediodía
Gegend la región, zona
Gegenstand objeto
Gegenteil lo contrario; **im Gegenteil** al contrario
gegenüber enfrente de, frente a
Geheimzahl número secreto, la clave
gehen ir; *(zu Fuß)* ir a pie, andar
Gehirn cerebro
Gehirnerschütterung la conmoción cerebral
Gehirnschlag apoplejía, hemorragia cerebral
Gehör oído
gehören pertenecer a, ser de
gehörlos completamente sordo
gekocht cocido
gekochter Schinken el jamón de york, el jamón cocido
Gelände terreno
gelb amarillo
gelbe Seiten las páginas amarillas
Geld dinero
Geldanweisung giro (postal)
Geldautomat cajero automático
Geldbeutel monedero
Geldkarte tarjeta amarilla
Geldschein el billete (de banco)
Geldwechsel cambio
gelegentlich *adv* en ocasiones, a veces
Gelenk la articulación
Gemälde pintura, cuadro
gemeinsam *adj* común; *adv* en común, juntos
gemischt mezclado
Gemüse las verduras; *(Hülsenfrüchte)* las legumbres
gemütlich cómodo, agradable
genau exacto, preciso
genauso ... wie lo mismo... que
genießen gozar de, disfrutar de
genug bastante, suficiente
geöffnet abierto
Gepäck el equipaje
Gepäckabfertigung la facturación de equipajes
Gepäckaufbewahrung consigna (de equipajes)
Gepäckausgabe entrega de equipaje

Gepäckschalter ventanilla de equipajes
Gepäckwagen carro portaequipajes
gerade derecho; *(zeitlich)* en este momento, *Am* recién
geradeaus todo seguido/derecho
geräuchert ahumado
Geräusch ruido
Gericht *(Essen)* plato; *(Justiz)* el tribunal
gern con gusto, de buena gana; **nicht gern** de mala gana
geröstet tostado
Geruch el olor
Geschenk regalo
Geschichte historia
Geschirr vajilla
Geschirrspülbecken fregadero
Geschirrspülmaschine el lavaplatos, el lavavajillas
Geschirrtuch paño de cocina
geschlossen cerrado
Geschmack gusto, el sabor
geschmort estofado
Geschwindigkeit la velocidad
geschwollen hinchado
Geschwulst el tumor
Geschwür úlcera
Gesicht cara, rostro
Gesichtsbehandlung tratamiento facial
Gespräch la conversación
gestern ayer
gesund sano
Getränk bebida
Getriebe caja de cambio
Gewicht peso
Gewinn ganancia
gewinnen ganar
Gewitter tormenta
gewöhnlich general, usual; *adv* normalmente; *(wie ~)* como de costumbre
gewohnt sein estar acostumbrado; ser habitual
Gewölbe bóveda
Gewürz especia, condimento
gibt, es ~ hay
Giebel frontispicio
Gift veneno
giftig venenoso
Gipfel pico, cumbre
Glas vaso
Glasmalerei pintura sobre cristal
Glatteis la superficie helada
glauben creer
gleich igual; *(sofort)* immediatamente, en seguida, *Am* ahorita
gleichzeitig al mismo tiempo
Gleis el andén
Gleitschirm el casquete de parapente
Glück la felicidad
glücklich feliz, dichoso
Glückwunsch la felicitación, enhorabuena
Glühbirne bombilla
Gold oro
goldfarben dorado
Goldschmiedekunst orfebrería
Golf el golf
Golfclub el club de golf
Golfschläger palo de golf
Gotik gótico
Gott Dios
Grab tumba
Grabmal tumba, monumento fúnebre
Grafik grabado
Gramm gramo
Grapefruit pomelo
Gräte espina
gratis gratis, gratuitamente

gratulieren felicitar
grau gris
Grenze la frontera, el límite
Grenzübergang frontera
griechisch griego
Grill parrilla, barbacoa
Grillanzünder el encendedor
Grillkohle el carbón para la barbacoa
Grippe la gripe
groß grande; *(Statur)* alto
Größe *(Umfang)* tamaño; *(Länge)* longitud;
(Höhe) altura;
(Kleider~) talla;
(Schuh~, Hemd~, Hut~) número
Großmutter abuela
Großraumwagen el vagón abierto
Großvater abuelo
Grotte gruta
grün verde
Grund la razón, causa; *(Beweg~)* motivo
grüne Bohnen las judías verdes (*Am* las chauchas)
grüne Versicherungskarte carta verde (del seguro)
Gruppe grupo
grüßen saludar
gültig válido
Gummistiefel las botas de goma
Gurke pepino
Gürtel el cinturón
gut *adj* bueno, buen; *adv* bien
Gutschein el vale
Gymnastik gimnasia

H

Haar pelo
Haarfestiger el fijador (para el pelo)
Haargel el gel para el pelo
Haargummi elástico para el pelo
Haarklammern las horquillas
haben *(besitzen)* tener
Hackfleisch la carne picada
Hafen puerto
Haferflocken los copos de avena
Hähnchen pollo
Haken gancho
halb *adj* medio
Halbpension media pensión
Hälfte la mitad
Hals cuello; *(Kehle)* garganta
Halsschmerzen el dolor de garganta
Halstabletten las pastillas para la garganta
Halstuch pañuelo de cuello
halt! ¡alto!
haltbar sólido, duradero
Haltbarkeit caducidad
Haltegriff asidero
halten cumplir, observar; *(dauern)* durar; *(stehen bleiben)* detener(se), parar(se)
Haltestelle parada
Hammelfleisch la carne de carnero
Hammer martillo
Hand la mano
Handball balonmano
Handbike bicicleta impulsada con las manos
Handbremse freno de mano
Handcreme crema hidratante para las manos
Handgas el acelerador
handgemacht hecho a mano, manual
Handlauf barandilla
Handschuhe los guantes
Handtasche cartera, bolsa (de mano)
Handtuch toalla

Handwaschbecken lavabo
Handy teléfono móvil (*Am* cedular)
Handygeschäft tienda de móviles
hart duro
hässlich feo
häufig *adj* frecuente; *adv* frecuentemente, a menudo
Hauptbahnhof la estación central
Hauptpostamt Oficina Central de Correos
Hauptrolle el papel principal
hauptsächlich *adj* principal; *adv* principalmente
Hauptsaison temporada alta
Hauptspeise comida principal
Hauptstadt la capital
Hauptstraße la calle principal
Haus casa
Hausbesitzer/in dueño/dueña de la casa
Hausboot la embarcación habitable
hausgemacht casero
Haushaltswaren artículos para el hogar
Hausnummer número de la casa
Haustiere los animales domésticos
Haut la piel
Heilbad baño medicinal
Heilfasten ayuno terapéutico
heilig santo, sagrado
Heiliger Abend Nochebuena
Heimat patria
Heimreise regreso (a casa)
heiraten casarse
heiser sein estar ronco
heiß muy caliente; *(Wetter)* caluroso
heißen *(sich nennen)* llamarse; **das heißt** es decir, significa
Heizung la calefacción
helfen, (jdm) ~ ayudar (a alg)
hellblau/hellgrün azul claro/ verde claro
Hemd camisa
Herbst otoño
Herd cocina
herein! ¡adelante!, ¡pase!
hereinkommen entrar
Hering el arenque; *(Zelt)* el piquete
Herpes el herpes
Herr el señor
Herren Caballeros, Hombres
herrlich magnífico
Herz el corazón
Herzanfall el ataque cardíaco
Herzbeschwerden (los) trastornos cardíacos
Herzinfarkt infarto cardíaco
herzlich cordial
Herzschrittmacher el marcapasos
Heu-Bad baño de heno
Heuschnupfen la fiebre del heno
heute hoy
heute Abend esta tarde
heute Morgen esta mañana
Hexenschuss lumbago
hier aquí
Hilfe ayuda; **erste Hilfe** los primeros auxilios
Himmel cielo
hindern impedir
hinlegen, s. ~ echarse, acostarse
hinten detrás
hinter detrás de
Hinterland zona interior, el interior del país
hinterlegen depositar
hinzufügen añadir
Hirnhautentzündung la meningitis
Hitze el calor

Hitzewelle ola de calor
HIV-positiv seropositivo
hoch alto
Hochformat formato vertical
Hochspannung alta tensión
höchstens al máximo, a lo más
Hochzeit boda
Hof patio
hoffentlich ojalá
höflich cortés
Höhe altura
Höhepunkt punto culminante
Höhle cueva
Holz madera
Holzschnitt grabado/talla en madera
Honig la miel
hören oír
Hörer el receptor
hörgeschädigt con sordera
Hose el pantalón
hübsch guapo, bonito, lindo
Hüfte cadera
Hügel colina
Hund perro
hungrig sein estar hambriento
Hupe bocina, el claxon
Husten la tos
Hustensaft el jarabe (contra la tos)
Hut sombrero
Hütte cabaña, *Am* bohío

I

ich yo
Idee idea
ihr *(pers prn)* vosotros/vosotras; *(poss prn)* el suyo/la suya/lo suyo; *(vor Substantiv sing/pl)* su/sus; *(dat von sie)* (a) ella; *(unbetont)* le
Illustrierte revista (ilustrada)
Imbiss bocado; *(Raum)* snack-bar
immer siempre
Impfpass el carnet de vacunación, el certificado de vacunación
Impfung vacuna
Impressionismus impresionismo
in en
inbegriffen incluido
Infektion la infección
informieren informar
Infusion la infusión
Inhalt contenido
Inlandsflug vuelo nacional
Inliner el patinador
innen dentro
Innenhof patio interior
Inschrift la inscripción
Insekt insecto
Insektenmittel medio contra los insectos
Insel isla
Inselrundfahrt visita (guiada) de la isla
Insulin insulina
Inszenierung la escenificación
interessant interesante
interessieren, s. ~ (für) interesarse (por)
international internacional
Interrail el interrail
iPod el iPod
Irrtum el error
Ischias ciática

J

Jacke chaqueta (*Am* saco)
Jahr año
Jahreszeit la estación
Jahrhundert siglo

jährlich *adj* anual; *adv* al año, anualmente
Jahrmarkt feria
Januar enero
Jazz el jazz
Jazzgymnastik las ejercicios de jazz
Jeans los tejanos, los vaqueros
jeden Tag todos los días, cada día
jeder *adj* cada
jemand alguien
jene(r, -s) aquella, aquel, aquello
jetzt ahora
Jod(tinktur) tintura de yodo
joggen correr
Jogginghose el pantalón de deporte
Joghurt el yogur
jucken picar
Jugendliche/r muchacho/muchacha
Jugendstil modernismo
Juli julio
jung joven
Junge muchacho, chico; *(Kind)* niño
Junggeselle soltero
Juni junio
Juwelier joyería

K

Kabarett el cabaré
Kabarettist cabaretista
Kabine cabina
Kaffee el café
Kaffeefilter filtro de café
Kaffeelöffel cucharilla (de café)
Kaffeemaschine cafetera
Kai el muelle
Kaiser/in el emperador/la emperatriz
Kalbfleisch la carne de ternera
kalorienarm bajo en calorías
kalt frío
kaltes Wasser (el) agua fría
Kamillentee la infusión manzanilla
Kamm el peine
kämmen peinar
Kanal el canal
Kaninchen conejo
Kanu canoa
Kapelle capilla
Kapitän el capitán
kaputt estropeado, roto
Karaffe garrafa
Karfreitag el Viernes Santo
Karneval el Carnaval
Karotten las zanahorias
Kartoffeln las patatas
Käse queso
Kasse caja
Kassette la/el casete
Kassettenrekorder el casete
Kastilien Castilla
Kastilier/in castellano/castellana
kastilisch castellano
Katalane/Katalanin el catalán/la catalana
Katalanisch catalán
Katalonien Cataluña
Kathedrale la catedral
Katze gato
kaufen comprar
Kaufhaus los grandes almacenes
Kaugummi chicle
kaum apenas
Kaution fianza, la caución
Kegeln los bolos
Kehrschaufel el recogedor
kein ninguno, ningún
Kekse las galletas, pastas
Kellner/in camarero/camarera
kennen conocer;
jdn ~ lernen conocer a alg
Keramik cerámica

Kerzen las velas
Ketschup el ketchup
Kette el collar, cadena
Keuchhusten tosferina (*Am* la tos convulsa)
Kfz-Schein permiso de circulación
Kichererbsen los garbanzos
Kiefer mandíbula
Kilogramm kilo, kilogramo
Kilometer kilómetro
Kilometerpreis precio por kilómetro
Kind niño
Kinderarzt/ärztin el/la pediatra
Kinderbecken piscina infantil
Kinderbetreuung guardería infantil
Kinderbett cuna
Kinderermäßigung descuento para niños
Kinderfahrkarte el billete (*Am* boleto) infantil
Kinderkleidung ropa para niños
Kinderkrankheit la enfermedad infantil
Kinderlähmung la polio(mielitis)
Kindernahrung comida para bebés (papillas)
Kindersitz silla de niño, *(fürs Auto)* silla de niños para el coche, *(fürs Fahrrad)* silla de niños para la bicicleta
Kindersitzkissen *(fürs Auto)* el cojín de niños para el coche
Kinderspielplatz el parque de recreo infantil
Kinderteller plato infantil
Kino el cine
Kirche iglesia
Kirchturm la torre, campanario
Kirmes feria
Kirschen las cerezas
Kiste caja
kitschig cursi
Kiwi kiwi
klar claro
Klasse la clase
Klassik música clásica
Klassiker un clásico del cine
Klassizismus clasicismo
Kleid vestido
Kleiderbügel percha
Kleidung ropa, los vestidos
klein pequeño; *(Statur)* bajo
Kleingeld (las) monedas, dinero suelto
Kleinkunstbühne el cabaré artístico
Klima el clima
Klimaanlage aparato de aire acondicionado
Klingel el timbre
Kloster monasterio, convento
klug inteligente, listo
Kneipe el bar, taberna, tasca
Kneipp-Anwendung tratamiento Kneipp
Knie rodilla
Knoblauch ajo
Knöchel tobillo
Knochen hueso
Knochenbruch fractura
Knopf botón
Koch cocinero
Kochbuch libro de cocina
kochen cocinar; *(Wasser)* hervir, cocer
Kocher hornillo, horno
Kochnische el rincón-cocina
Koffer maleta
Kofferraum maletero
Kohl repollo, berza, la col
Kokosnuss coco
Kolik cólico
Kollege/Kollegin el/la colega
kommen venir, ir

Komödie comedia
Kompass brújula
Komponist/in el compositor/compositora
Konditorei pastelería, confitería
Kondom preservativo, condón
König/in el rey/la reina
können poder; *(gelernt haben)* saber
Konserven las conservas
Konsulat consulado
Kontakt contacto
Konto cuenta bancaria
Kontrolleur el revisor/la revisora
kontrollieren controlar
Konzert concierto
Kopf cabeza
Kopfhörer los auriculares
Kopfkissen almohada
Kopfsalat la lechuga
Kopfschmerzen dolor de cabeza
Kopfschmerztabletten las pastillas para el dolor de cabeza
Kopie copia
Korb cesto
Korkenzieher el sacacorchos
Körper cuerpo
Körperbehinderung la minusvalidez
kosten costar, valer; *(probieren)* probar
kostenlos gratis, gratuito
Kostüm el traje de chaqueta
Kotelett costilla
Koteletten las patillas
Krabben las gambas
Krampf el calambre, espasmo
krank enfermo
Krankenhaus el hospital, clínica
Krankenkasse seguro de enfermedad
Krankenpfleger enfermero
Krankenschein el volante del seguro
Krankenschwester enfermera
Krankenwagen ambulancia
Krankheit la enfermedad
Kratzer arañazo
Kräuter las hierbas
Krawatte corbata
kreativ creativo
Krebs el cáncer
Kreditkarte tarjeta de crédito
Kreislaufmittel medicamento para la circulación de la sangre
Kreislaufstörung (los) trastornos de la circulación
Kreuz la cruz
Kreuzfahrt crucero
Kreuzgang claustro
Kreuzung el cruce
Kristall el cristal (de roca)
Krone corona
Krücke muleta
Küche cocina
Kuchen tarta, el pastel
Küchensieb el colador
Kugelschreiber bolígrafo (*Am* lapicero de bolilla)
kühl fresco
Kühlelement bolsita de hielo
Kühler el radiador
Kühlschrank nevera
Kühltasche la nevera portátil
Kühlwasser (el) agua del radiador
Kultur cultura
Kümmel comino
kümmern, s. ~ um preocuparse de
Kunde/Kundin el/la cliente, *Am* el marchante
Kunst el arte
Kunstgewerbe las artes industriales, oficio artístico

Kunsthändler (el/la comerciante de) objetos de arte
Kuppel cúpula
Kupplung el embrague
Kürbis calabaza
Kurs curso
Kurtaxe tasa de balneario
Kurve curva
kurz breve, corto
Kurzfilm el cortometraje
kurzfristig a corto plazo
kürzlich hace poco (*Am* recién)
Kurzschluss cortocircuito
Kuss beso
küssen besar
Küste costa

L

lachen reír(se)
lächerlich ridículo
Ladegerät el recargador (para pilas)
Ladekabel *(Handy)* el cargador (del móvil); *(Laptop)* el cable de la batería (del portátil)
Lage la situación
Lähmung la parálisis
Lammfleisch la carne de cordero
Lampe lámpara
Land el país; *(Gegensatz zu Wasser)* tierra
Landausflug la excursión
Landgut finca rústica; *Am* finca rural
Landkarte el mapa
Landschaft el paisaje
Landsmann el compatriota, *Am* el connacional
Landstraße carretera
Landung el aterrizaje
lang largo
Langlaufski esquí de fondo
langsam *adj* lento; *adv* despacio, lentamente
langweilig aburrido
Laptop el (ordenador) portátil
Lärm ruido
lästig pesado, molesto
Lastwagen camión
Lauch puerro
laufen correr
Läuse los piojos
laut alto
Lautsprecher el altavoz (*Am* el altoparlante)
leben vivir
Leben vida
Lebensmittelgeschäft tienda de comestibles; *Am* el almacén
Lebensmittelvergiftung la intoxicación
Leber hígado
Leberpastete el paté de hígado
lebhaft vivo, vivaz
lecker bueno, rico, sabroso
Lederjacke chaqueta de cuero
Lederwaren artículos de piel
Lederwarengeschäft (tienda de) artículos de piel/cuero
ledig soltero
leer vacío
Leerlauf punto muerto
Leerung recogida
legen poner, colocar
Leggins las mallas
leicht fácil; *(Gewicht)* ligero, *Am* liviano
Leichtathletik atletismo
leider desgraciadamente
leihen (jdm) prestar; *(von jdm)* tomar prestado
Leinen lino
leise bajo, en voz baja
Leistenbruch hernia (inguinal)

Leiter/in el director/la directora, el jefe/la jefa
Lenkrad-Drehknopf *(Auto)* el volante adaptado con botón de viraje
lernen aprender
lesen leer
letzte(r, -s) último
letzten Montag el lunes pasado
Leuchtturm faro
Leute la gente
Licht la luz
Lichtmaschine la dínamo
Lichtschalter el interruptor, la llave de la luz
Lichtschutzfaktor (el) factor de protección solar
lieb bueno
Liebe el amor
lieben amar, querer
liebenswürdig amable
lieblich *(Wein)* dulce
Liebling querido, cariño
Lied la canción
liegen *(Stadt, Gebäude)* estar, encontrarse; *(im Bett)* estar echado/acostado
Liegewagen coche litera
Liegewagenplatz reserva de litera
Liegewiese el césped para tomar el sol
lila lila, malva
Limonade limonada
Linie línea
linke(r, -s) izquierdo
links a la izquierda
Linse la lente
Linsen las lentejas
Lippe labio
Lippenstift el pintalabios
Liter litro
Livemusik música en directo
Loch agujero
Locken los rizos (*Am* los rulos)
Lockenwickler rulo (*Am* rulero)
Löffel cuchara
Loge palco
Loipe traza
Lorbeerblätter el laurel
Luft el aire
Luftkissenboot el aerodeslizador
Luftmatratze el colchón de aire
Luftpost, mit ~ por correo aéreo
Luftpumpe bomba de aire
Lunge el pulmón
Lungenentzündung pulmonía
lustig alegre; *(erheiternd)* divertido, gracioso; **sich über etw oder jdn ~ machen** burlarse de
luxuriös lujoso
Lymphdrainage el drenaje linfático

M

machen hacer
Mädchen muchacha, chica; *(Kind)* niña
Magen estómago
Magenschmerzen el dolor de estómago
mager flaco; *(Fleisch)* magro
Mahlzeit comida
Mai mayo
Mais el maíz
Majonäse mayonesa, mahonesa
Makrele caballa
Malbuch cuaderno de colorear
malen pintar
Maler/in el pintor/la pintora
Malerei pintura
man se;
man muss hay que
manchmal a veces, algunas veces
Mandarinen las mandarinas

Mandelentzündung (las) anginas, (la) amigdalitis
Mandeln las almendras; *(med)* las amígdalas
Mango mango
Mann hombre; *(Ehemann)* marido
Mannschaft *(Sport)* equipo; *(Schiff, Flugzeug)* la tripulación
Mantel abrigo
Margarine margarina
Markt mercado
Marmelade mermelada
März marzo
Maschine máquina
Masern el sarampión
Massage el masaje
Material el material
Matratze el colchón
Mauer muro, la pared
Medikament medicina, medicamento
Meditation la meditación
Meer el mar
Mehl harina
mehr más
Mehrfahrtenkarte el billete (*Am* boleto) multiviaje
mein(e) mi
meinen opinar
meinetwegen por mí, por mi parte
Meinung la opinión
Melone *(Honigmelone)* el melón
Memorystick el pen drive, el stick de memoria
Mensch persona, el hombre
Menstruation la menstruación, período
Menü el menú
merken observar, notar; **s. etw ~** tomar nota de algo
Messe feria; *(rel)* misa
Messer cuchillo
Meter metro
Metzgerei carnicería
mich me, a mí
Miesmuscheln los mejillones
Miete el alquiler
mieten alquilar
Migräne jaqueca
Mikrowelle microondas
Milch la leche
Milchgeschäft lechería
Milchkännchen jarra de leche
mild suave
Millimeter milímetro
mindestens por lo/al menos
Mineralwasser (el) agua mineral
Minibar minibar
Minigolf el minigolf
Minute minuto
mir me, a mí
Missverständnis el error, la equivocación
mit con
mit Luftpost por correo aéreo
mitbringen traer
Mitbringsel recuerdo
mitnehmen *(forttragen)* llevar(se); *(mit sich nehmen)* llevar consigo
Mittag el mediodía
Mittagessen comida, almuerzo
mittags a mediodía
Mitte medio, centro
Mitteilung la comunicación
Mittel medio; *(Heil~)* remedio; **~ gegen Läuse** la loción anti piojos
Mittelalter la Edad Media
Mittelmeer Mediterráneo
Mittelohrentzündung la otitis media
Mittwoch el miércoles
Mixer batidora, el batidor
Möbel el mueble
Mobiltelefon teléfono inalámbrico
Mode moda

Modell modelo
modern moderno
Modeschmuck bisutería
mögen *(gern haben)* gustar *(+ dat)*; *(wünschen)* querer, desear
möglich posible
Mole el muelle
Monat el mes
monatlich *adj* mensual; *adv* al mes, mensualmente
Mond la luna
Montag el lunes
Morgen mañana
morgens por la mañana
Mosaik mosaico
Motel motel
Motor el motor
Motorboot (lancha) motora
Motorhaube capó, capota
Mountainbike bicicleta de montaña, la mountain bike
Möwe gaviota
MP3Player el MP3
Mücke mosquito
Mückenschutz el repelente de mosquitos
müde cansado
Müll basura
Mullbinde gasa
Mülltonne cubo de la basura
Mülltrennung la separación de basuras
Mumps las paperas
Mund boca
Mündung desembocadura
Münze moneda
Muschel concha; *(Miesmuschel)* mejillón
Museum museo
Musical comedia musical, el musical
Musik música
Musik hören escuchar música
Musikgeschäft tienda de música
musizieren tocar un instrumento
Muskatnuss la nuez moscada
Muskel músculo
Müsli los cereales
Mutter la madre
Mütze gorra

N

nach *(räumlich)* hacia, a; *(zeitlich)* después de
Nachbar/in el vecino/la vecina
Nachmittag la tarde
nachmittags por la tarde
Nachricht noticia, aviso
Nachsaison temporada baja
nachsenden reexpedir, enviar
nächste(r, -s) próximo
nächstes Jahr el año que viene
Nacht la noche
Nachtisch el postre
Nachtklub el club nocturno
nachts por la noche
Nachttisch mesita de noche
Nachttischlampe lámpara de mesita de noche
nackt desnudo
Nadel aguja
Nagellack laca de uñas
Nagellackentferner el quitaesmaltes
Nagelschere tijera de uñas
nah cerca
nahe cercano; **nahe bei** cerca de
nähen coser, hacer costura
Nahverkehrszug el tren de cercanías
Name el nombre
Narbe la cicatriz
Narkose anestesia
Nase la nariz

Nasenbluten hemorragia nasal
nass mojado
Nationalitätskennzeichen placa de nacionalidad
Nationalpark el parque nacional
Natur naturaleza
natürlich *adj* natural; *adv* naturalmente, *Am* ¡cómo no!
Naturschutzgebiet reserva natural, reserva ecológica
Nebel niebla
neben junto a, al lado de
Nebenkosten los gastos adicionales
Nebenstraße la calle lateral
negativ negativo
nehmen tomar
Nelken clavo
Neoprenanzug el traje isotérmico, el traje de neopreno
Nerv nervio
nervös nervioso
nett *(freundlich)* amable
Netz la red
neu nuevo
neugierig curioso
Neujahr Año Nuevo
nicht no
Nichtraucher/in el no fumador/ la no fumadora
Nichtraucherabteil departamento (*Am* compartimiento) de no fumadores
nichts nada
nie nunca
nieder, niedrig bajo
niemand nadie
Niere el riñón
Nierenentzündung la nefritis
Nierengurt riñonera
Nierenstein cálculo renal
niesen estornudar
nirgends en ninguna parte
noch todavía, aún
Norden el norte
nördlich von al norte de
normal normal
normalerweise normalmente
Notausgang salida de emergencia
Notbremse freno de emergencia
Notebook el ordenador portátil
Notfall emergencia
Notrufsäule el poste de socorro
notwendig necesario
November noviembre
nüchtern en ayunas
Nudeln pasta
Nummer número
Nummernschild (placa de) matrícula
nur sólo, solamente
Nüsse los frutos secos

O

ob si
oben arriba
Ober camarero
Objektiv objetivo
Obst fruta
Obst- und Gemüsehändler frutería y verdulería
obwohl aunque
oder o
offen abierto
öffentlich público
offiziell oficial
öffnen abrir
Öffnungszeiten horarios de apertura
oft frecuentemente, a menudo
ohne sin
Ohnmacht desmayo
Ohr oreja

Ohrentropfen las gotas para los oídos
Ohropax tapones para los oídos
Ohrringe los pendientes (*Am* los aretes)
Oktober octubre
Öl el aceite
Oliven las aceitunas
Olivenöl el aceite de oliva
Ölmalerei pintura al óleo
Ölwechsel cambio de aceite
Oper ópera
Operation la operación
Operette opereta
Optiker óptica
orange naranja
Orangensaft zumo de naranja
Orchester orquesta
Orden (*rel*) la orden
Original el original
Originalfassung versión original
Ort el lugar
Ortschaft población, pueblo
Ortsgespräch llamada urbana
Osten el este
Ostermontag el Lunes de Pascua
Ostern Pascua (de Resurrección)
Österreich Austria
Österreicher/in austríaco/austríaca
östlich von al este de

P

Paar (un) par
paar, ein ~ unos, algunos, un par
Päckchen el paquete pequeño
Paddelboot piragua
paddeln ir en piragua/canoa
Paket el paquete
Palast palacio
Panne avería
Pannendienst asistencia técnica en carretera
Pannenhilfe ayuda en carretera
Papier el papel
Papiere los documentos
Papierservietten las servilletas de papel
Papiertaschentücher los pañuelos de papel
Paprika pimiento
Paprikaschote guindilla
Parfüm el perfume
Parfümerie perfumería
Park el parque
parken aparcar
Parkett platea
Parkplatz el parking, aparcamiento
Party fiesta
Partyservice servicio de fiesta
Pass (*Ausweis*) el pasaporte; (*Gebirgspass*) el puerto (de montaña); (*Sport*) Pass
Passagier/in pasajero/pasajera
passen sentar bien; *(recht sein)* venir/ir bien
Passkontrolle el control de pasaporte
Pauschalpreis precio global/total
Pause entreacto, descanso
Pension pensión
Perle perla
Person persona
Personalausweis el carnet/documento de identidad (*Am* cédula personal)
Personalien los datos personales
persönlich personal
Perücke peluca
Petersilie el perejil
Petroleum petróleo
Pfand prenda; *(Flaschen~)* retornable

Pfanne la sartén
Pfannengericht comida a la sartén
Pfeffer pimienta
Pfeffermühle molinillo de pimienta
Pferd caballo
Pfingsten Pentecostés
Pfirsiche los melocotones
Pflanze planta
Pflaster apósito
Pflaumen las ciruelas
pflegebedürftig necesitado de cuidados sanitarios
Pfund libra
Pilot/in el/la piloto
Pilz los hongos
Pilzinfektion la micosis, los hongos
Pinzette las pinzas
Plakat el cartel, *Am* el afiche
Planschbecken piscina pequeña
Plastik escultura, las artes plásticas
Plastikbeutel bolsa de plástico
Platten rueda pinchada
Plattenladen tienda de discos
Platz plaza, sitio; *(Sitz~)* asiento
Platzkarte reserva de asiento
Plombe el empaste (*Am* la tapadura)
plötzlich de repente
Polizei policía
Polizeiwagen el coche de policía
Polizist/in el/la policía
Pony flequillo
Portal el portal
Portier portero
Portion la ración
Porto franqueo
Porträt retrato
Porzellan porcelana
Postamt oficina de correos
Postkarte la postal
postlagernd lista de correos (*Am* cartas detenidas)
Postleitzahl código postal
Postsparbuch libreta de la caja (postal) de ahorros
praktisch práctico
Präservativ preservativo
Preis *(Geld)* precio; *(Belohnung)* premio
Prellung la contusión
Premiere estreno
Priester el sacerdote, el cura
privat privado
Probe prueba
Problem problema
Produkt producto
Programm el programa
Programmheft el programa
Promillegrenze el índice de alcoholemia
Prospekt prospecto, folleto
Prothese la prótesis
provisorisch provisional
Prozent por ciento
Prozession (Karwoche) la procesión (de Semana Santa)
Puder los polvos
Puertoricaner/in puertorriqueño/puertorriqueña
puertoricanisch puertorriqueño
Pullover el jersey (*Am* el pulóver)
Puls pulso
Pulverschnee la nieve polvo
pünktlich *adj* puntual; *adv* puntualmente
putzen limpiar
Putzmittel el detergente, producto de limpieza
Pyrenäen (los) Pirineos

Q

Quadratmeter metro cuadrado
Qualität la calidad
Qualle medusa
Quark el requesón
Quelle *(eines Gewässers)* fuente; *(Ursache)* origen
quer durch a través de
Querformat formato apaisado
querschnittsgelähmt parapléjico
Quittung recibo

R

Rabatt rebaja, descuento
Rad rueda
Rad fahren montar/andar en bicicleta
Radarkontrolle el control de radar
Radierung el aguafuerte
Radio la radio
Radsport ciclismo
Radtour la excursión en bici(cleta)
Rampe rampa
Rasen el césped, *(Arg)* pasto
Rasierapparat *(mechanischer)* maquinilla de afeitar
Rasierklinge cuchilla de afeitar
Rasierpinsel brocha de afeitar
Rasierschaum espuma de afeitar
Rasierwasser la loción
Rastplatz área de reposo
Raststätte el albergue de carretera
Rathaus ayuntamiento
rauchen fumar
Raucher/in el fumador/la fumadora
Raucherabteil departamento (*Am* compartimiento) de fumadores
Raum espacio; *(Räumlichkeit)* la habitación, el cuarto, *Am* pieza
Rechnung cuenta, factura
rechte(r, -s) derecho
rechts a la derecha
Rechtsanwalt/anwältin abogado/abogada
rechtzeitig *adv* a tiempo, oportunamente
reden hablar
Reformhaus (tienda de) productos dietéticos
regelmäßig *adj* regular; *adv* regularmente
Regen lluvia
Regenmantel el impermeable
Regenschauer chubasco
Regie la dirección
Regierung gobierno
Region región
regnerisch lluvioso
Reibe el rallador
reich rico
reif maduro
Reifen neumático, rueda
reinigen limpiar
Reinigung tintorería, limpieza en seco
Reis el arroz
Reise el viaje
Reiseandenken recuerdo (de viaje)
Reisebüro agencia de viajes
Reiseführer *(Person)* el/la guía (turístico); *(Buch)* la guía (turística)
Reisegesellschaft grupo turístico
reisen viajar
Reisepass el pasaporte

Reisescheck el cheque de viaje
Reisetasche bolsa de viaje
reiten montar a caballo
Reitschule escuela de equitación
reklamieren reclamar
Religion la religión
Renaissance renacimiento, época renacentista
rennen correr
Rennrad bicicleta de carreras
reparieren arreglar
reservieren reservar
Reservierung reserva
Restaurant el restaurante
Rettungsboot el bote salvavidas
Rettungsring el salvavidas
Rezept la receta
Rezeption la recepción
R-Gespräch llamada a cobro revertido
Rheuma el reúma
Richter/in el juez
richtig exacto, preciso; *(geeignet)* adecuado
Richtung la dirección
riechen oler
Rindfleisch la carne de vaca
Ring anillo
Rock falda; *(Musik)* rock
roh crudo
roher Schinken el jamón serrano/crudo
Rohling el CD grabable
Roller el patinete
Rollschuhe los patines de ruedas
Rollsplitt gravilla
Rollstuhl silla de ruedas
Rollstuhlfahrer/in persona con silla de ruedas
rollstuhlgerecht las facilidades para personas con sillas de ruedas
Rollstuhlkabine *(Schiff)* cabina para personas con sillas de ruedas
Roman novela
röntgen hacer una radiografía
Röntgenaufnahme radiografía
rosa rosa
Rosé vino rosado
Rosmarin romero
rot rojo
Röteln rubeola
Rotwein vino tinto
Route itinerario
Rücken espalda
Rückenschmerzen (los) dolores de espalda
Rückfahrkarte el billete de ida y vuelta
Rückfahrt (el viaje de) vuelta
Rückholservice servicio de recogida
Rücklicht las luces traseras
Rucksack mochila
Rückspiegel el (espejo) retrovisor
rückwärts hacia atrás
Rückwärtsgang marcha atrás
Ruder remero
Ruderboot barca de remos
rudern remar
Ruhe descanso; *(Stille)* silencio, calma
ruhig tranquilo
Rührlöffel cuchara (mezcladora), el cucharón
Ruine ruina
rund redondo
Rundfahrt la excursión, recorrido

S

Saal sala
Sache cosa

Safe caja de caudales, caja fuerte
Safran el azafrán
saftig jugoso
sagen decir
Sahne nata;
saure ~ nata agria
Saison temporada; *(Jahreszeit)* estación
Salami el salami, el salchichón
Salat lechuga
Salatbüfett el bufete de ensaladas diversas
Salbe pomada
Salbei salvia
Salmonellen las salmonelas
Salmonellenvergiftung la salmonelosis
Salz la sal
Salzstreuer salero
sammeln coleccionar
Samstag el sábado
Sandalen las sandalias
Sandburg castillo de arena
Sandkasten el cajón de arena
Sänger/in el/la cantante
Sanitäreinrichtungen los servicios sanitarios
satt harto, satisfecho
Satz la frase
sauber limpio
sauer agrio
Sauerstoffgerät botella de oxígeno
Sauger el chupete
Saugflasche el biberón
Säugling niño de pecho
Säule columna, el pilar
Sauna sauna
saure Sahne nata agria
S-Bahn tren rápido suburbano
Scanner el escáner
schade! lástima
Schaden daño
Schaffner/in el revisor/la revisora
Schafskäse queso de oveja
Schal el chal, pañuelo de cuello
scharf picante
Schatten sombra
schauen mirar
Schaufenster el escaparate, *Am* vidriera
Schauspieler/in el actor/la actriz
Scheibe *(Brot)* rebanada; *(Fleisch)* tajada;
(Wurst) rodaja
Scheibenwischer el limpiaparabrisas
Scheinwerfer faro
Scheitel raya
schenken regalar
Schere tijeras
schicken enviar, mandar
Schiebedach techo corredizo
Schienbein tibia, espinilla
Schiene tablilla, férula
Schild *(Hinweis~)* letrero
Schinken el jamón
Schirm el paraguas
Schlafcouch el sofá-cama
schlafen dormir
Schlaflosigkeit insomnio
Schlaftabletten los somníferos
Schlafwagen coche-cama
Schlafzimmer dormitorio
Schlaganfall el ataque de apoplejía
Schläger raqueta
Schlagsahne nata batida/montada
Schlange la serpiente
schlank delgado
Schlauch neumático
Schlauchboot el bote neumático
schlecht *adj* malo, *(vor dem Substantiv, m)* mal; *adv* mal
Schlepplift el telearrastre

Schließfach consigna automática
Schlitten trineo
Schlittschuhe los patines de hielo
Schloss palacio, castillo; *(Tür)* cerradura
Schlucht desfiladero, barranco
Schlüssel la llave
Schlüsselbein clavícula
Schlüsselübergabe entrega de las llaves
schmal estrecho
schmecken gustar; **schmecken nach** saber a
schmerzen doler
Schmerztabletten las pastillas contra el dolor
Schmuck las joyas
Schmuggel contrabando
schmutzig sucio
Schnappschuss una instantánea
schnarchen roncar
Schnee la nieve
Schneebesen el batidor (manual)
Schneidebrett tabla de cortar
Schneider/in el sastre/la modista
schnell *adj* rápido; *adv* rápidamente
Schnellstraße autovía
Schnittkäse queso en lonchas
Schnittwunde la herida, el corte
Schnitzerei talla (en madera)
Schnorchel tubo de buceo, el esnórquel
schnorcheln nadar con tubo de buceo/con esnórquel
Schnuller el chupete
Schnupfen resfriado de nariz, rinitis, (*Am* resfrío)
Schnurrbart el bigote
Schnürsenkel los cordones
Schokolade el chocolate
Schokoriegel barra/barrita de chocolate
schön hermoso, bello, lindo
schon ya
Schonkost dieta
Schonzeiten veda
Schöpfkelle el chucharón
Schrank armario
Schraube tornillo
schrecklich horrible
schreiben escribir
Schreibtelefon teléfono táctil (escrito)
Schreibwaren artículos de papelería
Schreibwarengeschäft papelería
schreien gritar
Schrift *(Hand~)* escritura
schriftlich por escrito
schüchtern tímido
Schuh zapato
Schuhbürste cepillo del calzado
Schuhcreme el betún
Schuhgeschäft zapatería
Schuhmacher zapatero
Schuld culpa; *(Geld)* deuda
Schule escuela
Schulkinder escolar
Schulter hombro
Schuppen caspa
Schüssel la fuente
Schüttelfrost escalofríos
Schutzhütte refugio de montaña
schwach débil
Schwager cuñado
Schwägerin cuñada
Schwangerschaft embarazo
schwarz negro
Schwarzbrot el pan integral
Schwarzweißfilm película en blanco y negro
Schweinefleisch la carne de cerdo
Schweiz Suiza
Schweizer/in suizo/suiza
Schweizer Franken franco suizo

Schwellung la hinchazón
schwer pesado; *(schwierig)* difícil
Schwerbehinderte/r el minusválido grave/la minusválida grave
Schwertfisch el pez espada
Schwester hermana
schwierig difícil
schwimmen nadar
Schwimmer/in el nadador/la nadadora
Schwimmflossen las aletas (de natación)
Schwimmflügel los flotadores (de brazos)
Schwimmkurs curso de natación
Schwimmring el flotador
Schwimmweste chaleco salvavidas
Schwindel mareo, vértigo
schwindlig mareado
schwitzen sudar
schwül bochornoso
Schwüle bochorno
See lago; *(Meer)* mar
Seegang el oleaje
seekrank sein estar mareado
Seezunge lenguado
Segelboot velero
Segelfliegen vuelo sin motor
segeln navegar (a vela)
Segeltörn la excursión en velero
sehbehindert invidente
Sehbehinderte/r el/la invidente
sehen ver
Sehenswürdigkeiten los monumentos, las lugares de interés
sehr muy; *(beim Verb)* mucho; **zu sehr** demasiado
Seide seda
Seidenmalerei pintura sobre seda
Seife el jabón
Seil soga, cuerda
Seilbahn el funicular, teleférico
sein *(vorübergehend)* estar, *(dauernd)* ser; *(poss prn)* su
seit *(Zeitpunkt)* desde, a partir de; *(Zeitraum)* desde hace
Seite lado; *(Buch)* página
Sekunde segundo
selbst mismo
Selbstauslöser el disparador automático
Selbstbedienung autoservicio
Sellerie apio
selten *adj* raro; *adv* rara vez, raramente
Seminar seminario
Sendung *(Radio, Fernsehen)* la emisión
Senf mostaza
September septiembre
servieren servir
Serviette servilleta
Sessel el sillón
Sessellift el telesilla
sexuelle Belästigung acoso sexual
Shampoo el champú
Shorts el pantalón corto
Show espectáculo
sicher *adj* seguro, cierto; *adv* ciertamente
Sicherheitsgebühr tasa de seguridad
Sicherheitsgurt el cinturón de seguridad
Sicherheitskontrolle el control de seguridad
Sicherheitsnadel imperdible
Sicherung *(el)* el fusible
sie *(sing)* ella; *(pl)* ellos, ellas
Sie *(sing)* usted; *(pl)* ustedes
Silber plata
silberfarben plateado
Silvesterabend Nochevieja

Sinfoniekonzert concierto sinfónico
singen cantar
Sitz asiento
sitzen estar sentado
Skateboard el monopatín
Ski el esquí
Ski laufen esquiar
Skibindung la fijación (de los esquís)
Skibrille las gafas de esquí
Skihose el pantalón de esquí
Skikurs curso de esquí
Skilehrer/in el profesor/la profesora de esquí
Skistiefel las botas para esquiar
Skistöcke los bastones de esquí
Skulptur escultura
Slip braga, el slip
Slipeinlagen el salva-slip
Söckchen el calcetín
Socken los calcetines
Sodbrennen el ardor de estómago
sofort inmediatamente
Sofortbildkamera cámara fotográfica instantánea
Sohle suela
Sohn hijo
Solarium solario
Solist/in el/la solista
sollen deber
Sommer verano
Sondermarke sello de coleccionista
Sonne el sol
Sonnenbrand quemadura por el sol
Sonnencreme crema solar
Sonnenhut sombrero
Sonnenöl el aceite solar
Sonnenschutz crema para el sol
Sonnenstich la insolación
sonnig soleado
Sonntag el domingo
sorgen, s. ~ um preocuparse por
Sorte la clase
Soße salsa
Souvenirladen (tienda de) recuerdos, souvenirs
Sozialstation dispensario
Spanien España
Spanier/in el español/la española
spanisch español; *(Sprache)* español, castellano
Spargel los espárragos
Spaß *(Scherz)* broma, el chiste; *(Vergnügen)* la diversión
spät tarde
später más tarde
spazieren gehen pasear
Spaziergang paseo
Speicherkarte tarjeta memoria, la memory card
Speisekarte carta (*Am* el menú)
Speiseröhre esófago
Speisesaal el comedor
Speisewagen el coche restaurante
Spezialität la especialidad
speziell especial
Spiegel espejo
Spiel juego, partido
spielen jugar
Spielkamerad/in amiguito/amiguita
Spielkasino casino
Spielplan el programa
Spielsachen los juguetes
Spielwarengeschäft juguetería, (tienda de) artículos de juguete
Spinat las espinacas
Spirituosengeschäft (tienda de) vinos y licores
Sport el deporte

Sportartikel (tienda de) artículos de deporte
Sportler/in el/la deportista
Sportplatz campo de deportes
Sprache el idioma, lengua
Sprachen lernen aprender idiomas
sprechen hablar
Sprechstunde consulta
Spritze la inyección
Spülbürste cepillo para fregar
Spülmittel el lavavajillas
Spültuch paño para fregar
Staat estado
Staatsangehörigkeit la nacionalidad
Stadion estadio
Stadt la ciudad
Stadtbus el autobús (urbano)
Stadtmauern las murallas (de la ciudad)
Stadtplan plano de la ciudad
Stadtrundfahrt visita de la ciudad, las excursiones
Stadtteil barrio
Stadtzentrum centro
stammen (aus) proceder, venir (de)
Standlicht la luz de posición/de estacionamiento
stark fuerte
Starthilfekabel el cable eléctrico de encendido
Station la sección
Stativ el trípode
stattfinden tener lugar
Statue estatua
Stau atasco, embotellamiento
Staub polvo
Staubsauger aspiradora
stechen pinchar, picar
Steckdose el enchufe, caja de enchufe
Stecker clavija de enchufe
Steg sendero
stehen estar, estar de pie; **stehen bleiben** detenerse, pararse
Stehklosett lavabo de pie
stehlen robar
Steigung la subida, la pendiente
steil escarpado
Stein piedra
steinig pedregoso
Stempel sello
Stern estrella
Sternwarte observatorio astronómico
Steward/ess el/la auxiliar de vuelo; *(Frauen a.)* la azafata (*Am* la aeromoza)
Stickerei bordado
Stiefel las botas
Stil estilo
still quieto, tranquilo
Stillleben naturaleza muerta, el bodegón
stinken oler mal
Stirnhöhlenentzündung la sinusitis
Stock el bastón
Stockwerk piso
Stoff tela
stören molestar, estorbar
stornieren *(Zimmer)* cancelar; *(Fahr-, Flugkarten)* anular
Stoßstange el parachoques (*Am* el paragolpes)
Strafe castigo; *(Geld~)* multa
Strafraum el área de penalty
Strähnchen las mechas
Strähne mecha
Strand playa
Strandschuhe las playeras, las zapatillas de playa
Straße la calle; *(Land~)* carretera
Straßenbahn el tranvía
Straßenkarte el mapa de carreteras

Strauß *(Blumen)* ramo
Streichholz cerilla, fósforo
Strickjacke chaqueta de punto, rebeca (*Am* saco tejido)
Strohhalm pajita
Strom *(Fluss)* río; *(el)* la corriente
Stromanschluss toma de corriente
Strompauschale tarifa global de electricidad
Stromspannung tensión de corriente
Strümpfe las medias
Strumpfhose los leotardos; *(Damen~)* el panty
Stück pieza, trozo
studieren estudiar
Studio estudio
Stufe peldaño
Stufen las capas
Stufenschnitt escalado
Stuhl silla
Stuhlgang la deposición
stumm mudo
Stunde hora; *(Unterrichts~)* la clase
stündlich cada hora
Sturm tormenta
stürzen *(fallen)* caer
Sturzhelm casco
suchen buscar
Sucher el visor
Süden el sur
südlich von al sur de
Summe suma
Sumpf pantano
Supermarkt supermercado
Suppe sopa
Suppenteller plato de sopa
Surfbrett plancha/tabla de surf
surfen practicar el surf
süß dulce
Süßigkeiten los dulces, las golosinas
Süßstoff sacarina
Süßwarengeschäft confitería, pastelería
Swimmingpool piscina
sympathisch simpático

T

Tabak tabaco
Tabakladen estanco (*Am* cigarrería)
Tablette pastilla, comprimido
Tachometer velocímetro, cuentakilómetros
Tag el día
Tagesausflug la excursión de un día
Tagesgericht plato del día
Tageskarte abono diario, el billete válido para un solo día
Tagespass el forfait (*Am* boleto) válido para un día
Tagestour la excursión de un día
täglich a diario, todos los días
tagsüber durante el día
Tal el valle
Talstation la estación inferior
Tampons los tampones
Tank depósito
tanken poner gasolina
tanzen bailar
Tänzer/in el bailarín/la bailarina
Tanzkapelle orquesta de baile
Tanztheater teatro bailado
Tasche bolsillo; *(Hand~)* bolso
Taschenbuch libro de bolsillo
Taschendieb/in ratero/ratera, el ladrón/la ladróna
Taschenmesser navaja
Taschenrechner calculadora de bolsillo

Tasse taza
Taststock el bastón para ciegos
taub sordo
taubstumm sordomudo
tauchen bucear
Taucherausrüstung equipo de buceo
Taucherbrille las gafas de buceo
täuschen, s. ~ equivocarse
Taxifahrer/in el/la taxista
Taxistand parada de taxis
Tee (schwarzer ~) el té
Teebeutel bolsita de té
Teelöffel cucharilla
Teil la parte
Teilkasko seguro contra riesgos parciales
teilnehmen (an) tomar parte en
Telefon teléfono
Telefonbuch guía telefónica
telefonieren llamar por teléfono, telefonear
Telefonkarte tarjeta telefónica
Telefonnummer número de teléfono
Telefonzelle cabina telefónica
telegrafische Überweisung giro telegráfico
Telegramm el telegrama
Teleobjektiv teleobjetivo
Telex el télex
Teller plato
Tempel templo
Temperatur temperatura
Tennis el tenis
Tennisschläger raqueta (de tenis)
Termin fecha; *(Frist)* plazo
Terminal la terminal
Terrakotta terracota, barro cocido
Terrasse terraza
Tetanus los tétanos
teuer caro
Theater teatro
Theatergruppe grupo de teatro
Theaterstück obra de teatro
Therapie terapia
Thermalbad baño termal
Thermosflasche termo
Thriller película de terror, thriller
Thunfisch bonito, el atún
Thymian tomillo
tief profundo, hondo
Tier el animal
Tintenfisch los calamares, los chipirones, la sepia
Tipp sugerencia, pista
Tisch mesa
Tischtennis el ping-pong, el tenis de mesa
Tischtuch el mantel
Toast tostada
Toaster tostadora
Tochter hija
Toilette los servicios, baño
Toilettenpapier el papel higiénico
Tomaten los tomates
Ton sonido, tono; *(Farbe)* tono
tönen dar reflejos
Topf olla, cazuela
Töpferei alfarería
Töpferwaren los objetos de cerámica
Tor puerta, el portón; *(Sport)* portería
Torwart portero
Tour la excursión
Tourist/in el/la turista
Tracht *(Volkstracht)* el traje/vestido regional
tragbarer CD-Spieler compacto portátil
tragen llevar; *(Kleidung)* llevar (puesto)
Tragflügelboot el hidroala, el hidrofoil
Tragödie tragedia

trampen hacer autostop
Transferbus el autobús/ microbús del/al aeropuerto
Traubenzucker glucosa
Traum sueño
traurig triste
treffen encontrar
Trekkingrad el trekking
Treppe escalera
Tretboot patín
trinken beber
Trinkflasche el biberón
Trinkgeld propina
Trinkwasser (el) agua potable
trocken *(Wein)* seco
trockenes Haar pelo seco
trocknen secar
Trockner secadora
Trödler/in prendero/prendera, trapero/trapera
Trommelfell tímpano
Tropfen las gotas
trotzdem sin embargo, a pesar de
T-Shirt camiseta
Tuch tela; *(Kopf~)* pañuelo de cabeza
tun hacer
Tunnel el túnel
Tür puerta
Türbreite ancho de la puerta
Türcode código de puerta
türkisfarben turquesa
Turm la torre
Turnschuhe las zapatillas de deporte
Türschwelle el umbral
Tüte bolsa
Typhus el tifus
typisch (für) típico (de)

U

U-Bahn metro
Übelkeit (las) náuseas
üben ejercitar
über sobre
überall por/en todas partes
überbacken gratinado
Überfall la agresión; el asalto (a un banco)
Übergang paso, el pasaje
überholen adelantar, pasar
Überlandbus el coche de línea, el autobús interurbano
übermorgen pasado mañana
übernachten pernoctar
Übernachtung la pernoctación
Überreste restos, ruinas
übersetzen traducir
Überweisung giro
üblich usual, habitual
übrig bleiben sobrar
Ufer orilla
Uhrmacher relojero
um *(herum)* alrededor de, en torno a; *(Zeitangabe)* a; *(gegen)* hacia
um diese Zeit a esta hora
umbuchen cambiar el vuelo
Umgebung los alrededores
Umgehungsstraße circunvalación
umgekehrt *adj* contrario; *adv* al revés, al contrario
Umhängetasche (bolsa en) bandolera
umkehren volver(se), dar la vuelta
Umleitung desvío
umtauschen cambiar
Umweg rodeo
Umwelt el (medio) ambiente
umziehen, s. ~ mudarse, cambiarse

Umzug mudanza
unangenehm desagradable
unbedingt *adv* sin falta, absolutamente
und y
unentschieden empatado(s)
unerträglich insoportable, intolerable
Unfall el accidente
ungeeignet inadecuado, inepto
ungefähr *adj* aproximado; *adv* aproximadamente
ungewöhnlich poco común
unglaublich increíble
Unglück desgracia, el accidente
Universität Universidad
Unkosten los gastos
unmöglich imposible
uns nos, a nosotros
unser, e nuestro/a
unten abajo
unter bajo, debajo de; *(zwischen)* entre
unterbrechen interrumpir
Unterführung paso subterráneo
unterhalb debajo de
unterhalten, s. ~ charlar
Unterhaltung *(Gespräch)* la conversación; *(Vergnügen)* la diversión
Unterhemd camiseta
Unterhose *(Damen)* braga; *(Herren)* el calzoncillo, los calzoncillos
Unterkunft alojamiento
Unterleib el vientre, el abdomen
unterrichten informar; *(Schule)* enseñar
unterschreiben firmar
Unterschrift firma
Untersuchung el examen
Untersuchungshaft la prisión preventiva
Untertasse plato pequeño
Untertitel subtítulo
Unterwäsche ropa interior
Unterwasserkamera cámara fotográfica sumergible
unterwegs en (el) camino, en el/de viaje
unverbindlich sin compromiso
unverschämt sinvergüenza, descarado
unwahrscheinlich improbable
unwichtig sin importancia, insignificante
Urin orina
Urlaub las vacaciones

V

Varietee teatro de variedades
Vase florero, el jarrón
Vater el padre
vegetarisch vegetariano
Ventilator el ventilador
Verabredung cita
verabschieden, s. ~ despedirse
Veranstaltung la manifestación; *(Aufführung)* espectáculo
verantwortlich responsable
Verband (los) vendajes
Verbandskasten el botiquín (de urgencias)
verbinden vendar
Verbindung la relación, contacto; *(tele)* la comunicación
verboten prohibido
Verbrechen el crimen
Verbrennung quemadura
Verdauung la digestión
Verdauungsstörung la indigestión

verdorben estropeado; *(faul)* podrido; *(sittlich)* corrompido
Verein la asociación, la sociedad
vereinbaren convenir, acordar
Vergangenheit pasado
vergessen olvidar
Vergewaltigung la violación
Vergiftung envenenamiento, la intoxicación
Vergnügen el placer, la diversión
Vergnügungspark el parque de atracciones
verhaften arrestar
verheiratet casado
Verhütungsmittel método anticonceptivo
verirren, s. ~ extraviarse
verkaufen vender
Verkehr tráfico
Verkehrsamt oficina de turismo
verlängern alargar; *(zeitlich)* prolongar
Verlängerungsschnur el cordón/el cable de empalme
Verlängerungswoche semana de prórroga
verlassen dejar, abandonar
verletzen herir
Verletzte/r el herido/la herida
Verletzung herida
verlieren perder
Verlobte/r el prometido/la prometida
vermieten alquilar
Verpackung el embalaje, *Am* el empaque
verpassen *(Zug)* perder; *(Gelegenheit)* dejar pasar
Verpflegung comida
verrechnen, s. ~ equivocarse
verreisen hacer un viaje
verrückt loco
verschieben *(zeitlich)* retardar
verschließen cerrar con llave
verschreiben recetar, prescribir
Versicherung seguro
Verspätung retraso
verstaucht dislocado
verstehen entender
Verstopfung estreñimiento
versuchen intentar, probar; *(Speisen)* probar
Vertrag contrato
Vertrauen confianza
verunglücken sufrir un accidente
verursachen causar
Verwaltung la administración
verwandt pariente, emparentado
verwechseln confundir
verwitwet viudo
Videofilm película de vídeo
Videokamera cámara de vídeo, filmadora
Videokassette la videocinta
Videorekorder el vídeo
viel mucho; **zu viel** demasiado
vielleicht quizá(s), tal vez
Villa villa
violett violeta
Virus el virus
Visum visado (*Am* visa)
Vogel pájaro
Vogelschutzgebiet reserva ornitológica
Volk pueblo
Völkerkundemuseum museo etnológico
Volksmusik música popular
Volksstück comedia popular
voll lleno; *(~ besetzt)* completo; *(ganz)* completo, total
Volleyball el voleibol
Vollkasko seguro a todo riesgo
Vollkornbrot el pan integral
Vollpension la pensión completa

vom Grill a la parrilla
von de; *(Passiv)* por
von Zeit zu Zeit de vez en cuando
vor *(räumlich)* delante de; *(zeitlich)* antes de
vor zehn Minuten hace diez minutos
Voranmeldung aviso previo
Voraus, im ~ de antemano
vorbereiten preparar
Vordruck formulario, impreso
vorgestern anteayer
vorher antes
vorletzte(r, -s) penúltimo
Vormittag mañana
vormittags por la mañana
vorn delante
Vorname el nombre (de pila)
vornehm distinguido
Vorort las afueras
Vorrat la provisión
Vorsaison temporada baja
Vorschlag propuesta, la proposición
Vorschrift la prescripción
Vorsicht! ¡cuidado!, ¡atención!
vorsichtig cuidadoso, prudente
Vorspeise el primer plato, los entremeses
Vorstellung la presentación; *(Theater)* la función, la representación
Vorteil ventaja
vorüber pasado
Vorverkauf venta anticipada
Vorwahlnummer prefijo
vorwärts adelante
Vulkan el volcán

W

wach despierto
Wagenheber gato, el alzacoches
Wagennummer número del vagón
wählen escoger, elegir; *(tele)* marcar; *(Politik)* elegir
wahr verdadero
während durante
wahrscheinlich probable; *adv* probablemente
Währung moneda
Wahrzeichen el emblema, símbolo
Wald el bosque
Wallfahrtsort el lugar de peregrinación
Wand la pared
Wander-/Trekkingschuh bota de monte/de trekking
Wanderkarte el mapa para excursiones
wandern hacer excursiones a pie
Wanderweg sendero (para excursiones a pie)
warm caliente; **warmes Wasser** (el) agua caliente
Warnblinkanlage el sistema de alarma intermitente
Warndreieck la señal de situación de peligro, triángulo de peligro; triángulo de emergencia
warten esperar
Wartesaal sala de espera
Wartezimmer sala de espera
was qué; **was für ein/eine ...?** ¿qué?, ¿cuál?
Waschbecken lavabo
Wäsche *(zum Waschen)* ropa sucia

Wäscheklammern las pinzas de la ropa
Wäscheleine cuerda de la ropa
waschen lavar
Wäscherei lavandería
Wäschetrockner secadora
Waschlappen manopla de baño
Waschmaschine lavadora
Waschmittel el detergente
Waschraum los lavabos
Waschsalon lavandería
Wasser (el) agua;
warmes Wasser (el) agua caliente
wasserdicht resistente al agua
Wasserfall catarata, cascada
Wasserglas vaso para agua
Wasserhahn grifo (*Am* canilla)
Wasserkanister el bidón (*Am* el tanque)
Wasserkocher hervidora
Wasserski el esquí acuático
Wasserspülung cisterna
Wasserverbrauch consumo de agua
Watte el algodón
Wattestäbchen bastoncillo de algodón
Wechsel cambio
Wechselgeld vuelta, cambio, *Am* vuelto
wechselhaft inestable
Wechselkurs tipo de cambio
Wechselstube oficina de cambio
wecken despertar
Wecker el despertador
Weg camino
weg fuera, ausente
wegen por, a causa de
weggehen irse, marcharse
Wegweiser el indicador de camino
wehtun doler
weich blando
Weichkäse queso blando
Weihnachten Navidad
weil porque
Wein vino
Weinberg viña, viñedo
weinen llorar
Weinglas vaso para vino
Weinhandlung (el almacén de) vinos, la bodega
Weintrauben las uvas
Weisheitszahn muela del juicio
weiß blanco
Weißbrot el pan blanco
Weißwein vino blanco
weit *(nicht eng)* ancho; *(Weg)* largo; *(entfernt)* lejano
Wellenbad piscina de olas
Welt mundo
wenig poco
wenigstens por lo menos
wenn *(Bedingung)* si; *(zeitlich)* cuando
werden *(Passiv)* ser
Werkstatt el taller
Werktag día laborable
Werkzeug las herramientas
Wertangabe la declaración de valor
wertlos sin valor, sin importancia
Wertsachen los objetos de valor
Wespe avispa
Weste chaleco
Western el western
westlich von al oeste de
Wetterbericht el boletín meteorológico
Wettervorhersage la predicción del tiempo
Wettkampf la competición
wichtig importante
Wickeltisch el cambiador, la mesa para cambiar los pañales

wie *(Frage)* cómo; *(Vergleich)* como, igual que
wieder otra vez, de nuevo
wiederholen repetir
wiederkommen volver
Wiese prado, pradera
wild salvaje
Wildpark reserva de animales
willkommen! ¡bienvenido!
Wimperntusche el rímel
Wind viento
Windeln los pañales
Windpocken varicela
Windrichtung dirección del viento
Windschutzscheibe el parabrisas
Windstärke fuerza del viento
Windsurfen practicar el windsurf
Winter invierno
Winterreifen neumáticos de invierno
wir nosotros/nosotras
Wirbelsäule columna vertebral
wirklich verdadero, real; *(echt)* auténtico; *adv* de verdad, de veras
Wischmopp fregona
wissen saber
Witz el chiste, broma
Woche semana; **in einer Woche** dentro de una semana
Wochenendpauschale tarifa de fin de semana
Wochenkarte el billete/abono semanal
Wochenpass abono semanal
wochentags los días laborables
wöchentlich semanal; *adv* semanalmente, cada semana
wohnen vivir, habitar
Wohnmobil autocaravana
Wohnort domicilio
Wohnung vivienda, piso, *Am* departamento
Wohnwagen caravana (*Am* casa rodante)
Wohnzimmer cuarto de estar
Wolke la nube
Wolldecke manta de lana
Wolle lana
Wort palabra
Wunde herida
wunderbar maravilloso
wundern, s. ~ (über) asombrarse (de), extrañarse (de)
wünschen desear
Wurm gusano
Wurst embutido
Würstchen salchicha
würzen sazonar
wütend rabioso, furioso

Y

Yoga el yoga

Z

zäh duro
Zahl número
zählen contar
zahlen pagar
Zahlung pago
Zahn el diente, la muela
Zahnbürste cepillo de dientes
Zahnfleisch encía
Zahnpasta pasta de dientes
Zahnradbahn el ferrocarril de cremallera
Zahnschmerzen el dolor de muelas
Zahnstocher mondadientes, palillo (de dientes)
Zäpfchen los supositorios

zart tierno
zärtlich cariñoso
Zecke garrapata
Zehe el dedo del pie
Zeichen la señal, signo; *(Beweis)* prueba
Zeichensprache el lenguaje por señas
Zeichentrickfilm película de dibujos animados
zeichnen dibujar
Zeichnung dibujo
zeigen enseñar, mostrar
Zeit tiempo
Zeitschrift revista
Zeitung el periódico
Zeitungshändler el vendedor de periódicos
Zelt tienda de campaña (*Am* carpa)
zelten acampar, hacer camping
Zeltschnur cuerda de tienda de campaña
Zeltstange palo de tienda de campaña
Zentimeter centímetro
zentral central
Zentralheizung la calefacción central
Zentrum centro
Zerrung la distensión
Zeuge/Zeugin el/la testigo
ziehen tirar
Ziel meta; *(Reise~)* meta de(l) viaje
ziemlich bastante
Zigarette cigarrillo
Zigarillo purito
Zigarre cigarro, puro
Zimmer la habitación (*Am* pieza)
Zimmermädchen camarera (del hotel)
Zimmertelefon teléfono de la habitación
Zirkus circo
Zitronen los limones
Zoll aduana
Zollerklärung la declaración de aduana
zollfrei exento de derechos de aduana
zollfreier Laden venta libre de impuestos
Zollgebühren los derechos de aduana
zollpflichtig sujeto a derechos de aduana
Zoo el zoo, el parque zoológico
zu *(Richtung)* a; *(geschlossen)* cerrado; **zu sehr, zu viel** demasiado
zubereiten preparar
Zucchini calabacín
Zucker el azúcar
zuerst primero, en primer lugar
zufällig casual
zufrieden satisfecho, contento
Zug el tren
Zugänglichkeit la accesibilidad
zuhören, jdm ~ escuchar a alguien
Zukunft futuro, el porvenir
zukünftig futuro
zulässig lícito, permitido
zuletzt en último lugar, finalmente
Zündkerze bujía
Zündschlüssel la llave de encendido
Zündung encendido (*Am* la ignición)
Zunge lengua
zurück (hacia) atrás
zurückbringen devolver
zurückfahren regresar, volver
zurückgeben devolver
zurückkehren volver, regresar

zusagen *(Einladung)* aceptar
zusammen juntos
zusammenschlagen golpear, pegar
Zusammenstoß el choque
zusätzlich suplementario, adicional
zuschauen estar mirando
Zuschauer/in el espectador/la espectadora
Zuschlag suplemento
zuständig responsable, competente
zweite(r, -s) segundo
zweitens segundo, en segundo lugar
Zwiebeln las cebollas
zwischen entre
Zwischenfall el incidente
Zwischenlandung escala, transbordo
Zwischenstecker el enchufe intermedio
Zyste el quiste